世界一わかりやすい
青山学院大の英語
合格講座

田中　健介
Kensuke Tanaka

＊　本書には「赤色チェックシート」がついています。

はじめに

　青山学院大学に対しては、私立大学の中でも人気がある、そして英語の問題が難しいという印象を抱いている人が多いと思います。確かに、問題形式は多岐にわたり、マーク式だけでなく記述問題も多く出題され、学部によっては自由英作文やリスニングも出題されます。

　しかし、出題内容と傾向をよく分析してみると、基本的な技術と知識の活用が最も大事だということがわかります。ただし、受験生がそのような分析をしてそれに基づいて戦略を立てるには、過去問を読んだり解いたりするだけでは難しいでしょう。

　そこで、ふだんから数多くの、そしてさまざまなパターンの受験問題を研究し予備校の授業で教えている私、田中健介が、青山学院大学の英語の出題傾向と対策を分析し、解き方と知識の使い方を解説しました。

　本書『世界一わかりやすい　青山学院大の英語　合格講座』を書くうえでとくに気をつけたのは、**❶ふだん教壇で教えている内容を紙面上で無理がない表現で表すこと**、**❷一般性のある方法で解くこと**、の２点です。

　とくに❷に関してですが、世の中には独自の方法論の正当性を示すためだけの問題を集めた参考書も少なくありません。そのようなものは百害あって一利なしです。

　本書では、ふだん塾・予備校に通っている生徒も通っていない生徒も、どの地域の生徒も、基本的な語彙や文法の知識があれば無理なく読めるような解説を心がけました。「**正攻法こそ近道**」なのです！

本書を読み始めた瞬間から，問題を解き解答を見てわかった気になるだけの過去問対策とはもうサヨナラです。本書を通して，どんな知識を身につける必要があるのか？　身につけた知識をどのように活用すればよいのか？　どんな読み方をすればよいのか？　着眼点はどこなのか？　どのように解答を書けばよいのか？　皆さんはこれらを1つずつクリアにしていくことで着実にステップアップし，青学合格という目標をかならず達成できます！

　かなり分量のある参考書ですが，青山学院大学を目標にする皆さんの学習の指針となるような充実した内容であることは保証します。頑張ってやり遂げてください。

もくじ

はじめに ……………………………………………………………… 2
この本の特長と使い方 ……………………………………………… 6

Chapter 1　学部別・超具体的「傾向と対策」編 … 7
～何がどのように出題されるのか➡何をどれくらい勉強すべきか～

文学部・教育人間科学部　8／経済学部　10／法学部　12／
経営学部　14／国際政治経済学部　16／
総合文化政策学部・社会情報学部　17／理工学部　18

Chapter 2　文法問題編 ……………………………………… 21
～正しい文法理解と語法の整理➡出題形式への対応～

lesson 1　選択完成問題(1)文法問題　～基本重視～ ……………… 22
lesson 2　選択完成問題(2)語法問題　～効率よく整理整頓～ …… 44
lesson 3　選択完成問題(3)語彙問題　～知識＋視野の広さ～ …… 62

Chapter 3　マーク式・読解問題編 …………………… 81
～知識の活用＋対応関係を的確に見抜く技術～

lesson 4　下線部把握問題(1)　～文法・語法・語彙力パターン～ ………… 82
lesson 5　下線部把握問題(2)　～文脈依存パターン～ …………… 102
lesson 6　空所補充問題　～文と文のつながり・対応に注目～ …… 122
lesson 7　内容一致問題(1) 4択式　～問題文と選択肢のギャップ～ ……… 140
lesson 8　内容一致問題(2)正誤式　～出題者の発想を知る～ …… 168

Chapter 4　記述式・読解問題編 ……………………………… 189
～語彙力・文法力➡精読の技術および自然な日本語へのアウトプット～

lesson 9　英文和訳問題(1)構文把握重視 ～文法・語法の適応 & 判断～　190
lesson 10　英文和訳問題(2)日本語変換重視 …………………………… 210
lesson 11　要約問題 ～抽出する技術とまとめる技術～ …………………… 230

Chapter 5　会話問題編 ……………………………………………… 257
～会話特有表現と文法・対応関係を利用した解法～

lesson 12　会話問題(1)～会話表現と文法的視点～ …………………… 258
lesson 13　会話問題(2)～話題の把握と広い視野～ …………………… 276

Chapter 6　英作文編 ………………………………………………… 297
～英語の組み立て方と英語を手段とした思考のアウトプットの方法～

lesson 14　条件英作文・和文英訳問題 ～置き換え➡組み立て～ ……… 298
lesson 15　自由英作文問題 …………………………………………… 312

おわりに ……………………………………………………………………… 327

問題出典一覧 ………………………………………………………………… 329

本文イラスト：中口　美保

＊この本では，2011年入試の情報が最新です。出題傾向は変わる可能性があります。

この本の特長と使い方

青山学院大の英語で合格点をめざす！

この本は、出題分野ごとのChapter（「Chapter 2 文法問題編」「Chapter 3 マーク式・読解問題編」「Chapter 4 記述式・読解問題編」「Chapter 5 会話問題編」「Chapter 6 英作文編」）の，全6 Chapter，全15 lessonで構成されています。

すべてのlessonをやりきれば，かならず青山学院大を突破するための英語力がつきます。

lesson収録問題は，
「基本例題」と「実戦問題」の2パターン

「基本例題」「実戦例題」と，学力向上に役立つ極上の良問を厳選しています。「基本例題」で基礎力を身につけてから「実戦例題」に移ってください。「基本例題」「実戦例題」ともに，原則として青山学院大の過去問を掲載していますが，他大学の過去問のうち出題傾向が似ていて易しめの問題も収録しています。

解説は，著者の授業のような
なめらかさ＆わかりやすさ

著者の田中先生は，大手予備校・代々木ゼミナールで教鞭をとり，寝る間も惜しんで入試問題を研究し続ける，真のプロフェッショナル。本書の解説には，長年の指導で培われてきたノウハウが惜しみなく練り込まれています。ちまたに出回っている，分量が少なくてしかも不親切な過去問解説とはまったく違います！

青山学院大の英語で高得点をとるのは，そう簡単なことではありませんが，この本を信じて，夢の合格を勝ち取ってください。

Chapter 1
学部別・超具体的「傾向と対策」編

～何がどのように出題されるのか
➡何をどれくらい勉強すべきか～

> まずは相手の特徴を知ることから始めよう。相手を知れば，何をどうすればよいのかがわかるはず。

文学部・教育人間科学部

全体の傾向

長文読解×2，英作文×2という基本構成で，英米文学科ではこれにリスニングが，それ以外の学科では文法・語法問題が加わります。また，2/13実施と2/14実施では試験時間が異なり，2/13は100分，2/14（募集人数が少なめ）は90分です。全体量と時間のバランスに無理はなく，標準的な良い試験です。

とはいえ，Ⅱ 長文（英文和訳）・Ⅲ 英作文・Ⅳ 自由英作文は記述式なので，解答を「選ぶ」ことに慣れていても，解答を「書く」ことに慣れていない受験生にはきびしい試験です。

センター試験などのマーク式試験の得点率も高く，4択式の文法問題集をほとんど網羅している受験生の場合でも，実際に日本語訳や英作文を書かせると，「なぜこんな日本語に⁉」「どうしてこんな初歩的なミスだらけの英文が⁉」というケースをよく見かけます。

文学部・教育人間科学部の試験は，Ⅰ 長文を除き，ほぼ国公立大学の試験と同様なので，記述式の対策に時間を割くことが最優先になります。頭の中でなんとなくわかっているつもりでも実際に「正しい日本語」で表す練習を，そして基本例文レベルでも「文法・語法的に正しい英文」を書く練習をしてください。

長文読解

Ⅰ 長文（内容一致）は1,000語を超える分量なので，この長さに慣れていないと途中で思考・集中力のスタミナ切れを起こしてしまうかもしれません。しかし，段落ごとに話の展開を整理し，そのタイミングで解ける問題を随時解いていけば，作業効率は良いと思います（➡ lesson 7）。

100行を超える長い英文を読む，という感覚ではなく，たとえば10段落に分割されているのであれば，10行程度の短文を10個読む（ただしそれぞれが内容的に関連している），という感覚で取り組んだほうが，しっかりと最後まで集中力を切らさずに読めるでしょう。

Ⅱ 長文（英文和訳）は，lesson 9～10でくわしく解説しますが，まずは正しい語彙や文法・語法の知識をベースにした直訳を作る練習をしましょう。いきなりスムーズな日本語訳を作ろうとしても，「なんとなくこんなことが書いてあるのかな」系のいいかげんな和訳になりがちです。英文のしくみを正しく把握してはじめて「**自然な日本語**」に変換できるようになります。

そこまでできれば，意訳のさじ加減も少しずつわかってきます。「いいかげんな和訳」から「**良い加減の和訳**」をめざしましょう。

英作文（条件＆自由）

この条件英作文は，基本例文を暗記する程度ではまったく歯が立たないでしょう。ある程度の基本の英文の「型」をベースにすることは重要ですが，英作文は「英語置き換え」ではなく「英文組み立て」であるという意識が重要です。くわしくは lesson14で解説しますが，「**与えられた日本文を正しく分析すること**」が正しい英文を書くための大前提です。

自由英作文では「何を書くか」よりも「**正しい英文が書けるか**」を重視します。もちろん，与えられたテーマに即した内容を書かないとダメですが，50語程度で書くということは，論文並みの展開が求められているのではなく，4～5行程度の正しい英文を書けるかが問われているだけです。そういう意味では条件英作文とほとんど変わりません（➡ lesson15）。

リスニング

英米文学科のみの出題になります。ある程度まとまった分量の英文を聞くことになるので，早めの対策をしておくべきでしょう。ただやみくもに聞くのではなく，❶英語特有の単語と単語の音の同化（Can you は「キャン・ユー」ではなく「キャニュ」など），❷名詞・動詞・形容詞・副詞といったいわゆる内容語の聞き取り，❸数字表現の正しい聞き取り，などを意識しながら聞くと効果的です。センターリスニング対策の延長上にあるといってもよいでしょう。

経済学部

全体の傾向

長文×2，文法・語法×3，会話×1の構成です（以前は発音問題や英作文も出題されていました）。大問が6つで90分は一見忙しそうに思えますが，文法・語法は基本問題中心で，会話問題はlesson12～13で解説する解法を使えばかなり早く処理できます。ということは，最初の長文2つに60分以上かけることができるのです。逆にいえば，**最初の長文2つは60分以上かけて取り組めるように調整する必要があります**。時間配分がポイントです。

長文読解

2題とも500～600語程度の標準的な分量で，設問も下線部把握・空所補充・下線部和訳・内容一致と典型的な出題形式のオンパレードです。本書でも扱っている出題形式が中心で，lesson4～10で解説する考え方がマスターできれば十分対応可能です。

ただし，2題とも英文の**語彙レベルが高い**です。単語帳ではカバーしきれないものが数多く含まれていますが，前後から推測できる場合や具体例の1つにすぎない場合がほとんどです。経済学部の長文読解は最終的に，**すべての単語がわからなくても全体の内容を読み取ったり正解を導いたりするには支障がない**，という前提で取り組むことになります。

わからない単語が出てくるたびに辞書を引く習慣がある人は，**単語帳ベースの語彙力でどれだけ勝負できるか**という勉強法に切りかえる必要があります。

文法・語法問題

基本問題中心です。大問で3題出題されますが，**合わせて15分以内には処理**してしまいたい分量です。年度によって出題形式が若干異なり，誤文訂正や整序や同意文選択などさまざまです。

内容面では，前置詞や細かいイディオム知識を聞いてくることもときどき

あるので,「基本動詞＋前置詞」タイプのイディオムなどは，前置詞の用法を切り口としてまとめておいたほうがよいでしょう。

会話問題

　選択肢が最後に10個ほどまとめられているタイプの**長文会話問題**ですが，lesson13で解説するように，あらかじめ**選択肢の下ごしらえ**（＝タイプ別の分類）をしておけばかなり取り組みやすくなります。ただし，ある程度の会話特有表現などは知っていないと解けない場合もあるので注意です。

分量は多いけれど，コツをつかめばささっと処理できる問題も多いのが特徴です。

法 学 部

全体の傾向

　長文×2，**会話×1**，**文法・語法×1**，**自由英作文×1**という構成で，試験時間は90分です。リスニングもありますが，これは必須ではなく数学で代用でき，センタープラス方式（センター試験での地歴1科目を加算する）の場合は必要ありません。

　経済学部同様，**いかに長文2題に時間を割けるかが勝負の分かれ目**です。経済学部と異なる点は，長文の分量が若干多いのと自由英作文が出題されるという点です。

　また，配点がほかの科目（100点）よりも高く150点で，3科目の合格最低ラインがおよそ210/350点なので，英語で100点以上とることが目標になります（120点とれれば安心）。

長文読解

　空所補充・下線部把握・内容一致・下線部和訳とさまざまな形式で出題されますが，いわゆる難問や奇問はなく，英文内容を客観的に読めればしっかり正解へとたどり着ける**良問中心**です。本書 lesson 4～8 を参照してください。

　ただし，英文の分量が多く，問題文を読み通すだけでも時間がかかります。文学部・教育人間科学部同様に，段落単位で読み，そのつど解ける問題を解いていくとよいでしょう。長い長文を1つ読むというより，**数個の短文を読み重ねる**という意識をもったほうが，最後まで集中力をもたせることができると思います。

　また，扱う英文のテーマは少し硬めのものが多く，時事問題が出題される場合も多いです。早稲田（人間科学部）で出題される300～400語程度の読解を8題ほど一気に解く大問が，レベル・内容ともに良い練習になるかもしれません。

会話問題

法学部の会話問題は，会話形式になっているだけで，実はほとんど文法・語法と会話特有表現の知識で解くことができます（➡ lesson12）。そういう意味では，ほかの学部と比べても易しめの会話問題でしょう。確実にとっていきたいところです。

自由英作文

長文を読み，その内容に即した自由英作文を書かせる，という，私大では珍しいタイプの出題形式です（国公立大学ではよく見かけますが）。しかも100語程度の英文を書くというのはかなりハードルが高いです。

まずは，「**100語程度の分量の英文を書く**」という経験値を上げる必要があります。どれくらい書いたら100語になるのか，100語もの英文を書く際にどのようなケアレスミスが発生しやすいのか，最終答案を書く前にどの程度の下書きが必要か，などをあらかじめ練習する必要があります。

lesson15でくわしく説明しますが，気取った文章や機知に富んだ文章ではなく「**正しい英文を書く**」ことを第一の目標にしましょう。

リスニング

60分という長い試験時間と**英文が一度しか放送されない**ことを考えると，かなり難しい試験だといえます。実際，センタープラス方式でセンター試験の地歴（または数学）を利用し，このリスニングを避ける受験生も多いでしょう。ほかの大学との併願を考えたら，（一部の帰国子女の受験生を除いては）そのほうが賢明かもしれません。

ただし，このリスニング，かなり難易度が高いので，合格者でも不合格者でも実際にはほとんど差がつかないでしょう。早い時期から**習慣的**に（一日15分ずつでもOK）英文を聞いたり，**TOEIC用の教材やリスニングに特化した参考書**を使用したり，それなりに対策は必要ですが，思いきって受けてみても，英語の筆記やほかの科目の得点率次第で十分合格点に達することは可能です。ただし，本書ではリスニングは扱いません。

> ▶2012年度よりセンタープラス方式が廃止になり，代わりにセンター試験利用になる可能性があります。その場合，一般試験での受験はリスニングまたは数学という選択になります。

経営学部

全体の傾向

長文×2（2009年度は3），語彙・語法×3（2008年度は4），会話×1（2009年度はなし），英作文×1で，90分という構成です。大問が多いので90分で解くとなるとあわただしい気もしますが，長文の設問はどれも3択（しかも各選択肢が日本語の場合もあり，かなりシンプル）であるうえに，文法・語法知識を問うものが多く，**テンポよく解くことが可能**です。

ただし，大問数が多いのと語彙・語法問題が難しいので，途中で行き詰まってしまうと，後の問題の時間配分に影響が出ます。もし思考の悪循環にハマってしまいそうな大問に当たったら，それは後回しにして，さっと次に行くのもよいでしょう。

イメージとしては，**センター試験を解くのに近い**でしょう。センター試験と違うのは，和訳や英訳などの記述式の問題が一部含まれているという点です。

長文読解

標準レベルの読解問題が2～3題出題されますが，一部の和訳を除いて基本的には**3択式の問題で設問レベルは易しい**です。問題文に関しても，難しい語にはきちんと語注が付いているのでその点は安心です。ただし，語注がある語に「*」などの印が付いていないので，**問題文を読む前に語注をチェック**したほうがよいでしょう。

また，設問の形式や問題レベル・分量が，明治大の商学部に似ているので，それを練習用に使うと効果的でしょう。

会話問題

経済学部同様に選択肢が最後にまとまっているタイプなので，**あらかじめ選択肢の分類**をしておくと楽に解けます（⇒ lesson13）。あせらなければ全問正解を十分にねらえる問題でしょう。

語彙・語法問題

　ある意味，青山学院大らしい文法・語彙・語法問題です。❶基本語の応用知識，❷前置詞の使い分け，❸多義語，などが幅広く出題されます。ふつうの文法問題集で対処するのはなかなか難しいでしょう。

　たとえば2009年度の試験では，「彼はなんてあきらめの悪い男なんだ」➡ He doesn't (　) when to give up. という問題で，5つの選択肢の中からknowを選ばせる問題などが出題されました（「彼はいつあきらめればよいかわからない」という直訳から考える）。

　ある程度「意訳のされ方」に慣れておかないと，このような問題には面食らってしまうでしょう。過去問でこの手の問題の「直訳➡意訳の度合い」に慣れておきましょう。本書ではlesson 3でこのような語彙問題を扱っています。また，熟語帳などで「**基本動詞＋前置詞**」タイプのチェックをしておくと効果的です。

　一見，分量は多そうだけど，解きやすいものが中心です。ただし，解きやすいということはライバルたちもそう感じているということだから，油断は禁物。

国際政治経済学部

全体の傾向

　読解×5，自由英作文×1で，試験時間は90分です。読解では，短文の要約（130字）と短文読解（内容一致）（3題），そして残り3つが長文読解です。選択肢の英文も含め，**全体的に読む分量・書く分量が多いので，90分で解くのはかなり大変です**。

　最初に，Ⅰ 要約問題・Ⅱ 自由英作文と記述問題が続きますが，ここで時間をかけすぎると途中で時間切れになる可能性が高いです。できれば30分以内で終わらせたいところです。場合によっては，先にⅢ〜Ⅵを60分以内で解いてしまい，記述問題は後回しにしてもよいかもしれません。

長文読解

　長文問題はほとんどが内容一致問題ですが，**設問と段落との対応を見つけやすい**ので，段落ごとに解いていくことが可能です（➡ lesson 7〜8）。内容的にも一見硬そうに見えますが，話の展開が明快で思ったよりも読みやすいでしょう。分量と時間の壁さえ越えられればクリアできます。

要約問題

　要約問題は，lesson 11でくわしく解説しますが，なんでも盛りこもうとするのではなく，要約に入れるべき情報に優先順位（「主題と主張」➡「理由」「譲歩」など）をつけることが重要です。

自由英作文

　文学部・教育人間学部同様に，「何を書くか」よりも「**正しい英文が書けるか**」重視です。結局のところ，自由英作文であっても文法・語法上のミスがそのまま減点材料になってしまいます。だから，気取ったことを書こうとするよりも，とにかく**ベタな内容でも正しい英文を書くことに専念してください**（➡ lesson 15）。

総合文化政策学部・社会情報学部

全体の傾向

　読解×2，整序英作文×2，文法×1で，試験時間は90分です。読解は1つが内容一致問題中心の長文で，もう一方が空所補充の短文です。どの問題も**基本を重視した問題構成**なので，90分という試験時間を考えれば時間に追われる心配はないでしょう。試験方式によって問題数と試験時間が変わりますが，時間配分のバランスは変わりません。

長文読解

　800〜900語程度の分量の読解問題ですが，問われるのは段落ごとの内容一致です。lesson 7 で解説する，**問題文と選択肢の表現のギャップ**に注目すれば，そう簡単には引っかからない問題が多いです。レベル・分量・問い方はセンター試験の第6問に近いでしょう。

整序英作文

　語句単位での整序でそれぞれ大問が2題出題されます。1つは日本語が添えられていて，もう1つは日本語なしです。整序英作文は，❶**動詞の語法**，❷**SVのペアリング**，❸**イディオム**，❹**接続詞・関係詞の利用**，といった点に注目すると解きやすくなります。

　また，ハマってしまうような問題に当たったら，ほかの問題を解いて再度フレッシュな視点で解き直すとうまくいくことも多いです。

文法問題

　どれも**基本問題中心**で，一般的な文法・語法問題集を一通り理解していれば解ける問題ばかりです。テンポよく解いてしまいたいところです。

理工学部

全体の傾向
　長文×1，語彙×1，会話×1，条件英作文×1で80分です。ほかの学部と比べて試験時間が10分短いですが，問題量も少ないので時間配分であわてることはないでしょう。ただ，理系の受験生にとっては800〜900語の長文や，マーク式ではない記述式の語彙問題や英作文は少しきびしいかもしれないので，「選ぶ」ということから「書く」ということを中心とした英語の学習をするとよいでしょう。

長文読解
　本文の脇に語注が添えられているので，難しい語は逐一確認しながら読めるのですが，反面，語注の数が多いので問題文に集中しにくい可能性もあります。また，内容も**理系テーマの専門性が高いものが多い**ので，けっこう難しいでしょう。

　ただ，問題文の専門性と難易度の高さのわりには，**設問はかなりシンプル**に作ってあるので，設問で問われていることをしっかり把握し，そこに対応する箇所を問題文から探し出せれば，意外と簡単に正解を導き出すことも可能です。

　本書では提案していませんが，この学部の試験に関しては先に設問をチェックするのも有効な手段の1つでしょう。

語彙問題
　英語で書かれたある語の定義にしたがって，その単語を英語で記述する問題です。**基本的な語が中心で**（場合によっては中学レベルのものもある），特別な語彙を覚えたりする必要はありません。

　ただ，解答を見てわかるものでも，いざ自分で書くとなると書けないものもあるので，単語帳の基本レベルのものくらいはスペルも書けるようにしておきましょう。

会話問題

会話特有表現が中心に問われます。比較的易しい問題です。本書の lesson 12〜13で対応可能です。

条件英作文

書き出しが与えられているので，出題者が求めている解答もある程度決まっています。書き出しの語句から，どんな構文や慣用表現を用いればよいのかをすぐに判断し，**求められている英文をすばやくアウトプット**することが必要です。

そういう意味では，各文法分野の**基本例文の書き取りや構文・慣用表現の暗記**が有効な手段だと思います。

長文読解は英文が長いので，集中力のスタミナを身につけよう。途中で心が折れないように，とにかく読み切ろう。

Chapter 2
文法問題編

～正しい文法理解と語法の
整理 ➡ 出題形式への対応～

ここから問題の解説に入ります。自分の知識と技術の精度を上げるきっかけにしていきましょう。

lesson 1 選択完成問題(1) 文法問題
～基本重視～

STEP 1 青山学院大ネラい撃ちポイント

　どの文法・語法問題にも言えることですが，まずは文構造を正確に把握することが前提になります。なかには次の問題のように，文構造をとるだけで正解を導ける場合もあります。

> **参考問題**
>
> 次の空所に最も適切なものを選びなさい。
>
> The reception is scheduled to start at 2 p.m. and (　　) for three hours.
>
> ① lasted　　② last
> ③ lasting　　④ have lasted
>
> （2007年度　青学・法）

　解答の導き方に気づきましたか？　ポイントは and です。等位接続詞 and が結びつける語句は同じ働き（＝同じ語形の場合がほとんど）なので，次のような構造に気づけば，正解が② **last** だとわかります。**last** は自動詞で「続く」という意味です。

$$\text{The reception is scheduled to} \begin{bmatrix} \text{start at 2 p.m.} \\ \text{and} \\ (\quad) \text{ for three hours.} \end{bmatrix}$$

　ところで，この場合，空所が is scheduled と等位接続されている可能性もあるのでは？　と思う人もいますよね。時制をよく見てください。「2 時に始まる」という予定を表す文なのに，① lasted「（過去において）続いた」や④

22　Chapter2　文法問題編

have lasted「(これまで) 3 時間続いた」では不自然です。したがって，ここでは start と等位接続されるよう，原形の last が適切なのです。

訳「その歓迎会は午後 2 時に始まり 3 時間続く予定です」

あまりにも基本的なことですが，「構造を把握することで意味が導かれる」という点を忘れないように。「こんな意味にとれそうだから，この構造として判断する」というのは本末転倒です。恣意的な(自分に都合のよい)解釈をするのではなく，客観的な構造把握に基づいた解釈をするのが基本中の基本であり，最も重要なことです。

文法問題に対する思考プロセスの前提

❶文構造を正確に把握 ➡ ❷正しい文法知識の活用 ➡ ❸解答

☞ 文法・語法的にもうこれ以上選択肢をしぼり込めなくなった段階で，全体の意味を判断材料に用いる。

青山学院大の文法問題は基本的に典型問題中心です。いわゆる難問・奇問の類は出題されません。具体的には，時制の判断，不定詞と動名詞の基本的な用法，分詞の使い分け，関係詞の識別，比較の公式，仮定法の公式など主要文法項目から，名詞・代名詞・形容詞・副詞・助動詞・前置詞・接続詞などの品詞関連の項目まで幅広く出題されますが，基本〜標準レベルの問題を中心に文法の全範囲を扱っている市販の問題集や塾・予備校のテキストで十分カバーできます。

では，**基本例題**を解きながら，基本的な文法事項を確認していきましょう。

STEP 2 基本例題

⏱ 8分　合格点6／8問中

各文の空所に最も適切なものを選びなさい。

(1) Magnum Plus cameras (　　) very popular right now because they are so easy to use.
　　(a) became　　　　(b) are becoming
　　(c) to become　　　(d) becomes
　　　　　　　　　　　　　　　　　（2009年度　青学・法）

(2) Please bring them to my room when they (　　).
　　(a) arrive　　　　(b) arrived
　　(c) had arrived　　(d) will arrive
　　　　　　　　　　　　　（2010年度　青学・文／教育〔2/13〕）

(3) At least (　　) with other firms, ours is in a convenient location.
　　(a) compare　　　(b) compared
　　(c) comparing　　(d) having compared
　　　　　　　　　　　　　　　　　（2008年度　青学・法）

(4) George looked (　　) when I apologized to him for my rudeness.
　　(a) satisfy　　　(b) satisfied
　　(c) satisfying　　(d) to satisfy
　　　　　　　　　　　　　（2008年度　成城大・文芸を改題）

(5) If everyone (　　) to the instructions more carefully, they would not have made so many mistakes.
　　(a) listened　　(b) had listened
　　(c) listen　　　(d) were listening
　　　　　　　　　　　　　（2009年度　南山大・人文／経済）

(6) Sydney is the city (　　) I would like to visit during the summer vacation.
　　(a)　in which　　　　　(b)　where
　　(c)　which　　　　　　(d)　when
〈2009年度　摂南大・外国語／経営情報／工／法〉

(7) That is not exactly (　　) I have been looking for.
　　(a)　what　　　　　　(b)　whoever
　　(c)　which　　　　　　(d)　where
〈2006年度　青学・法〉

(8) She told me that she was keeping a dog, (　　) I can't recall.
　　(a)　of which name　　(b)　the name of which
　　(c)　what name of it　　(d)　which name
〈2008年度　青学・文〉

解答・解説

　動詞の語形選択問題はどの大学でも頻出中の頻出で，青山学院大でも例外ではありません。動詞の語形は，ざっと挙げるだけでも時制・準動詞・態・仮定法など幅広い分野にかかわるので，それだけ出題されやすいのです。まず，動詞の語形選択問題への基本的な思考プロセスを確認しましょう。

動詞・準動詞の基本的な働きと語形の判断方法

文のどの位置に用いられるか（＝どのような働きか）を確認！

❶　Vの場合➡**時制ありの動詞**
　　☞　仮定法の公式をあてはめるケースもある。

❷　S・O・(SVCでの) Cの場合➡**不定詞・動名詞・分詞**
　　☞　とくにOの場合はVの動詞の語法 (to不定詞をとるか動名詞をとるかなど) に注目。

❸　(SVOCでの) Cの場合➡**不定詞・分詞・原形**
　　☞　「Vの動詞の語法」と「OCの関係」に注目。

> ❹　名詞修飾の場合➡**不定詞（形容詞用法）・分詞**
>   ☞　修飾される名詞句の立場で考える。
> ❺　副詞句の場合➡**不定詞（副詞用法）・分詞構文**
>   ☞　主節の主語の立場で考える。

　もちろん各動詞の語法や全体の意味内容によって文法ごとの規則を適用する必要はありますが，考え方の基本的な指針としては以上のような流れを頭に入れておいてください。
　では，**基本例題**の解説に入りましょう。

(1)　答　(b)　**are becoming**

解説　V の位置に用いられているので時制ありの動詞が必要です。この段階で(a)(b)(d)にしぼります。時制の問題は，❶**主語の確認**，❷**主節（または従属節）の時制や副詞句の確認**，が基本です。ここでは S = **Magnum Plus cameras**（複数形）です。**right now** や従属節の **are** から「現在」だとわかります。「現在」だからといって，(d)に飛びつかないように。3単現の -s は不要です。

訳　「マグナムプラスのカメラは使いやすいので現在人気が高まっている」

(2)　答　(a)　**arrive**

解説　V の位置なので時制ありの動詞が必要です。主節が命令文なので未来のことを表しています。そのまま **when** 節も未来にしたいところですが，「**時・条件を表す副詞節では未来のことでも現在形で表す**」というルールが適用されます。これは中学レベルのルールですが，大学入試でもよく出題されます。

訳　「彼らが到着したら私の部屋に連れてきてください」

(3)　答　(b)　**compared**

解説　まず **At least**「少なくとも」は副詞句なのでカッコで囲みます。すると前半のかたまりは副詞句，つまりこの場合「分詞構文」だと気づくはずです。分詞構文の能動・受動は，主節の主語 **ours**（= **our firm**）の立場で考えれば OK。「比べられる」＝**受動**です。

この手の問題が苦手な人はたいてい，日本語訳での「比べると」から考えがちですが，「**主語の立場で考える**」という意識を強くもってください。

分詞構文の能動・受動の判断

表面的な日本語訳ではなく，主節の主語の立場で考える！

訳「少なくともほかの会社に比べると，われわれの会社は便利な場所にある」

(4) **答** (b) **satisfied**

解説 George = S，looked = V で，空所は C になります。主語 George の立場で考えると「満足している」となりますが，satisfying は不正解です。そもそも **satisfy** は「(×) 満足する」ではなく「(○) **満足させる**」です。この「させる」系動詞の能動・受動の使い分けは最頻出です。

「させる」系動詞リスト

- **surprise** 「驚かせる」
- **satisfy** 「満足させる」
- **disappoint** 「失望させる」
- **injure** 「けがをさせる」
- **excite** 「興奮させる」
- **please** 「喜ばせる」
- **tire** 「退屈させる」
- **embarrass**「困惑させる」

など

これらの動詞の使い分けのポイントは「動作・感情の方向」です。「驚き・興奮・満足など」のキャッチボールをイメージしてください。

「させる」系動詞の使い分け攻略法

感情（驚きなど）

A　　　　　　　　　　　B
感情を投げかける立場　　感情を受け取る立場
Ving（現在分詞）　　**P.P.**（過去分詞）

分詞の使い分けを考えるとき,「驚き」という感情を投げかける立場（ニュース・事件・実験結果など）なら **Ving**（**現在分詞**）です。一方で「驚き」という感情を受け取る立場（私たち，人々など）では **P.P.**（**過去分詞**）です。今回の問題では George は「満足」という感情を受け取る立場（＝受動の立場）です。「満足している」という表面的な和訳から判断しないように。

訳 「私が自分の失礼を謝ったのでジョージは満足そうだった」

　青山学院大では以下のように，分詞の識別問題が大問丸ごと出題されたことがあります。

参考問題

各文の空所に最も適切なものを選びなさい。

1　What's so (　　) about baseball?
　　① exciting　　　② excited

2　It is hardly (　　) that you don't remember his name.
　　① surprising　　② surprised

3　Her mother was terribly (　　) to hear her daughter is leaving the university.
　　① saddening　　② saddened

4　I am very much (　　) in the fate of the company.
　　① interesting　　② interested

5　He remained polite but he was clearly (　　) that I had not been more careful.
　　① annoying　　② annoyed

（2008年　青学・社会情報／総合文化政策）

どの問題も，投げかける立場と受け取る立場を見分けましょう。
1の正解は①。

Whatの立場で考えると「興奮」を**投げかける側**なのでVing。
> **訳**「野球の何がそんなに興奮させるの？」

②の正解は①。
形式主語Itの指すthat節は「驚き」を**投げかける側**なのでVing。
> **訳**「君が彼の名前を覚えないのはあまり驚くことではない」

③の正解は②。
Her motherの立場で考えると「悲しみ」を**受け取る側**なのでP.P.。
> **訳**「彼女の母親は彼女が大学を辞めると聞いてひどく悲しく思った」

④の正解は②。
Iの立場で考えると「興味」を**受け取る側**なのでP.P.。
> **訳**「私はその会社の運命にとても興味がある」

⑤の正解は②。
heの立場で考えると「イライラ」を**受け取る側**なのでP.P.。
> **訳**「彼はずっと礼儀正しかったが，私が注意深くなかったことに明らかにイライラしていた」

(5) **答** (b) **had listened**

解説 Vの位置なので時制が必要ですが，主節のVがwould not have madeとなっているので，以下に示す仮定法の公式をあてはめて判断します。

仮定法の公式

	現実の時制	**if**節	帰結節
過去完了	過去	⟨If + S + **had** + P.P. ~⟩	⟨S + 助動詞 の過去形 + **have** + P.P. ...⟩
過去	現在	⟨If + S + 過去形 ~⟩ ▶ be動詞はwereが基本。	⟨S + 助動詞 の過去形 + 原形 ...⟩

主節のwould not have made（助動詞の過去形 + have + P.P.）から**仮定法過去完了**だと判断できるので，if節も同様に仮定法過去完了にします。
> ▶ if節と帰結節の時制は必ずしも合わせる必要はなく，if節＝仮定法過去完了，帰結節＝仮定法過去の場合もあります。

> 訳 「もし皆が指示をもっと注意深く聞いていたら，そんな間違いをしなかっただろう」

(6) 答 (c) which

解説　関係詞の問題です。関係詞の問題では，次のような手順を確認します。

関係詞の思考プロセスパターン

❶ 先行詞の有無の確認
- 先行詞なし ➡ 関係代名詞 what・関係副詞・複合関係詞（-ever 系）
- 先行詞あり ➡ 人・物事・時・場所・理由・方法をチェック

❷ 関係詞節の SV の構造
- 不完全文　▶動詞の語法上必要な名詞が欠落している状態。
  ☞　関係代名詞
  (a) S が欠落の場合 ➡ 主格の関係代名詞
  (b) O が欠落の場合 ➡ 目的格の関係代名詞
  (c) 直後に無冠詞の名詞，かつ先行詞とその名詞が「所有の関係（A の B）」➡ 所有格の関係代名詞
- 完全文　▶動詞の語法上必要な名詞がそろっている状態。
  ☞　関係副詞

　この問題の**先行詞は the city** です。ここで，場所 = where と即断してはいけません。先行詞を確認したら，かならず次に関係詞節の SV 構造をチェックします。完全文か不完全文かを確認するためです。I would like to visit during the summer vacation を見て完全か不完全か判断できますか？　動詞 **visit** に注目すると，visit は他動詞なので目的語が必要ですが，ここではそれがありません。つまり **O の欠落した不完全文なので目的格の関係代名詞が必要**になります。

　そして先行詞 the city をこの欠落部分に挿入すると，I would like to visit the city during the summer vacation というもとの文構造が見えます。このように関係代名詞の格というのは，関係詞節中のどの欠落個所に足りない

ピース（＝先行詞）をはめるのかを表すものだと言えます。

訳「シドニーは私が夏期休暇中に訪れたいと思っている都市だ」

(7) **答** (a) **what**

解説 これも関係詞の問題です。まずは先行詞の確認からですが，残念ながら(!?)先行詞がありません。こういう場合は，**先行詞が関係詞に組み込まれているタイプ**か，**先行詞が省略されているタイプ**かのどちらかです。前者は関係代名詞 what や複合関係詞（-ever），後者は関係副詞になります。

関係詞節中の SV（I have been looking for）が完全文か不完全文かをチェックすると，for の後ろに目的語が欠落しています。したがって目的格の関係代名詞が必要だとわかります。関係代名詞 what は主格としても目的格としても用いることができます。

訳「これは正確には私が探していたものではない」

(8) **答** (b) **the name of which**

解説 またまた関係詞の問題です。まずは**先行詞 a dog** を確認。関係詞節中の SV が完全文か不完全文かをチェックすると，**recall**「～を思い出す」の目的語が欠落した不完全文であるとわかります。ここで注意する点は，先行詞 a dog をそのままこの欠落個所に入れて解釈するのではなく，「犬の名前」つまり its name や the name of it として解釈するということです。

関係代名詞の格は，先行詞を代名詞化して関係詞節中で解釈する場合どんな格になるのか（主格 or 目的格 or 所有格）で決まるので，次のようになります。

- **its name** を関係詞化 ➡ **whose name**
- **the name of it** を関係詞化 ➡ **the name of which**
  ▶ whose は先行詞が人の場合だけでなく，物や動物の場合でも使えます。

選択肢に whose name がないので，the name of which が正解です。

訳「彼女は犬を飼っていると私に言いましたが，私はその犬の名前を思い出せません」

ここまでは**基本例題**として，時制・準動詞・関係詞を解説してきましたが，もちろんこれ以外の文法事項も重要です。ページの都合上，文法の全範囲をここで扱うのは無理ですが，青山学院大の文法問題は典型問題が多く，難問や奇問は出題されないので，ここまで扱ってきたような基本問題と次の**実戦問題**で扱う標準レベルの問題をしっかり解けるように準備すれば OK です。

文法問題では準動詞や関係詞は最頻出項目なので，しっかりマスターしよう。

STEP 3 実戦問題

⏱ 7分　合格点 6／8問中

各文の空所に最も適切なものを選びなさい。

(1) Can I ask you to lend me the magazine when you (　) reading it?
　　(a) finished　　(b) have finished
　　(c) will finish　(d) will have finished
　　　　　　　　　　　　　　　　（2008年度　青学・文）

(2) No sooner (　) his meal than he drove to a nearby bookstore.
　　(a) finishing　　(b) had he finished
　　(c) he had finished　(d) he finished
　　　　　　　　　　　　　　　　（2008年度　青学・文）

(3) I'm seeing my favorite singer in person later today. That's why (　) now.
　　(a) I'm exciting　　(b) I'm excited
　　(c) I have exciting　(d) I am to excite
　　　　　　　　　　　（2010年度　青学・文／教育〔2/14〕）

(4) I wish I (　) go to the movies with you, but I'm too busy today.
　　(a) be free to　　(b) can
　　(c) could　　　　(d) had better to
　　　　　　　　　　　（2010年度　青学・文／教育〔2/13〕）

(5) Too bad it's already been completed. I would (　) watching you paint it stroke by stroke.
　　(a) have liked　　(b) have missed
　　(c) like to enjoy　(d) like to have
　　　　　　　　　　　（2007年度　青学・文／教育〔2/13〕）

lesson 1　選択完成問題(1) 文法問題

(6) These are the tools (　) he built his own house.
   (a) that	(b) with that
   (c) with which	(d) which
   （2007年度　青学・文／教育〔2/13〕）

(7) More than 40,000 schoolchildren live outside South Korea in (　) experts say is a new era of global education.
   (a) what	(b) which
   (c) where	(d) whose
   （2009年度　青学・経済）

(8) The manufacturer guarantees that its cosmetic products are good for three years or until the expiration date on the package, (　) is sooner.
   (a) what	(b) when
   (c) that	(d) whichever
   （2009年度　青学・法）

解答・解説

(1)　答　(b) **have finished**

解説　Vの位置なので時制ありの動詞が必要です。基本例題(2)（➡ p.24, 26）と同じく「時・条件を表す副詞節では未来のことでも現在形で表す」というルールが適用されるパターンですが，選択肢の中に現在形がありません。実はこのルール，もう少し拡大的に解釈する必要があるのです。

時・条件の副詞節のルール

時・条件を表す副詞節（when, before, after, till, if, unless など）では，次のように表す。
- 未来（未来のある一点）➡現在形
- 未来完了（過去・現在〜未来の動作・状態の積み重ね）
  ➡現在完了形

ただし，このルールに関して，現在形か現在完了形かを問う出題はありません。難しく考えないで，「時・条件を表す副詞節では未来のことでも現在形で，**もしなければ現在完了形で表す**」という程度で十分対応できます。

訳「読み終えたら，その雑誌を私に貸していただけないでしょうか？」

(2) **答** (b) **had he finished**

解説 これも時制の問題ですが，**No sooner** が文頭にあるので，この段階で次の構文パターンだと判断してください。

「Sが~Vすると，すぐにSは…Vする」を表す構文

❶ 〈**As soon as** + S + V ~ , S + V …〉

❷ 〈**On** + Ving ~ , S + V …〉

❸ 〈S + **had hardly** + P.P. ~ **when**[**before**] + S + V …〉
  ➡ 倒置形 〈**Hardly had** + S + P.P. ~ **when**[**before**] + S + V …〉

❹ 〈S + **had no sooner** + P.P. ~ **than** + S + V …〉
  ➡ 倒置形 〈**No sooner had** + S + P.P. ~ **than** + S + V …〉

倒置形が覚えづらいと思いますが，倒置の基本は「**否定を表す副詞句が文頭にある場合，SVは倒置する（＝疑問文の語順になる）**」という点です。どうしてもこの変形が苦手だという人は，次のように機械的に反転すると覚えてもよいでしょう。

〈❶ S + ❷ **had** + ❸ **hardly**[**no sooner**]〉

➡ 〈❸ **hardly**[**no sooner**] + ❷ **had** + ❶ S〉

訳「彼は食事を終えるとすぐに，車で近くの本屋に行った」

(3) 答 (b) **I'm excited**

解説　基本例題（→ p.27）でもたくさん扱った「させる」系動詞の使い分け問題です。「興奮している」だから Ving 形！　とは絶対にしないでください。「私」の立場で考えて「興奮」という感情がどちらに向かうかを考えれば簡単です。

興奮
私
「私は興奮している；ワクワクしている」

「私」は「興奮」を**受け取る側**なので，**excite** を過去分詞にします。

訳 「私は今日この後に大好きな歌手に直接会うのです。だから今興奮しています」

(4) 答 (c) **could**

解説　**I wish** を用いた仮定法の問題です。仮定法は〈If + S + V 〜 , S + V ...〉という形式以外でも用いられ，なかには仮定法だと気づきにくいものもあります。まずは比較的有名な，次の慣用表現から確認しましょう。

仮定法を埋め込む慣用表現

❶ 〈**I wish** + S + V 〜〉➡「〜ならなあ」
　● 現在に対する願望の場合　☞　仮定法過去
　● 過去に対する願望の場合　☞　仮定法過去完了

❷ 〈**as if**［**though**］+ S + V 〜〉➡「まるで〜かのように」
　● 主節と同じ時制の様態の場合　☞　仮定法過去
　● 主節の1つ前の時制の様態の場合　☞　仮定法過去完了

❸ 〈**It is time** + S + V 〜〉➡「もう〜する時間［頃］だ」
　　▶仮定法過去のみ。

仮定法の基本は「**反実仮想**（＝事実に反することを仮に想定すること）」な

ので,「実際にそうではない」から「～ならなあ」「まるで～かのように」「もう～する時間だ」となるのです。たとえば「英語がうまく話せない」という事実があるからこそ,「英語がうまく話せればなあ」という表現が生まれるのです。

　まずは全体の時制を確認しましょう。仮定法の公式を用いる判断ができたら,すぐに時制チェックです！　仮定法過去 or 仮定法過去完了を決めるためです。ここでは後半に I'm too busy today とあるので,現在の話,つまり仮定法の世界では「**仮定法過去**」の公式が用いられます。

> **仮定法過去の公式**
> ➡ 〈**If** + S + 過去形 ～ , S + 助動詞の過去形 + 原形 …〉

　I wish や as if の後ろには基本的に if 節の〈S + 過去形〉を当てはめることが多いのですが,「～できればなあ」や「まるで～できるかのように」など**能力・可能**の意味合いを出したい場合は,帰結節の〈S + **could** + 原形〉を当てはめます。

訳「君といっしょに映画に行けたらなあ。でも今日忙しすぎるんだ」

(5) **答** (a) **have liked**

解説　これは難しい問題です。直後に watching があるので語法的に(d)は切れます(〈have + Ving〉は不可)が,それ以外の選択肢はもうしぼり込めません。

　さて,ここであきらめないで,この lesson の最初に示した「**ネライ撃ちポイント**」を思い出しましょう。

> ● 文法・語法的にもうこれ以上選択肢をしぼり込めなくなった段階で,**全体の意味を判断材料に用いる**。

とくに動詞の語形はこのような判断をする際の最も大きな手がかりです。

●動詞の語形面からのアプローチ
　まず it's already been completed の時制チェックからです。it's はここで

はit hasなので現在完了形だとわかります。空所の直前にwouldがあります。これが重要です。

wouldの基本的分類

❶ 時制の一致で，**will ➡ would**

❷ 過去の習慣「昔よく~したものだ」や過去の固執「どうしても~しようとした」など，助動詞特有の意味

❸ **Would you** ~？など，ていねい表現

❹ 仮定法

　この問題では，(a)(b)であればwould have P.P.となり仮定法過去完了，(c)であればwould like toとなり仮定法過去（または，ていねいな願望）となります。この段階で**仮定法だと見抜く**ことが最重要ポイントです！　**if節がなくても仮定法を用いるケース**は，実はよく出題されます。

　仮定法の時制は現実の時制とズレるという点を利用すると，現在時制の文の中に〈would＋原形〉が現れれば，❶と❷のパターンはないので❸か❹になります。❸のていねい表現は疑問文など使われる環境が限られているので，必然的に❹の仮定法だと判断できます。

　仮定法過去完了でも同様です。過去時制の文の中に〈would have＋P.P.〉があれば，❹の仮定法だと判断できるのです。

　少し，話がそれたので問題の解説に戻りましょう。文法・語法面で仮定法だと判断できたら，次は内容面のチェックです。

●内容面からのアプローチ

　まず前半部分が「もうすでにそれが終わってしまったのはあまりにも残念だ」とありますが，「それ」が何だかわかりません。次に空所の後ろを読むと「君が一筆一筆描くのを見る」とあります。すると「それ」＝「君が一筆一筆描くのを見る」ではないかとわかります。ただ，「もうすでに終わってしまった」とか「残念だ」とあるのは何か引っかかります。

　そこで，次のような解釈をすれば，前半と後半がつながります。

> 「君が一筆一筆描くのを見たかった」，
> がしかし「もうすでに終わっていた」ので「残念だ」

ここで，「見逃した」から(b)の **have missed** とするのは誤りです。直前の would と結びつけると，仮定法過去完了で「見逃していただろう」➡「実際には見逃さなかった」となってしまいます。

反実仮想がポイントです。(a)の **have liked** だと，同じく**仮定法過去完了**で「見たかったのに」➡「実際には見られなかった」となります。

(c)の like to enjoy だと「(これから)見たい」となり「もうすでに終わってしまった」という内容と時制の面で矛盾します。

> 訳 「もうすでにそれが終わってしまったのはあまりにも残念だ。君が一筆一筆描くのを見たかったのに」

(6) 答 (c) **with which**

解説　関係詞の問題です。まずは先行詞のチェックからです。**先行詞は the tools** です。

関係詞節の SV をチェックしましょう。he built his own house は SVO がそろった完全文です。このままでは先行詞 the tools を解釈すべき欠落部分が見当たりません。

そうかといって関係副詞でもない場合は，〈前置詞 + 関係代名詞〉を考えましょう。

〈前置詞 + 関係代名詞〉のパターン

〈先行詞 + 前置詞 + 関係代名詞 + S + V（完全文）〉
　　　　　　　　▶目的格の関係代名詞 whom, which が用いられる。

〈S + V（完全文）+ 前置詞 + 先行詞〉という語順で解釈する！

たとえば，a house in which he lives「彼が住んでいる家」という基本的

な語句も,もともとは he lives in a house という語順で解釈すれば,前置詞 in が用いられている理由も明確です。〈前置詞 + 関係代名詞〉の前置詞を入れる問題はこのように考えてください。

> **参考問題**
>
> 次の空所に最も適切なものを選びなさい。
>
> We must find out effective means (　) which our environment is protected.
> ① in　　② on　　③ by　　④ to
>
> (オリジナル)

先行詞 effective means「効果的な手段」を関係詞節中で解釈するためには空所に入れるべき前置詞とともに後ろへもっていけばよいので,次のように置けば,手段を表す ③ **by** が正解だとわかります。

our environment is protected (　) effective means

訳「われわれは自分たちの環境を守るための効果的な手段を見つけなければいけない」

(6)の解説に戻ります。先行詞 the tools を前置詞の支えとともに関係詞節に移動すると,次のようになり,**with** が用いられることがより明確になります。

he built his own house (　) the tools

また,〈前置詞 + 関係代名詞〉のパターンでは,that を用いることはありません。もちろん関係代名詞が省略されることもありません。

訳「これらは彼が自分の家を建てたときに使った道具だ」

(7) **答** (a) **what**

解説　先行詞の確認からです。空所の前に South Korea とありますが,これを先行詞だと即断するのは甘いです。**先行詞であれば後続の関係詞節中の欠落部分で解釈できる**はずですが,肝心の関係詞節を見てみましょう。

experts say [　　] is a new era of global education

このように，主語が欠落しているのがわかります（このように関係詞節の先頭の S が欠落しているのではなく，途中の S が欠落しているケースを**関係詞連鎖**といいます）。この［　］に South Korea を入れても「専門家は韓国を国際教育の新しい時代だと言う（??）」となり，意味を成しません。

実は，この問題文には先行詞がないのです。先行詞がないときの考え方は，❶**関係代名詞 what**，❷**関係副詞**，❸**複合関係詞（-ever）**です。関係詞節の SV が不完全文（S が欠落）なので，関係代名詞 what が正解です。関係代名詞 what は名詞節を作るので，直前の in と合わせて〈in ＋ 名詞節〉という組み合わせです。

South Korea があるから where とか，直前に in があるから which というなんとなくという考え方を絶対にしないように。こういうところで差がつくのです！

> **訳**「専門家が国際教育の新たな時代だという時代に，40,000人以上の学童が韓国の外に住んでいる」

(8)　**答**　(d)　**whichever**

解説　これまで扱ってきた関係詞の問題と少しタイプが異なる問題のように見えます。(a)の関係代名詞 what は名詞節を作るので，このように〈主節の S ＋ V 〜, what ＋ S ＋ V〉というのは違和感があります（what is sooner が直前の名詞句と同格関係という可能性もありますが，ここでは解釈的に不自然）。(b)の when は関係詞節・副詞節・名詞節いずれの場合でも，後ろに不完全文が続くことはありません。(c)の that は原則的に，〈先行詞, 関係詞節〉のようにカンマで区切れる非制限用法では用いられません。

さて，(d)の **whichever** ですが，複合関係代名詞は通常先行詞を必要としません。しかし，whichever の場合は「**〜するものはどちらでも**」「**たとえどちらを〜しても**」という解釈からもわかるように，which の意味特性上「どちら」が指す対象を必要とします。〈whichever ＋ 名詞 ＋ S ＋ V〉というケースもありますが，この問題では直前の A or B である three years <u>or</u> until the expiration date on the package を指しています。

ここで少し複合関係詞を整理整頓しましょう。複合関係詞は，次の点に注目するのがポイントです。

- 語法的には関係詞だが，意味的には疑問詞だという二面性がある。
- 名詞節の場合と副詞節の場合で意味が異なる。

複合関係代名詞

	名詞節「どんな〜でも」	副詞節「たとえ〜しても」
〈whoever + V〉	〜な人は誰でも	たとえ誰が〜しても
〈whomever + S + V〉	〜な人は誰でも	たとえ誰を[に]〜しても
〈whatever (+ S) + V〉	〜なものは何でも	たとえ何が[を, に]〜しても
〈whichever (+ S) + V〉	〜なのはどちらでも	たとえどちらが[を, に]〜しても

複合関係副詞

	副詞節「どんな〜でも」	副詞節（譲歩）「たとえ〜しても」
〈whenever + S + V〉	〜するときはいつでも	たとえいつ〜しても
〈wherever + S + V〉	〜するところはどこでも	たとえどこに[へ]〜しても
〈however + 形容詞[副詞] + S + V〉	———	たとえどんなに〜しても

(8)では，whichever is sooner は主節とは独立した位置で用いられているので，副詞節として働いています。直訳的には「たとえどちらが早くても」となり，ここでの「どちら」は「3年間またはパッケージにある消費期限」

のことです。

　ちなみに、-ever系の関係詞は〈no matter + wh-〉に書き換えられますが、それは譲歩を表す副詞節「たとえ〜しても」の場合だけです。名詞節「どんな〜でも」の場合は書き換えができないので注意してください。

訳「その製造業者は、その化粧品は3年間またはパッケージにある消費期限のどちらか早いほうまでもつと保証している」

　このlessonで解説したように、青山学院大の文法問題は基本的な文法事項を正しく（実はこれがなかなか難しい）理解し、問題に対して「形式➡意味」の順番で考え、判断することが最も重要なのです。ふだんからこのような思考力・判断力を養っておけば、最初は少し時間がかかりますが、最終的にはすばやく的確に問題が解けるようになります。

　　名詞節の働き（S・O・C）と副詞節の働きは大丈夫かな？　しっかり整理しておこう。

lesson 2 選択完成問題(2) 語法問題
～効率よく整理整頓～

STEP 1 青山学院大ネライ撃ちポイント

　学校の授業などは「英語を学ぶ＝文法を学ぶ」というくらい文法至上主義なので，文法規則に関してはよく理解していても，いわゆる語法問題になると手も足も出ないという人が多いようです。

　まずは，文法が文を組み立てるルールであるのに対して，語法は語を使う際のルール，と認識しましょう。

> 文法 ➡ 文を組み立てるルール
>
> 語法 ➡ 語を使う際のルール

　しかし，問題は何をどれだけ覚えるのかということです。例えば，1,000個の動詞を覚えなければいけない場合，1,000種類もの語法も同時に覚えるべきでしょうか？ 意味を覚えるだけでも大変なのに，語法まで全部覚えるのは，きりがないしウンザリしてしまいます。

　超頻出レベルの動詞などは，その語に付随して，ある程度は語法も覚えるべきですが，大半のものは，限られた種類の「**典型的な語法パターン**」に分類することで解決できます！　次の問題を見てください。

参考問題

　各文の空所に最も適切なものを選びなさい。

1　The story that John told us reminded me (　　) another painful experience.
　① with　　② of　　③ to　　④ from

（2007年度　杏林大・医）

> 2 I am now (　　) of his honesty.
> 　① convinced　② believed　③ persuade　④ confide
>
> 　　　　　　　　　　　　　　　　（2008年度　青学・経営）

　一方は前置詞を入れ，もう一方は動詞を入れるという，一見したところ異なるタイプの問題に見えますが，実はどちらも1つの同じ語法パターンで解けます。

　1 では **remind** という動詞が用いられていますが，これは次の語法パターンに属する動詞です。

〈V + A + of + B〉（認知の of）パターン

- 〈**remind** + A + **of** + B〉　➡　「A に B を思い出させる」
- 〈**assure** + A + **of** + B〉　➡　「A に B を確信させる」
- 〈**inform** + A + **of** + B〉　➡　「A に B を知らせる」
- 〈**convince** + A + **of** + B〉　➡　「A に B を確信［納得］させる」

　したがって，1 の正解は ② **of** です。

　2 は受動態になっていますが，能動態にすると，(　　) me of his honesty となり，〈V + A + of + B〉パターンだと気づきます。このパターンをとる動詞を探せばいいので，正解は ① **convinced** になります。
　このように「典型的な語法パターン」ごとに動詞を分類すれば，かなりの手間が省け学習の効率が良くなります。

　訳　1 「ジョンがしたその話は私たちにまた別のつらい経験を思い出させた」
　　　　 2 「私は今彼が正直であると確信している」

　では「典型的な語法パターン」の整理 & 動詞の分類でどのように問題に対処すべきなのかを，**基本例題・実戦問題**を通して解説していきましょう。

STEP 2 基本例題

⏱ 6分 合格点5／7問中

各文の空所に最も適切なものを選びなさい。

(1) No one has ever succeeded (　) this interesting phenomenon.
   (a) being explaining　　(b) in explaining
   (c) of the explanation for　(d) to be explained

   （2010年度　立命館大〔2/7 A方式〕）

(2) The mother caught her boy by the sleeve and wouldn't (　) him go.
   (a) let　(b) permit　(c) get　(d) allow

   （2010年度　青学・文／教育〔2/14〕）

(3) When you (　) know him, you'll find he's quite nice.
   (a) came to　　(b) get to
   (c) go to　　　(d) set to

   （2009年度　青学・法）

(4) Why don't you request (　) your salary?
   (a) your boss to raise　(b) your boss that he should raise
   (c) to your boss raising　(d) for your boss about raising

   （2004年度　青学・経済）

(5) The doctor advised my friend Ken (　) because of his health.
   (a) to quit smoking　　(b) quitting smoking
   (c) to give up to smoke　(d) do not to smoke

   （2010年度　北里大・看護）

(6) It was you who suggested ( ) him the truth.
　　(a) me that I should tell　　(b) me that I tell
　　(c) that I tell　　(d) for me to tell
（2004年度　青学・経済）

(7) The catalog ( ) that this year's model is slightly cheaper than last year's.
　　(a) says　(b) speaks　(c) talks　(d) tells
（2008年度　センター試験）

解答・解説

(1) 答 (b) **in explaining**

解説　succeed の語法は、「自　成功する」・「他　〜の後を継ぐ」です。自動詞と他動詞で意味が異なるという点に注意してください。ここでは「成功する」という意味で用いられているので自動詞だと判断します。

- **succeed in[at]** 〜　「〜に成功する」
- **succeed as** 〜　「〜として成功する」

訳「この興味深い現象の説明をうまくできた者は今までいない」

　ここで1つ注意があります。動詞というものはそれぞれに自動詞と他動詞に明確に分類されていると勘違いをしている人がいますが、多くの動詞には自動詞・他動詞のどちらの用法もあります。
　大学入試問題で出題されやすいのは、自動詞かと思ったら他動詞だったという動詞や、その逆のケースの動詞です。また、自動詞として用いる場合にどんな前置詞と相性がよいのか、といった点もねらわれます。
　とくに、次ページに示す頻出の自動詞と前置詞の組み合わせは完全マスターしてください。

他動詞と間違えやすい自動詞と，それらがとる前置詞

❶ 〈apologize to + 人 + for + 物事〉 ➡ 「人に物事のことで謝罪する」

❷ account for 〜 ➡ 「〜を説明する；〜の割合を占める」

❸ 〈agree ┌ to + 提案・意見〉 ➡ 「提案・意見に同意する」
         │ with + 人〉 ➡ 「人に同意する」
         └ on[about] + 物事〉 ➡ 「物事について同意する」

❹ complain of[about] 〜 ➡ 「〜のことで不満を言う」

❺ consist ┌ of 〜 ➡ 「〜から成り立つ」
          └ in 〜 ➡ 「〜にある」

❻ 〈depend on + A + for + B〉 ➡ 「AにBを頼る」

❼ graduate from 〜 ➡ 「〜を卒業する」

❽ persist in 〜 ➡ 「〜に固執する」

❾ refer to 〜 ➡ 「〜に言及する」

❿ 〈result ┌ in 結果〉 ➡ 「〜という結果になる」
          └ from 原因〉 ➡ 「〜に起因する」

⓫ suffer from 〜 ➡ 「〜で苦しむ」

(2) 答 (a) **let**

解説 動詞を選択する問題では，空所に後続する語法に注目します。ここでは，him go という〈目的語 + 原形〉が続いています。この段階で使役動詞（make / let / have）だと判断できるとよいでしょう（ただし，help にも〈help + O (+ to) + 原形〉という語法があります）。

使役動詞（make / let / have）の基本的な使い分けは次のとおりです。

使役動詞の語法

❶ 〈S + **make** + O + 原形 [形容詞]〉 ➡「O に むりやり～させる」（強制）

  ▶ make *oneself* understood[heard] は，「自分の言うことが相手に通じる[聞こえる]」

❷ 〈S + **let** + O + 原形 ～〉 ➡「O に～させてあげる」（許可）

❸ 〈S + **have** + ┌ O + 原形 ～〉 ➡「O に～してもらう」（依頼）
                └ O + P.P. ～〉 ➡ ●「O を～してもらう」（依頼）
                                  ●「O を～される」（被害）

  ▶〈have + O + stolen〉など。

選択肢(b)(c)(d)の動詞は〈V + O + to + V〉という語法で用います。

訳「その母親は少年の袖をつかんで離そうとしなかった」

(3) 答 (b) get to

解説 選択肢の各動詞に to がついています。空所の後ろには動詞 know が続くので，この to は不定詞の to だと判断できます。選択肢の中で，〈V + to + V〉という語法の動詞はどれでしょうか。

(a) 〈**come to** + 動詞の原形〉 ➡「～するようになる」
(b) 〈**get to** + 動詞の原形〉 ➡「～するようになる」
(c) 〈**go to** + 場所〉 ➡「場所 に行く」
(d) 〈**set to** + 動詞の原形〉 通例〈*be* **set to** + 動詞の原形〉
  ➡「～することになっている」

語法的には(a)と(b)にしぼられます。そして主節が未来形 will find なので，「**時・条件を表す副詞節では未来のことでも現在形**」という規則を適用します。したがって正解は(b) **get to** です。

「～**になる**」という表現を用いる場合は，後ろにどんな品詞が続くかという

lesson 2　選択完成問題(2) 語法問題　49

ことに注意が必要です。

「〜になる」という表現

- ⟨come[get] to + V⟩ ➡ 「〜するようになる」
- ⟨learn to + V⟩ ➡ 「〜できるようになる」
- ⟨become + 名詞[形容詞]⟩ ➡ 「〜になる」
- ⟨get[come / go / turn / grow] + 形容詞⟩ ➡ 「〜になる」

訳 「彼のことを知るようになったら、彼がとてもいい人だとわかるよ」

(4) 答 (a) your boss to raise

解説　空所の直前の動詞 request の語法を聞かれています。

⟨request + ┌ (for) + 名詞⟩ ➡ 「〜を要求する」
　　　　　│ that + S (+ should) + 原形⟩
　　　　　│　　　　　➡ 「S に〜するよう要求する」
　　　　　└ O + to + V⟩ ➡ 「O に〜するよう要求する」

　選択肢の中でこれらの語法に合致するのは、(a) your boss to raise のみです。⟨V + O + to + V⟩ パターンの動詞は頻出なので、必ずマスターしてください。

⟨V + O + to + V⟩ パターンの動詞

- advise 「忠告する」
- ask 「求める」
- enable 「可能にさせる」
- encourage 「励ます」 ➡ discourage 「やめさせる」
- expect 「期待する；思う」
- persuade 「説得する」
- tell 「伝える」
- admit 「許可する」
- cause 「引き起こす」
- get 「させる」
- promise 「約束する」
- want 「望む」　など

また,「要求する」という意味内容から,第4文型のように「誰に」「何を」をとれそうだと勘違いしがちですが,(b)のように〈人+that節〉はとれません。このあたりの知識の整理はきっちりしておきましょう。

〈V+人+that節〉タイプ	〈V+(to+人)+that節〉タイプ
• tell　　「伝える」 • advise　「忠告する」 • inform　「伝える」 • remind　「思い出させる」 • promise「約束する」 • assure　「確信させる」など	• say　　　「言う」 • explain　「説明する」 • apologize「謝罪する」 • suggest　「提案する」 • propose　「要求する」など

▶ tell / advise / remind / promise は〈V+O+to+V〉パターンもとれます。

訳「上司に給料を上げてもらえるように頼んだらどう?」

(5) 答 (a) to quit smoking

解説　2つの語法の知識が必要な問題です。まずは **advise** の語法から確認しましょう。

• 〈**advise**+O+**to**+V〉 ➡ 「Oに~するように忠告する」

〈V+O+to+V〉の語法パターンをとることから,(a)(c)にしぼられます。(a)の **quit** は「他 ~をやめる」で,意味も語法もほぼ **give up** と同じと考えてかまいません。他動詞の後ろに to 不定詞が続くか動名詞が続くかは,その他動詞の語法によって決まります。

目的語に to 不定詞をとるか,動名詞をとるか?

• **to 不定詞のみを目的語としてとる動詞**
　decide / wish / hope / intend / pretend / manage / fail / refuse / expect / promise / seek など

- 動名詞のみを目的語としてとる動詞

  mind / enjoy / give up / admit / finish / escape / put off / stop / consider / deny / imagine / avoid / postpone / quit など

give up と quit は目的語として動名詞をとる動詞なので，正解は(a)の **to quit smoking** です。

訳 「医者は私の友人のケンに健康のために禁煙するように忠告した」

(6) 答 (c) **that I tell**

解説 suggest の語法は重要です。

suggest をはじめとした提案・要求・主張・命令を表す動詞は that 節中に〈S (+ should) + 原形〉を取ります。

〈that + S (+ should) + 原形〉をとる動詞

- **suggest**「提案する」　　・**propose**「提案する」
- **request**「要求する」　　・**demand**「要求する」
- **insist**　「主張する」　　・**order**　「命令する」　など

この語法は有名なので，suggest を見たとたん should を探すという癖がついている人もいるようですが，正解は(a)ではありません。suggest は(4)の解説でも触れたように，〈V (+ to + 人) + that 節〉をとるタイプの動詞でもあります。tell などのように〈人 + that 節〉はとれないのです（→ p.51）。

要するに suggest は，〈V (+ to + 人) + that + S (+ should) + 原形〉という語法をとるということです。suggest を見たら〈to + 人，または省略〉と〈should + 原形，または原形〉の2点を必ず確認しましょう。

▶ suggest には〈**suggest** (+ **for**) + 名詞句〉「～を提案する」という語法もあります（出題頻度はやや低いのですが）。

訳 「私が彼にその真実を伝えることを提案したのはあなただった」

(7) **答** (a) **says**

解説 「言う；話す」関連の使い分け問題です。

	「他者性」が強い	「伝達内容」が前提
自動詞型	〈**talk to** [**about / with**] ～〉 ➡ 「～に［について；と］話す」 ▶〈**talk** + 人 + into Ving〉➡「人を説得して～させる」という他動詞用法もある。	〈**speak to** [**about**] ～〉 ➡ 「～に話しかける；～について話す」 ▶〈**speak** + 言語〉➡「～語を話す」という他動詞用法もある。
他動詞型	〈**tell** + 人 + 物事 [that節]〉 ➡ 「人に物事を言う」 〈**tell** + 人 + to 不定詞～〉 ➡ 「人に～するよう言う」 ▶〈**tell** + 物事〉というSVOとしての用法もある。	〈**say**（+ **to** + 人）+ **that**節〉 ➡「（人に）～と言う」

　自動詞型・他動詞型と「他者性」・「伝達内容」という2つの切り口による整理がわかりやすいと思います。
　(7)では，空所の後ろにthat節が続いています。tellは〈人 + that節〉をとります。

　▶いきなりthat節もとれますが，その場合は「～だとわかる」という意味になるので，今回の問題の意味内容から不可です。

　sayの場合は，〈to + 人〉は任意の要素なので，いきなりthat節をとることが可能です。

　訳「カタログには，今年のモデルは去年のものと比べて安いと書いてある」

STEP 3 実戦問題

各文の空所に最も適切なものを選びなさい。

(1) All their attempts have (　　) to be a failure.
　(a) came　　(b) get　　(c) proved　　(d) turned
　　　　　　　　　　　　　　　　　　　（2008年度　青学・法）

(2) Now you have to (　　) focused on it and do not think about anything.
　(a) let　　(b) make　　(c) put　　(d) stay
　　　　　　　　　　　　　　　　　　　（2010年度　青学・法）

(3) I can easily imagine you (　　) the exam.
　(a) pass　　　　　　(b) passing
　(c) to be passing　　(d) to pass
　　　　　　　　　　　　　　　　　　　（2008年度　青学・文〔2/14〕）

(4) The bus was so crowded that I (　　) while I was in it.
　(a) had my foot stepped on
　(b) had my foot to be stepped on
　(c) had to be stepped on my foot
　(d) was stepped on my foot
　　　　　　　　　　　　　　　　　　　（2008年度　青学・文〔2/14〕）

(5) Shopping for fruits and vegetables at local markets is pleasurable and may (　　) to more variety in your diet.
　(a) cause　　(b) reason　　(c) lead　　(d) take
　　　　　　　　　　　　　　　　　　　（2009年度　青学・経済）

(6) Are the parents who let their infant children sleep in the same bed with them (　) their babies more harm than good?
　(a) doing　　(b) giving　　(c) letting　　(d) making
（2004年度　青学・文〔2/13〕）

(7) The wholesaler sells them for 50 cents each and the retailer, in tern, (　) two dollars.
　(a) charges　　(b) buys　　(c) sells　　(d) deals
（2009年度　青学・経済）

(8) Time will (　) which of us is right.
　(a) speak　　(b) talk　　(c) tell　　(d) say
（2008年度　青学・法）

解答・解説

(1) 答 (c) **proved**

解説　空所の直後に to be a failure とあるので，〈V + to + V〉パターンの動詞だと考えます。基本例題の(3)で解説したように come や get は〈to + V〉をとることはできますが（→ p.49），空所の前に have があるので，(a) came や(b) get は語形上不可です。

prove は次の語法で用います。

❶ 〈**prove** + 名詞句 [**that** 節]〉➡「～を証明する」
❷ 〈**prove to be** ～〉➡「～だとわかる；結局～になる」

❶は他動詞として，❷は自動詞としての用法です。自動詞・他動詞によって語法や意味が変化するので気をつけてください。

turn は **turn out to be** ～という使い方で **prove to be** ～と同じ意味になります。**turn to** ～の to は前置詞で，「～のほうに目を向ける；～に変わる」という意味です。

訳「結局，彼らの試みはすべて失敗に終わった」

(2) 答 (d) **stay**

解説 空所の直後には過去分詞の focused があります。分詞には，**❶名詞修飾**，**❷補語**，**❸分詞構文**の3つの用法がありますが，ここでは補語として用いています。補語として用いている分詞は形容詞と同じ働きと見なせるので，〈V + 形容詞 〉という第2文型（S + V + C）をとる動詞を探します。

(a) let は使役動詞で〈S + V + O + C〉で用います。(b) make は使役動詞としての使い方が有名ですが，〈**make** + 形容詞 〉という語法もあります。その場合は「～**になる**」という意味で変化を表します。(c) put は他動詞で，補語はとれません。(d) stay は自動詞「**滞在する**」が基本ですが，〈**stay** + 形容詞 〉で「～**のままでいる**」という意味で状態を表します（例 **stay gold**「輝いたままでいる」）。

語法的に(b)と(d)までしぼり込んだので，次は意味で判断しましょう。
まず and による等位構造を明確にしましょう。

Now you ⎡ have to (　) focused on it ⎤
　　　　⎢　　　　and　　　　　　　　⎥
　　　　⎣ do not think about anything. ⎦

「そのことに集中しなければいけない」＋「ほかに何も考えない」という意味内容を踏まえると，〈make + C〉「～になる」よりも〈**stay** + C〉「～**のままでいる**」のほうが自然です。正解は(d) **stay** です。

訳 「今やあなたはそのことに集中したままでいなければならず，ほかに何も考えてはいけない」

(3) 答 (b) **passing**

解説 pass の語形変形問題ですが，注目すべきは **imagine** の語法です。

❶ 〈**imagine** + 名詞句［**that** 節］〉 ➡ 「～**だと想像する**」

❷ 〈**imagine** + O + Ving〉 ➡ 「O **が～しているのを想像する**」

❶の用法は第3文型，❷の用法は imagine が知覚動詞で第5文型になります。これらの語法に照らし合わせて考えると，(a) pass か(b) passing にしぼ

られます。(a) pass の場合は that が省略され you pass が残ると見なすことができますが，〈**imagine that** + S + V 〜〉は仮定的な事柄を想像するケースで用いられます。

> ▶例 Imagine that you are a professional baseball player.
> 「君がプロ野球選手だと想像してみて」

❷の imagine は知覚動詞として〈O + 原形〉をとることもできそうですが，実は〈O + Ving〉」しかとれないのです。imagine 以外に **catch** も同様です。

- 〈**imagine** + O + V**ing**〉➡「O が〜しているのを想像する」
- 〈**catch** + O + V**ing**〉➡「O が〜しているところを見つける」

(a) pass と(b) passing までしぼった後が少し難しいのですが，ここでは仮定的な事柄ではないので，正解は(b) **passing** です。

ちなみに，**imagine** は基本例題の(5)で解説した「**動名詞のみを目的語としてとる動詞**」(➡ p.52) でもあるので，〈imagine + Ving（動名詞）〉に動名詞の意味上の主語が置かれた〈**imagine** + *A*('**s**) + V**ing**〉と考えることもできます。

訳「私はあなたが試験に受かっているところを容易に想像できる」

(4) **答** (a) **had my foot stepped on**

解説 前半は **so 〜 that** 構文なので，「バスがとても混雑していたので」に続く結果的内容を考えることになります。(a)(b)の had は使役動詞です。基本例題の(2)で解説 (➡ p.49) したように，使役動詞 have は次のように用います。

〈S + **have** + ┌ O + 原形 〜〉➡「O に〜してもらう」（依頼）
　　　　　　　└ O + P.P. 〜〉➡ •「O を〜してもらう」（依頼）
　　　　　　　　　　　　　　　•「O を〜される」（被害）
　　　　　　　　　　　　　▶〈have+O+stolen〉など。

(a) had my foot stepped on は〈have + O + P.P.〉（被害）の使い方に合致しますが，(b)は to be stepped なので不可です。
　一方，(c)と(d)はいずれも主語である I「私」が be stepped「踏まれる」と

いう意味になってしまいます。

　訳 「バスがとても混んでいたので，私は乗車中に足を踏まれた」

(5) 答 (c) **lead**

解説 　空所の後ろに to がありますが，to 不定詞だと即断しないように注意しましょう。直後に名詞句 more variety があるので，この to は前置詞です。つまり，〈to + 名詞句〉を導く自動詞が必要になります。選択肢の中で，〈to + 名詞句〉を導く自動詞は (c) **lead** のみです。

　訳 「地元の市場で果物や野菜を買い物することは楽しいことで，食事がより多様になるかもしれない」

自動詞 lead の用法は，文法・語法問題だけでなく読解問題でも重要なポイントになるので，少しまとめておきましょう。

> A + **lead to** + B ➡ 「A が B に通じる」
> 　　　　↓ 因果関係を表す場合
> 原因 + **lead to** + 結果 ➡ 「原因 が 結果 をもたらす」

「物理的に A から B へ通じている」だけでなく，「A という 原因 が B という 結果 に通じる」のように因果関係を表すこともあります。

参考問題

> 次の空所に最も適切なものを選びなさい。
>
> It is obvious to everyone that cultures are different from one another. What people don't realize, however, is that these differences (　　) our processing the same information in different ways.
>
> ① actually lead to　　② don't affect
> ③ could prevent　　　④ won't result in
> 　　　　　(2009年　関西大・システム理工／化学生命工／環境都市工)

第1文と第2文が逆接語句 however で結びつけられています。

> - 第1文「文化がお互いに異なるのは誰にとっても明らかなことだ」
> - 第2文　しかしながら，人々が気づいていないのは，
>   「これらの相違」+（　　　）+「私たちが異なった方法で同じ情報を処理すること」

「相違」原因 ➡ 「情報の処理」結果，と考え，正解は① **actually lead to** になります。日本語訳は「文化がお互いに異なるのは誰にとっても明らかなことだ。しかしながら，人々が気づいていないのは，これらの相違によって私たちは実際に異なった方法で同じ情報を処理するということである」です。

(6) 答 (a) **doing**

解説　まず全体の文構造から確認しましょう。Are the parents who ～（　　）…? は，〈*Be* + S + Ving …?〉という現在進行形の疑問文です。

空所の後ろは〈名詞句 their babies +名詞句 more harm〉なので，第4文型だと判断できます。選択肢中で第4文型をとることができるのは(a)(b)(d)です。さらにしぼり込むために解釈面から「人により多くの害を与える」と考えてみます。一見 give だと思えますが，実は次のような慣用表現を用います。

> 〈**do** + 人 + **good**〉 ➡ 「人に効果的だ」
> 〈**do** + 人 + **harm**〉 ➡ 「人に害がある」

訳「幼児を自分たちと同じベッドに寝かせる親たちは，赤ちゃんに対して効果的というよりも悪い影響を与えているのだろうか？」

文法的に，そして解釈的には大差なさそうでも，〈動詞＋目的語〉のペアにはある種の相性（このことをコロケーションと言います）があります。これは受験生としてはある程度覚えておくべきです。

▶この相性の理論的背景が気になる人は大学で英語学研究をしてください。とても興味深い世界ですよ。

覚えるべき〈動詞＋目的語〉の相性［コロケーション］

- **make progress** 「進歩する」
- **have a dream** 「夢がある」
- **give an explanation** 「説明をする」
- **conduct [do / carry out] research** 「研究を行う」
- **make reservation** 「予約をする」
- **make** *one's* **promise** 「約束をする」
- **keep** *one's* **promise** 「約束を守る」
- **break** *one's* **promise** 「約束を破る」
- **do the job interview** 「就職面接を受ける」
- **commit suicide** 「自殺をする」

英語って面倒くさいなって思う人もいるかもしれませんが，日本語でも，たとえば「辞書を引く；調べる」とは言うけど「辞書を読む」とはあまり言いませんよね。それと同じです。ちなみに「辞書を引く」は **consult a dictionary** です。

(7) 答 (a) charges

解説 「売買」を意味する他動詞の語法を判断する問題です。各選択肢の動詞の語法を確認しましょう。

- 〈**charge** ＋ お金〉 ➡ 「お金を請求する；課す」
- 〈**buy** ＋ 物 (＋ **for** ＋ 金額)〉 ➡ 「物を（金額で）買う」
- 〈**sell** ＋ 物 (＋ **for** ＋ 金額)〉 ➡ 「物を（金額で）売る」
- 〈**deal** ＋ 物〉 ➡ 「物を分配する；販売する」

本問では目的語が two dollars なので，(a) **charges** が正解です。

訳 「卸売業者がそれらを1つ50セントで売り，小売業者が次に2ドルの値をつける」

「お金」に関する動詞の使い分けは文法・語法問題では頻出事項なのでまと

めておきましょう。

- ⟨**cost**（+ 人）+ 金額⟩ ➡ 「(人に) 金額 がかかる」
- ⟨**spend** + 金額 +(**in**) **V**ing⟩ ➡ 「〜して 金額 を費やす」
- ⟨**spend** + 金額 + **on** + 事柄⟩ ➡ 「事柄 に 金額 を費やす」
- ⟨**fine** + 人⟩ ➡ 「人 に罰金を科す」
- **make money** ➡ 「お金 を稼ぐ」

(8) 答 (c) **tell**

解説　基本例題の(7)で扱った「言う；話す」関連の動詞（➡ p.53）の応用問題です。

目的語 which of us is right があるので，他動詞の(c) tell と(d) say にしぼります。直後に「人」を表す目的語がないから tell は不可，と考えないように。**tell** は ⟨**tell** + 物事⟩ という使い方も可能です。一方，**say** は ⟨物事 + **to** + 人⟩ や ⟨(to + 人) + **that** 節⟩ をとることはできますが，⟨疑問詞 + S + V⟩ をとることはできません（ただし，関係詞 what や whatever が導く名詞節はとれます）。また，意味的にも，次のような違いがあります。

- **say** ➡ 「伝達内容」を言葉として発する［発言する］。
- **tell** ➡ 「伝達内容」をメッセージとして伝える。

簡単に言うと，セリフの say，コミュニケーションの tell という印象でしょうか。本問の場合，Time「時間」が目的語の内容をメッセージとして伝える［証明する］という意味内容なので，(c) **tell** が正解です。

訳　「私たちのどちらが正しいかは，時が教えてくれるだろう」

語法問題に対する知識を整理整頓し，問題文と選択肢に対する着眼ポイントが理解できましたか？　予備校講師として見ると，「**典型的な語法パターン**」による分類と「**使い分けが必要な動詞群**」の知識の2つは合否ポイントになる分野だと思います。文法問題をしっかりやっているはずなのに伸び悩んでいる人は，このような語法の整理整頓と似た動詞の識別を勉強してください。

lesson 2　選択完成問題(2) 語法問題

lesson 3 選択完成問題(3) 語彙問題
～知識＋視野の広さ～

STEP 1 青山学院大ネライ撃ちポイント

　lesson 1 と lesson 2 で解説した文法・語法には一定のルールがあり，知識の整理整頓が重要だと述べてきました。

　しかし，青山学院大の英語を解くにはもう1つ重要な要素があります。それは「意味の盲点」と「イディオム・前置詞の使い分け」です。lesson 3 では，このような課題に対してどんな視点でアプローチすべきかを解説します。

　まずは，「意味の盲点」とは何かを説明しましょう。

参考問題1

> 次の空所に最も適切なものを選びなさい。
>
> I'd do anything if I could be in her (　　).
> ① glasses　② hat　③ purse　④ shoes
> (2010年度　青学・法)

　選択肢はどれも易しい単語ですが，全体の意味を考えると「もし私が彼女の（　）にいるとしたら何でもします」となり，①「眼鏡」，②「帽子」，③「財布」，④「靴」のどれを入れても不自然な気がします。

　実は④の **shoe**(**s**) には「靴」のほかにも「立場；状況」という意味があります。これが「意味の盲点」ということです。shoe は中学レベルの単語なので，大学受験用として出版されている単語帳ではおそらくほとんど扱っていないでしょう。つまり受験勉強期間に参考書からこれらの知識を学ぶ機会が少ないのです（有名な多義語は単語帳や参考書に掲載されていますが）。

　この問題においては，空所に「立場」という意味の語が入るのではないかと判断し，そこから shoes に結びつける，という考え方が重要なのです。そしてこのような「思考回路」を構築するには，過去問や本書のような実戦問題集で経験を積む，という対策が効果的です。

次に「**イディオム・前置詞の使い分け**」について説明しましょう。

参考問題2

> 次の空所に最も適切なものを選びなさい。
>
> "Have you handed in the English assignment?"
> "No, but I'm halfway (　　) it."
> ① across　　② around　　③ over　　④ through
>
> （2010年度　センター試験）

　この問題で重要なのは，前置詞のもつイメージを把握しているかどうかです。前置詞を表面上の日本語訳で覚えてしまっていて，問題にまったく対応できない人をよく見受けます。たとえば，**from** ➡「〜から」と覚えてしまったばっかりに，「昨日からずっと〜だ」（実際は from ではなく since を使う），「太陽は東から昇る」（実際は from ではなく in を使う）で混乱してしまうケースなどです。

　この問題の前置詞に関しては，次のようなイメージをもつことが重要です。

- ① **across**　➡「〜を横切って」ではなく，**横断**のイメージ。
- ② **around**　➡「〜のまわりに」ではなく，**周囲**のイメージ。
- ③ **over**　　➡「〜の向こうに」ではなく，**放物線**のイメージ。
- ④ **through**　➡「〜を通って」ではなく，**貫通**のイメージ。

　問題文の「英語の課題を提出しましたか？」「いいえ，でも途中まではやっているよ」という解釈から，it = the English assignment に対して横断，周囲，放物線，貫通のどれが適当かを考えます。正解は④ **through** の「貫通」です。「やり切ること」＝貫通というわけです。

　熟語帳によっては「***be through*（with）〜 ➡ 〜を終える**」と記載されているものもあります。けれど，前置詞の特徴をつかんだうえでのアプローチを理解しておけば，熟語帳ではカバーできない前置詞の問題に対応する判断力が身につきます。

　では「意味の盲点」と「イディオム・前置詞の使い分け」に対してどのように対応するべきかを**基本例題・実戦問題**を通して解説していきましょう。

STEP 2 基本例題

⏱10分　合格点12／15問中

問1　各文の空所に最も適切なものを選びなさい。

(1) I would like to go (　　) by refusing plastic bags at the supermarket.
　　(a) black　　(b) blue　　(c) green　　(d) orange
（2009年度　青学・文／教育〔2/13〕）

(2) The car was going (　　) 120 kilometers per hour when the police car approached.
　　(a) at　　(b) by　　(c) in　　(d) with
（2006年度　青学・法）

(3) We need to change our watches (　　) the local time.
　　(a) after　　(b) by　　(c) on　　(d) to
（2010年度　青学・法）

(4) I have been suffering (　　) dizziness lately.
　　(a) from　　(b) in　　(c) on　　(d) about
（2010年度　青学・経営）

(5) You walk on and I'll (　　) you later.
　　(a) catch on with　　(b) catch up with
　　(c) catch out with　　(d) catch away with
（2006年度　青学・法）

問2　次の各文の下線部の意味を最もよく表す語を(a)〜(j)より選びなさい。
▶すべて原形に戻して考えるものとします。

(1) He worked up an interesting plot for a play.

(2) After rowing the boat across the lake, Robert was used up.
(3) His request for a raise was turned down.
(4) Frank went through many dangers during the war.
(5) It's not always easy to think up original ideas.
(6) I can't make out why she hasn't told me about it before.
(7) The criminals did away with the witness who gave evidence against them.
(8) If they can afford a new house, things must be looking up for them.
(9) She never lets down anyone who turns to her for help.
(10) Did he get through his driving test?

(a) invent   (b) murder   (c) exhaust   (d) improve
(e) develop (f) disappoint (g) experience (h) pass
(i) reject   (j) understand

(2008年度　青学・経営)

解答・解説

問1(1)　答　(c) green

解説　選択肢はすべて「色」を表す形容詞です。また、ここでの **go** は後ろに形容詞を導いているので、「行く」ではなく「**～の状態になる**」です。

空所の後ろに、by refusing plastic bags at the supermarket「スーパーでビニール袋を断ることで」と具体化されているので、環境問題の話題だとわかります。「黒」「青」「緑」「オレンジ」の中でどれが環境問題に関係するのかを「知っているか」ではなく、「**判断できるか**」が重要です。

green「緑」はわれわれ日本人が思っている以上に欧米人には鮮やかな緑のイメージがあり、若々しさや豊かな自然環境などの象徴としての意味をもちます。実際、辞書にも「環境にやさしい；環境に対する意識が高い」とのっています。ただし、この意味を覚えるというよりも試験会場で判断できることが重要なのです。

訳「私はスーパーでビニール袋を断ることで環境に配慮したいと思う」

問1(2) 答 (a) at

解説 前置詞の識別問題です。意味としては「時速120kmで走っていた」となります。ここで注意すべきなのは，参考問題2 （⇒ p.63）でも解説したように「前置詞のもつイメージ」を理解しているかどうかです。この問題を見たときに「『～で』を表す前置詞を入れればいいんだ」と考えていては，この種の問題を解けるようになりません。使い方次第では選択肢(a)～(d)はすべて「～で」と訳すことができるからです。

細かい分類は逆に混乱を招くので，ここでは選択肢の前置詞の基本的かつ根本的なイメージを解説します。

- (a) **at** ➡ 点・地点のイメージ
- (b) **by** ➡ かたわら・動作主のイメージ
- (c) **in** ➡ 範囲・空間のイメージ
- (d) **with** ➡ 付帯のイメージ

時速，つまりスピード・速度はどれに属するのかがポイントです。速度というのはある速さの度合いを表すものであり，本問の場合，120km/hは119km/hでも121km/hでもない，ある速さの「点」を表しています。**速度はatで表すのです。**

〈**at** + 速度〉➡ **at ～ speed / at ～ km/h** など

訳「警察車が近づいてきたとき，その車は時速120kmで走っていた」

問1(3) 答 (d) to

解説 これも前置詞の識別問題です。「時計を現地時間に変える［合わせる］」という解釈です。ここでもまた前置詞のイメージが重要です。

- (a) **after** ➡ 後行のイメージ
- (b) **by** ➡ かたわら・動作主のイメージ
- (c) **on** ➡ 面への接触のイメージ
- (d) **to** ➡ 方向（目的地との接触あり）のイメージ

「時計を現地時間に変える［合わせる］」という場合の「合致」のイメージはどこから派生させればよいのでしょうか？

たとえば，時差のある国へ行ったときに時計の針を速めたり巻き戻したりしますよね。その場合，あたりまえですが，時計自体が何か別のものに変化することはありません。時計の針を現地の時間に「向ける」 ➡ 「合わせる」ことになるので，「方向（目的地との接触あり）」を表す(d) **to** が正解です。

訳「私たちは時計を現地時間に合わせる必要がある」

この「**合致**」を表す **to** を使った次のような例文もあります。

- 「**合致**」を表す **to**
  例 We were dancing **to** the music at the disco.
  「私たちはディスコで音楽に合わせて踊っていた」

ちなみに，動詞 **change** の語法には，〈**change** + *A* + **into** + *B*〉「A を B に変える」がありますが，これは A そのものが B に変化することを表します。

問1(4)　**答**　(a)　**from**

解説　前置詞の識別問題ですが，ここでは前置詞のイメージからではなく動詞 **suffer** の語法で解いたほうがわかりやすいでしょう。

- **suffer from** 〜「〜で苦しむ」
  例 Many people **suffer from** hay fever in spring.
  「多くの人が春に花粉症で苦しんでいる」

訳「私は最近めまいに苦しんでいる」

前置詞 from は「〜から」と覚えてしまいがちですが，「起点」のイメージをもってください。そこから原因や分離などを意味します。実際に，〈V + **from**〉には「〜から」と訳さないものも多々あります。

lesson 3　選択完成問題(3) 語彙問題

fromを用いた重要表現

- **date (back) from** ～　　「～の時代に起源をもつ」
- **differ from** ～　　　　　「～とは異なる」
- **refrain from** ～　　　　 「～を控える」
- **result from** ～　　　　　「～が原因となる」
- **distinguish[tell]** A **from** B　「AとBを区別する」
- **prevent[keep]** A **from** B　「AがBするのを妨げる」
- **prohibit** A **from** B　　「AがBするのを禁止する」

　前置詞の識別問題で難しいのは，動詞の語法で解くのか，それとも前置詞のもつイメージで解くのか，という判断です。そもそも熟語の意味というのは，動詞自体の本質的意味と前置詞自体のイメージが合わさった延長線上にあるので，まったく別物ができあがることはないのです。

　しかし，だからと言って，前置詞のイメージを覚えていれば熟語を覚える必要はないというのはあまりに危険です。後づけで納得したところで，実践問題には対応できません。受験生としては，覚えた熟語の知識をより強固にするために，「**動詞本来の意味＋前置詞のイメージ＝熟語の意味**」という流れで理解したほうが安全だと思います。

　前置詞の識別問題に対しては，次のような手順で考えるのがよいでしょう。

前置詞識別問題へのアプローチの手順

❶〈V＋前置詞〉や〈V＋A＋前置詞＋B〉など動詞の語法を考える。

　　　↓　思いつかないときは，

❷「前置詞のイメージ」から考える。
　　▶その場合は後続の名詞句の解釈上での扱いをチェック！

　まずは覚えた動詞の知識を活用。それでカバーできないものは前置詞のイメージから考える，という順番です。

問1(5)　答　(b) **catch up with**

解説 この問題も，前置詞の識別というより動詞 catch を用いた熟語の問題です。〈V + **up with**〉の形式の熟語は頻出なので，以下にまとめましょう。

〈V＋up with〉パターンの熟語

- **catch up with** ～　「～に追いつく」
- **keep up with** ～　「～に遅れずについていく」
- **put up with** ～　「～に耐える」
- **come up with** ～　「～を思いつく」

4パターンあれば，出題者はダミーの選択肢を作りやすいので，その結果よく出題されるというわけです。

訳「あなたは歩き続けて。私は後で追いつきます」

ちなみに次のような問題も出題されています。

参考問題

> 次の空所に最も適切な語句を選びなさい。
>
> Susan couldn't put (　　) her husband's violence any more, so she has left.
> ① away with　② up with
> ③ away from　④ down with
>
> (2005年度　青学・文〔2/13〕)

正解は② **up with**。**put up with** ～は「～に耐える」という熟語。日本語訳は「スーザンは夫の暴力にもう耐えられなくなり去っていってしまった」。

問2　**答**　(1)−(e)　(2)−(c)　(3)−(i)　(4)−(g)　(5)−(a)　(6)−(j)
　　　　　　(7)−(b)　(8)−(d)　(9)−(f)　(10)−(h)

解説　「熟語・イディオム⇔動詞」の対応関係を問う問題です。単に熟語だけを見るのではなく，その熟語の前後のSやOとの関係も考えてください。

下線部の熟語の日本語訳と問題の英文の訳を以下にまとめます。

(1) **work up** ～「～を仕上げる」
訳「彼は演劇のためにおもしろい筋書きを仕上げた」

(2) (*be*) **used up**「疲れきる」
訳「ボートを漕いで湖を渡った後,ロバートは疲れきってしまった」

(3) **turn down** ～「～を断る」
訳「彼は賃上げを要求したが断られた」

(4) **go through** ～「～を経験する」
訳「フランクは戦時中多くの危険を経験した」

(5) **think up** ～「～を考え出す」
訳「独創的なアイデアを考え出すのは必ずしも簡単ではない」

(6) **make out** ～「～を理解する」
訳「私には彼女がなぜ以前そのことを私に話さなかったのか理解できない」

(7) **do away with** ～「～を廃止する；処分する」
▶ここでは「殺害する」。
訳「犯人たちは自分たちに不利になる証拠を提出した目撃者を殺害した」

(8) **look up**「上向く；好転する」
訳「もし彼らが新居を買う余裕があるのだとすると,事態は好転しているに違いない」

(9) **let down** ～「～をがっかりさせる」
訳「彼女は自分の助けを頼りにする人には誰であってもがっかりさせることはない」

(10) **get through** ～「～を通過する；過ごす」
訳「彼は運転免許試験に合格したのですか？」

この中で注目してもらいたいのは up です。up は up ⇔ down のように「上方向」⇔「下方向」というイメージが一般的ですが,そこから派生して次の

ように使われることもあります。

> **up のイメージ**
>
> ↑ up
> 「上方向に」 ➡ 「すっかり；(暗から) 明へ」など

 (1) **work up**, (2) ***be* used up**, (5) **think up** は，この派生した「すっかり；(暗から) 明へ」というイメージで用いられています。ほかに **show up**「現れる」などもこのイメージです。

> 前置詞は細かく分類するとキリがないので，まずはイメージを大事にしておこう。日本語の「て・に・を・は」で把握するとかならず失敗します。

STEP 3 実戦問題

⏱ 6分　合格点5／7問中

問1　各文の空所に最も適切なものを選びなさい。

(1) This is Taro Aoyama (　) your weekend weather forecast in Tokyo.
　(a) at　　(b) to　　(c) on　　(d) with
　　　　　　　　　　　　　　（2009年度　青学・法）

(2) There won't be enough pizza to (　) if you take two pieces.
　(a) go along　(b) go around　(c) go over　(d) go up
　　　　　　　　　　　　　　（2010年度　青学・経済）

(3) A bicycle will (　) getting around until we can afford a car.
　(a) do by　(b) do for　(c) do on　(d) do up
　　　　　　　　　　　　　　（2010年度　青学・経済）

(4) This lamp is bright enough to read (　) even at night.
　(a) by　　(b) for　　(c) on　　(d) to
　　　　　　　　　　　　　　（2010年度　青学・文／教育〔2/13〕）

(5) This model is (　) an increasing number of robots created to meet the needs of the healthcare industry.
　(a) among　(b) at　　(c) in　　(d) on
　　　　　　　　　　　　　　（2004年度　青学・文〔2/13〕）

(6) I'm in a hurry. Let's get this over (　) as quickly as possible.
　(a) by　　(b) in　　(c) to　　(d) with
　　　　　　　　　　　　　　（2007年度　青学・文〔2/13〕）

72　Chapter2　文法問題編

問2　下線部と同じ用法の by を使用している文を選びなさい。

　　In all, London's cultural industries were said to employ 215,000 people in 1991, 6 percent of the capital's workforce. They had grown by 20 percent in the 1980s alone.
(a)　The bullet missed him by two inches.
(b)　By the time this postcard reaches you, I will be home.
(c)　You will be paid by the hour.
(d)　This bag measures ten inches by twelve inches.

（2009年度　青学・経済）

解答・解説

問1(1)　**答**　(d)　**with**

解説　前置詞の基本イメージから派生して考えるパターンです。空所直前の Taro Aoyama という人名と空所直後の your weekend weather forecast「あなた方の週末の天気予報」を関係づける前置詞を考えます。どの前置詞も基本例題で解説しましたが，もう一度確認しましょう。

(a)　**at**　　➡　点・地点のイメージ
(b)　**to**　　➡　方向（目的地との接触あり）のイメージ
(c)　**on**　　➡　面への接触のイメージ
(d)　**with**　➡　付帯のイメージ

　人名と天気予報を結びつける前置詞を考えるのは少し難しいかもしれませんが，正解は(d) **with** です。with は 付帯 のイメージが一般的ですが，そこから派生して次のような使われ方があります。

with のイメージ

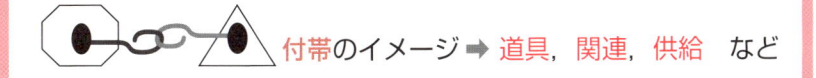

付帯のイメージ ➡ 道具，関連，供給　など

なかでも 関連 の **with** というのは少ししっくりこないと思うので，例文で理解しましょう。

> 例1　There is something wrong **with** my mobile phone.
> 　　「私の携帯電話はどこか調子が悪い」
> 例2　I agree **with** this idea.
> 　　「私はこのアイデアに賛成です」
> 例3　He must have something **with** the murder case.
> 　　「彼はその殺人事件と何らかの関係があるに違いない」

関連 の **with** は，意外と有名な熟語や構文に含まれているのがわかります。

さて，問題の解説に戻りましょう。**This is Taro Aoyama** というのは「これは青山太郎です」ではなく「こちらは青山太郎です」のように他者（または自分）を紹介する表現です。テレビやラジオでの天気予報士のコメントと考えるとよいでしょう。

つまり，「私＝青山太郎は，あなた方に天気を伝えるという役割に関連している」という内容を伝達しているのです。

訳「東京の週末の天気予報をお伝えします青山太郎です」

問1 (2)　答　(b) **go around**

解説　〈go ＋ *a*〉の熟語の選択肢が並んでいます。空所の後ろの if 節は「もしあなたが2つとったら」という解釈からもわかるように副詞節です。つまり，go に続く *a* には前置詞ではなくて副詞が入り，そこで構造的に一度完結させる必要があります。

- 〈**動詞 ＋ 前置詞 ＋ 名詞**〉　▶〈動詞＋前置詞〉はさらに名詞までとる必要がある。
  　　　連結　　連結
- 〈**動詞 ＋ 副詞**〉　← これでひとかたまりの意味をもつ。

各選択肢の熟語は「〜を；〜に」といった意味ではなく，自動詞的な意味をもつということになります。

また，enough pizza to (　) となっているので，pizza を空所の意味上の主語と考えます。

選択肢の意味は次のとおりです。

- (a) **go along** 「進行する」
- (b) **go around** 「歩き回る；行きわたる」
- (c) **go over** 「乗り越える；移動する」
- (d) **go up** 「向上する；うまくいく」

全体の意味を考えれば，(b) **go around** が正解だとわかります。ピザが自分の意思で移動するのではなく「(全員に) 行きわたる」という意味です。

訳 「もしあなたが2つとったら，(全員に) 行きわたるピザがなくなるだろう」

問1(3) 答 (b) do for

解説　どの選択肢を入れても〈do + 前置詞 + getting ～〉となります。ここでの getting は動名詞です。この段階で，この do は**自動詞の do** だと判断します。もし他動詞だとすると〈do + 名詞句〉になっているはずだからです。**動詞の do があったら，自動詞か他動詞かを区別する**必要があります。

- 自 **do** 「役立つ；振る舞う」
- 他 **do** 「～をする」

つまり，「自転車は役立つでしょう + (　) getting around ～」という解釈になります。選択肢がすべて〈do + 前置詞〉なので〈do + 前置詞〉という1つの熟語と考えてしまいそうですが，実は〈前置詞 + getting around ～〉の意味で考えるのがポイントです。

get around は「(あちこち) 動き回る」という意味なので，その目的のために「自転車が役立つ」という解釈です。**目的を表す前置詞 for** が入ります。

訳 「車を買う余裕をもつまでは，あちこち動き回るのに自転車が役立つだろう」

問1(4) 答 (a) **by**

解説 空所の直前の read と結びつけて，〈read + 前置詞〉という熟語だと考えるのは不自然です。また，空所の直後には even at night がありますが，そこに前置詞を結びつけて解釈するのも変です。

実はこの問題のポイントは，This lamp を解釈する位置です。そもそも **enough to** 〜 というのは**直前の形容詞または副詞に対する程度表現**であり，この場合「どれくらいの明るさか」ということを表しています。その際，「読書」と「このランプ」と「夜でも」の意味関係は，次のように考えられます。

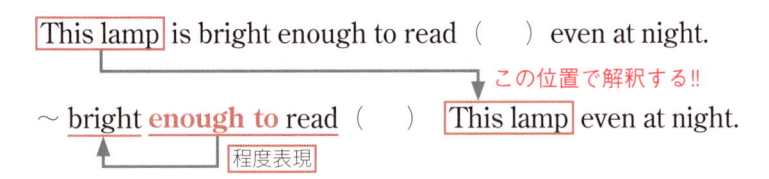

This lamp is bright enough to read (　　) even at night.
　　　　　　　　　　　　　　　　↓ この位置で解釈する!!
〜 bright **enough to** read (　　) This lamp even at night.
　　　↑_____程度表現_____|

空所に入る前置詞は read や even at night と結びつくものではなく，主語 this lamp を解釈するためのものだったのです。〈(　) + this lamp〉として前置詞を選べば，「**かたわら**」を表す前置詞 **by** が最適だとわかります。

訳「このランプは夜でも読書ができるくらい明るい」

このように，〈前置詞 + 名詞〉のまとまりから，文法上の理由で「名詞」のみが前方に移動してしまうケースがいくつかあります。

〈前置詞 + 名詞〉の「名詞」が前置するケース

❶ **受動態において**
　例　The other day I was spoken **to** by a stranger.
　　　➡ spoke **to** me がもとの構造。
　　「先日私は見知らぬ人に話しかけられた」

❷ 〈*be* worth + Ving〉などの構文において
　例　This article is worth paying attention **to**.
　　　➡ pay attention **to** this article がもとの構造。
　　「この記事は注意を払う価値がある」

❸ 〈 先行詞 + 関係代名詞 + S + V + 前置詞 〉 において
例 This is the dictionary which I have been looking **for**.
　　➡ I have been looking **for** the dictionary がもとの構造。
「これは私がずっと探していた辞書だ」
▶〈 先行詞 + 前置詞 + 関係代名詞〉については，lesson 1 の解説（➡ p.39）を参照。

　前置詞選択問題では，このような変形を踏まえるケースもあるので注意してください。

問1(5)　答　(a)　among

解説　主語 This model と空所の後ろの名詞句 an ～ robots を関係づける前置詞を入れます。be 動詞を用いているので，それぞれの前置詞の本来の意味がそのまま解釈につながります。

(a)　**among**　➡ 総体・全体の中のイメージ
(b)　**at**　　　➡ 点・地点のイメージ
(c)　**in**　　　➡ 範囲・空間のイメージ
(d)　**on**　　　➡ 面への接触のイメージ

　主語 This model が「数多くのロボット」の一部に含まれているという関係から，正解は(a) **among** だとわかるはず。**among** は「～の間に」という表面上の意味の印象が強いかもしれませんが，このように「～のうちの一部 [1つ]」のように，**one of** ～に近い意味を表すことがあります。
　次に例文を挙げておきましょう。

例1 Aging is **among** the emergent problems we are facing today.
「高齢化は現在われわれが直面している急を要する問題の1つだ」

例2 Dr. Robert is **among** the most famous economists in the U.S.
「ロバート博士は合衆国で最も有名な経済学者の1人だ」

訳「このモデルは医療産業のニーズに合うようにますます数多く作られているロボットのうちの1つだ」

問1(6) 答 (d) with

解説　空所の後ろには副詞句 as quickly as possible があるので，(2)と同様に get this over (　) でひとまとめにします。get over this ではなく get this over という語順に少し違和感を覚えるかもしれません。

実は，熟語（主に〈動詞＋副詞〉タイプ）の中には，目的語に代名詞をとる場合，後ろではなく間に挟み込む性質をもっているものがあります。

熟語〈動詞＋副詞〉の目的語の位置

- 〈動詞＋副詞＋目的語（名詞句）〉
- 〈動詞＋目的語（代名詞）＋副詞〉

up / down / on / off / out / over などの副詞

（×）turn down it ➡ （○）turn it down

本問の場合，get over (　) this という語順がこのルールによって get this over (　) となったと考えられます。語順を入れかえただけで意味は変わらないので，**get over** (　) という熟語として考えます。

ここまでの思考過程で熟語だと判断できれば，あとは知識を活用するだけです。選択肢の中で唯一 get over と結びついて熟語を形成できるのは(d) **with** だけです。**get over with**「〜を済ませる」という意味です。

訳「私は急いでいる。できるだけ早くこれを済ませよう」

問2　答 (a)

解説　前置詞 by の識別問題です。この問題は単独の文法・語法問題として出題されたのではなく，読解問題の一部として出題されましたが，読解力ではなく前置詞に関する知識で解くことが可能な問題です。

前置詞 by の基本イメージから，いくつかの意味を派生させてみましょう。

by のイメージ

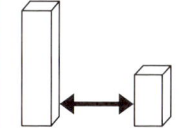

かたわらのイメージ ➡ **動作主，差，単位**など

by は **2 つの別個の存在が並んでいるイメージ**です。「**〜のそばに**」という意味はこれが最も明確に表れた訳し方です。**受動態**で「**〜によって**」のように**動作主**を表すのもここから派生しています（「A は〜された」という状況で by *B* とあれば「かたわらにいる B がその動作を行った」と結びつけられるからです）。また，「2 つの異なる存在の並列」から**差**が生まれ，そしてその**差**から**隔たり**や**単位**が生まれます。

本問では **by 20 percent** は成長の度合い，つまり 差 を表しているので，同様の意味をもつ選択肢を探します。

次は，選択肢の日本語訳です。

> (a)「銃弾は 2 センチの差で彼からそれた」
> (b)「この手紙があなたに届く頃には，私は家にいます」
> (c)「あなたは時給で給料が支払われます」
> (d)「このカバンは 10 インチ×12 インチの大きさです」

差 を表すのは(a)です。

訳「全体ではロンドンの文化産業は1991年には215,000人を雇用していたと言われていて，それは首都ロンドンの労働力の 6 ％だった。それが1980年代だけで20％成長したのだ」

Chapter 3
マーク式・読解問題編

〜知識の活用＋対応関係を
的確に見抜く技術〜

> ここから読解問題に入ります。青山学院大だけでなく他大学のマーク式の読解問題にも通用する技術を解説していきます。

lesson 4 下線部把握問題(1)
~文法・語法・語彙力パターン~

STEP 1 青山学院大ネライ撃ちポイント

長文中の語句に下線が引かれている場合,その出題パターンは,

> ❶ 文法・語法・語彙の知識を活用
> ❷ 文脈上の対応関係を判断
> ❸ 英文和訳

のいずれかがほとんどです。この lesson 4では,とくにパターン❶を中心に解説します。パターン❷は lesson 5で,パターン❸は lesson 9, 10でまとめて解説します。

もちろん,下線部の単語がパターン❶の出題かパターン❷の出題かを一目で判断するのは難しいかもしれませんが,一応の目安として,単語帳レベルでカバーできるのか,できないのか,と考えてください(標準レベルの単語帳を1冊仕上げるという前提で話を進めます。**そもそも単語帳を1冊も仕上げないで青山学院大の英語で合格点をとるのはきびしいです**)。

まず,次の2つの問題を見てみましょう。

参考問題

下線部の意味に最も近いものを選びなさい。

1. The coal industry's development in the latter 18th century was triggered by several factors.
   ① integrated   ② caused
   ③ prevented   ④ succeeded

(2008年度 青学・経済)

> 2 Perhaps the most wonderful century in all of Europe's two thousand years is the fifteenth century. 〜中略〜 This splendid century was most glorious in Italy. But the beginning of the glory lay in the two centuries preceding. Already in the 1250 the noble citizens of Florence* were <u>resplendent</u> in their palaces.
>
>   *Florence「フィレンツェ」
>
>   ① affectionate   ② brilliant
>   ③ generous   ④ respectful
>
>   (2010年度　青学・経済)

　1の下線部 **trigger** は「他　〜の引き金を引く」で，単語帳で十分カバーできるレベルです。ここでは，by several factors とあるので「〜を引き起こす」と考えて，② **caused** が正解になります。

　一方，2の下線部 **resplendent** は「形　キラキラ輝く」という意味ですが，これを単語帳でカバーするのは難しいでしょう。ここでは第2文の splendid, glorious や第3文の glory との対応関係に注目すること（下記の訳を参照）で，正解は② **brilliant** だとわかります。

下線部把握問題に対する思考プロセスの前提

❶ 単語帳でカバーできるもの　➡ 語彙力で勝負！
　　　　　　　　　　　　　　　　　▶ただし多義語には注意。
❷ 単語帳でカバーできないもの ➡ 文脈上の対応関係をさぐる！

訳

1 「18世紀後半の石炭産業の発達はさまざまな要因によって引き起こされた」

2 「おそらくヨーロッパの（歴史の）2000年すべての中で最もすばらしいのは15世紀である。〜中略〜　このすばらしい世紀はイタリアで最も輝かしかった。しかし，この輝かしさの始まりはその2世紀前にあった。1250年，すでにフィレンツェの貴族たちは自分たちの宮殿で輝きを放っていた」

STEP 2 基本例題

下線部把握問題の中でも単語帳レベルでカバーできる比較的易しいものや，基本的な文法・語法知識を利用するものを中心に抜粋しました。基本的な語彙力が身についているか確認してください。

⏱ 10分　合格点 5／6問中

(1) 下線部の意味に最も近いものを選びなさい。

London's migrant communities had generated considerable economic diversity.

- (a) inherited
- (b) produced
- (c) prospered
- (d) succeeded

（2009年度　青学・経済）

(2) 下線部の意味に最も近いものを選びなさい。

「クレジットカード詐欺などネット犯罪に関する話題」において

Only a minority of credit card holders check their statements carefully. Even if they did, they might think twice before reporting a minor theft to the police.

- (a) think occasionally
- (b) think carefully
- (c) think idly

（2009年度　青学・法）

(3) 下線部の意味に最も近いものを選びなさい。

「ロンドンのオーケストラは一流で世界の音楽の中心であった一方で」という文脈に続いて

The fate of renovated opera house still looked uncertain in Millennium Year, its place in the arts and hearts of London and the nation far from secure.

- (a) full of people
- (b) economically strong
- (c) fairly unstable
- (d) with no freedom

（2009年度　青学・経済）

(4) 下線部の2つの動詞の正しい形の組み合わせを選びなさい。

　Climate has played a dominant role in human development, and much of recorded history tells how people deal their climate. In recent times, technological advances have helped us get some control over our environment.
- (a) dealt with──getting
- (b) have dealt with──get
- (c) are dealing──to get

（2008年度　青学・経営）

(5) 下線部の語句の文中における働きを最もよく説明しているものを選びなさい。

　Since 1938, scientists have noticed an increased amount of CO_2 in the atmosphere. This increase could raise the temperature of the earth. Scientists worry that human activity such as burning coal, oil, and natural gas, for example, will cause a global change to a warmer climate.
- (a) will cause の主部の一部である。
- (b) coal, oil とともに burning の目的語になっている。
- (c) burning coal, oil とともに such as に続く。

（2008年度　青学・経営）

(6) 下線部の that と同じ用法の that を含む最も適切な文を選びなさい。

　We should not give up attempting to learn anything about a language on the grounds that we cannot hope to master it completely within the time we can use.
- (a) There is no proof that he stole the wallet.
- (b) He is so busy at work that he has little time for seeing his family.
- (c) It is clear that cyclists have to watch out for cars.
- (d) Most people have old things that they don't want to throw away.

（2007年度　東海大・文）

解答・解説

(1) 答 (b) produced

解説 generate は「～を生み出す；～を発生させる」という意味です。名詞形は generation ですが，これにはおなじみの「世代」のほかに「発生；産出」という意味もあります。これが意外と盲点になっています。

ちなみに，接頭辞 gen- は「生む；種族；属性」などを表し，そこから gene「遺伝子」，genius「天才」，gender「性差」などの単語が派生します。

訳 「ロンドンの移民社会はかなりの経済的多様性を生み出してきた」

(2) 答 (b) think carefully

解説 think twice はそのままだと「2回考える」という意味になりますが，慣用表現として「熟考する；よく考える」を表します。わかりやすい発想ですよね。(a)の occasionally は「ときどき」，(c)の idly は「怠けて」です。

訳 「クレジットカード所有者のうち，ほんのわずかの人しか明細書を注意深く確認しない。たとえ確認したとしても，ちょっとした窃盗を警察に届ける前によく考えるかもしれない」

(3) 答 (c) fairly unstable

解説 far from は「～から遠い」という物理的・距離的な意味のほかに，否定語句として「けっして～ない」という意味でも用いられます。ここでは secure「安全な；確実な」を否定しています。したがって，(c) fairly unstable「かなり不安定な」が正解です。選択肢のほかの意味は，(a)「人であふれている」，(b)「経済的に強い」，(d)「自由がなく」です。

far from 以外にも，否定を表す慣用表現には次のようなものがあります。

否定を表す慣用表現

- **anything but ～**　「けっして～ない」
- **far from ～**　「けっして～ない」
- ***be* above ～ing**　「～するようなことはない」

> ● ***be* free from** ~　　「~がない；~するようなことはない」

　これらは明らかに否定とわかる not や no などを含んでいないので否定語句だと気づきにくく，だからこそ，出題者にねらわれやすいのです。

> 訳 「改修されたオペラ劇場の運命は西暦2000年でもまだ不確実で，ロンドンと英国の芸術と精神の中にあるその立場はけっして安定していないように思われた」
> ▶〈S + V + C ~, S'(+ V') + C' ....〉という文構造ですが，後半の V' は前半の V (つまり looked) と重複するため省略されています。

(4) 答 (b)　**have dealt with** ── **get**

解説　**deal** には **deal with** ~「~に対処する」という語法があり，これをあてはめます。
　次に **get** ですが，ここでは get の語法ではなく，その前にある **help** の語法を聞かれているのです。

help の語法確認

- 〈**help** + 人 + **with** + 物〉➡「人が物をするのを手伝う」
- 〈**help to** + V〉／〈**help** + V(原形)〉➡「~するのに役立つ」
- 〈**help** + O + **to** + V〉／〈**help** + O + V(原形)〉
  ➡「O が~するのを手伝う；O が~するのに役立つ」

　注意すべきなのは，**help は後ろに原形をとる**という点です。基本的に〈V + O + 原形〉という語法をとるのは**知覚動詞**と**使役動詞**ですが，help も同じパターンをとることがあります。これは盲点となりやすいです。

> 訳 「気候は人間の発達に重要な役割を果たし，記録に残っている歴史の多くはわれわれがどのように気候に対処してきたかを示している。近年では，技術的進歩のおかげで，われわれは環境をある程度制御できるようになっている」

(5) **答** (b) **coal, oil** とともに **burning** の目的語になっている。

解説 下線部の直前の **and** に注目し，文構造を把握できれば簡単です。

$$\sim \underset{S}{\underline{\text{human activity}}} \ (\text{such as burning} \begin{bmatrix} \text{coal,} \\ \text{oil,} \\ \boxed{\text{and}} \\ \underline{\text{natural gas}} \end{bmatrix}),$$

$$(\text{for example}), \underset{V}{\underline{\text{will cause}}} \underset{O}{\underline{\text{a global change}}} \ \text{to a warmer climate.}$$

such as 〜は次のように用いられ，「**具体化**」の働きをします。

- 〈名詞 + **such as** 〜〉
- 〈**such** + 名詞 + **as** 〜〉

　　　　　　　　　➡「たとえば〜のような 名詞 」

いずれも頻出表現です。具体化されている語句の範囲を（ ）で囲むと，構造が見やすくなります。

訳「1938年以降，科学者たちは大気中の CO_2 の増加に注目してきた。CO_2 の増加は地球の気温を上昇させる可能性がある。科学者たちは，たとえば石炭，石油，天然ガスを燃焼させるといった人間の活動が地球をより温暖な気候へと変化させる原因となるだろうと心配している」

(6) **答** (a) **There is no proof that he stole the wallet.**

解説 いわゆる **that** の識別問題です。

that には代名詞，接続詞，関係詞などいくつかの使い方があるので，まずは基本的な使い方を確認しましょう。

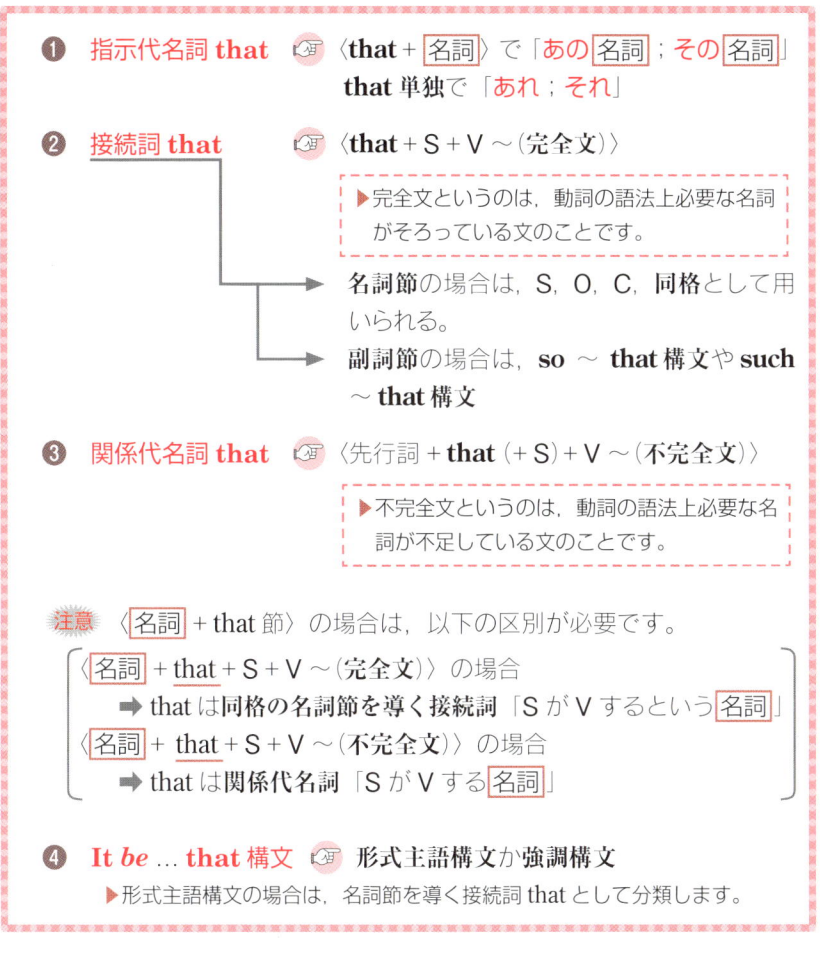

❶ 指示代名詞 that　☞　〈that + 名詞〉で「あの 名詞 ; その 名詞」
　　　　　　　　　　　　that 単独で「あれ ; それ」

❷ 接続詞 that　☞　〈that + S + V ～（完全文）〉

> ▶完全文というのは，動詞の語法上必要な名詞がそろっている文のことです。

　　　名詞節の場合は，S, O, C, 同格として用いられる。
　　　副詞節の場合は，so ～ that 構文や such ～ that 構文

❸ 関係代名詞 that　☞　〈先行詞 + that (+ S) + V ～（不完全文）〉

> ▶不完全文というのは，動詞の語法上必要な名詞が不足している文のことです。

注意　〈名詞 + that 節〉の場合は，以下の区別が必要です。

〈名詞 + that + S + V ～（完全文）〉の場合
　➡ that は同格の名詞節を導く接続詞「S が V するという 名詞」
〈名詞 + that + S + V ～（不完全文）〉の場合
　➡ that は関係代名詞「S が V する 名詞」

❹ It be ... that 構文　☞　形式主語構文か強調構文
　　　▶形式主語構文の場合は，名詞節を導く接続詞 that として分類します。

まずは文中の下線部 that から確認しましょう。

We should not give up attempting to learn anything about a
 S   V   O
language on the grounds [that we cannot hope to master it
　　　　　　　同格　　　　　　　S'　　　V'　　　　　　　O'
completely (within the time [we can use])].

lesson 4　下線部把握問題(1)

the grounds「根拠」の中身・内容を説明しています。また，that 節中が完全文になっているので，**that** は同格の名詞節を導く接続詞です。
　ちなみに，〈**on the grounds that** + S + V〉は「～**という理由で**」という意味です。

> **訳**「使用する期間内に完璧に覚えられる望みはないという理由で，ある言語について学ぼうとするのをあきらめるべきではない」

次に各選択肢を見ていきましょう。

(a)　There is no proof [**that** he stole the wallet].
　　　　　　　同格　　　　　　S'　V'　　O'
　　「彼がその財布を盗んだという証拠はない」

proof「証拠」の中身・内容を説明しています。また，that 節中が完全文になっているので，**that** は同格の名詞節を導く接続詞です。

(b)　He is so busy at work **that** he has little time for seeing his
　　　S　V　C　　　　　　　　　S'　V'　　O'
family.
　　「彼は仕事があまりにも忙しく，家族に会う時間がほとんどない」

ここでは，that は **so ～ that** 構文を作っています。

(c)　**It** is clear [**that** cyclists have to watch out for cars].
　　　　　　　　　　　　　S　　　　　　V
　　「サイクリストが車に気をつけなければいけないのは明らかだ」

〈It is ～ that + S + V〉の〈～〉に形容詞があり，that 節が完全文なので，これは**形式主語構文**です（強調構文の場合は，〈～〉の語句を that 節中に戻せるはず）。したがって，この **that** は，**主語としての名詞節を導く接続詞**です。

(d)　Most people have old things [**that** they don't want to throw
　　　　　S　　　　V　　O　　　　　　　　S'　　V'　　　O'
away].
　　「たいていの人は，捨てたくない古いものをもっている」

old things「古いもの」を修飾しています。that 節中は **throw away**「〜を捨てる」の目的語が欠落しているので不完全文です。したがって，この that は，**関係代名詞（目的格）**です。

関係代名詞 that と同格の名詞節を導く接続詞 that は，きちんと識別できるようにしてください。

結局，どれも語彙力・文法力から直結する問題で，読解力はあまりかかわっていません。

この手の問題は「**知っていれば解ける**」ものなのですが，裏を返せば「**知らなければ解けない**」ので，ある意味，怖い問題です。知らないものはどうひねっても解答を出せませんからね。

もちろん，単語帳や教科書レベルを超えるような高度な語彙や文法を「**知っているか，知らないか**」という点だけで問われることはないので，まずは単語帳・文法書をしっかりと仕上げることが勝負の前提となります（もし高度な語彙が問われたなら，lesson 5 で解説する「前後の文との対応関係」を利用すれば解けます）。

> 読解問題の形式になってはいるけど，文法・語法の知識をフル活用しよう。

STEP ❸ 実戦問題

　今度は語彙レベルの少し高いものや文法・語法知識を応用するものを扱います。**基本例題**のような「知識➡即，解答」ではなく，「知識➡**思考**➡解答」パターンです。

🕐 **20分**　合格点6／8問中

問1　下線部の意味に最も近いものを選びなさい。

(1)　Fabio is one of only a tiny minority of young people in Brazil who use computers to commit crime. But there are concerns that as thousands more become <u>web literate</u>, there will be an incredible rise in cyber crime.
　　(a)　having enough knowledge to use the web
　　(b)　having enough literature to use the web
　　(c)　having enough software to use the web

（2009年度　青学・法）

(2)　They (– The London orchestras) attracted world-class conductors and recording contracts and, with the Proms, a unique summer music festival <u>celebrated</u> in almost every year throughout the century, London could justifiably claim to be the world's music capital.
　　(a)　famed　　　　(b)　held
　　(c)　remembered　(d)　welcomed

（2009年度　青学・経済）

(3)　Presently, we often hear the ₁<u>term</u> 'IT,' or information technology, and we associate this concept with modern, hi-tech communication. However, humans have always used technology to communicate information, but, naturally, that technology was not as advanced as today's satellites and computers. In fact, the IT revolution that we are experiencing today is only ₂<u>the latest</u>

of several IT transformations that humans have experienced.
　1　term
　　(a)　concept　　　　　　(b)　definition
　　(c)　period of time　　　(d)　word or phrase
　2　the latest
　　(a)　the oldest　　　　　(b)　the slowest
　　(c)　the most recent　　(d)　the most dynamic

（2006年度　青学・理工）

(4)　Some people gain large amounts of weight during short periods of time, usually correlated with some kind of external stressful situation, sometimes with pregnancy. But this is not the way most people become large. "For most, obesity is a gradual progressive condition in which weight gains and losses are alternated."
　　(a)　are improved　　　(b)　are increased
　　(c)　innovate　　　　　 (d)　rotate

（2010年度　青学・経済）

問2　1, 2の問いに答えなさい。

　In 1969, *Nature* published a short article that had a science-fiction feel about it. Its lead author, Paul Bach-y-Rita, was both a scientist and a physician. The article described a device that enabled people who had been blind from birth to see. ₁All had damaged eyes and had been considered completely untreatable. The article was reported in *The New York Times*, *Newsweek*, and *Life*, but perhaps because the claim seemed so unlikely, the device and its inventor soon slipped into relative obscurity. ₂Accompanying the article was a picture of a strange-looking machine —— a large old dentist's chair with a vibrating back, a bunch of wires, and big computers. The whole device weighed four hundred pounds.

1　All とは誰のことか。
   (a)　Bach-y-Rita の共著者
   (b)　Bach-y-Rita の実験の被験者
   (c)　Bach-y-Rita の論文の読者
2　この文の主部の中心となる語句はどれか。
   (a)　the article
   (b)　a picture
   (c)　a strange-looking machine

（2009年度　青学・経営）

問3　下線部 that と同じ用法の that を，次の文中の(a)～(c)の中から1つ選びなさい。

　Chances are that in the last week someone has irritated you by standing too close, talking too loud or making eye contact for too long.

　With the population in the United States climbing above 300 million, urban areas becoming denser and people searching for new ways to separate themselves from the masses, interest in the issue of personal space ──(a)that invisible force field around your body ── is growing.

～中略～

　"If you videotape people at a library table, it's very clear what seat somebody will take," Dr. Archer said, adding (b)that one of the corner seats will go first, followed by the chair diagonally opposite because (c)that is farthest away.

（2008年度　青学・経済）

解答・解説

問1(1)　**答**　(a)　having enough knowledge to use the web

解説　**literate** は形容詞で，「読み書きができる」という意味です。ウェブ

94　Chapter3　マーク式・読解問題編

に関して読み書きができるということは「**ウェブに関する知識がある**」と考えます。関連語があるからといって，(b)の **literature**「文学」を選ばないように。接頭辞 liter- 関連の語について受験レベルで必要な分をまとめておきます。

liter- 関連の派生語

- **literature** 名 「文学」
- **literacy** 名 「読み書き能力（＝識字力）」
- **literate** 形 「読み書きができる」
- **literary** 形 「文学の」
- **literal** 形 「文字どおりの；文字の」
- **literally** 副 「文字どおり」

訳 「ファビオは犯罪を犯すのにコンピュータを用いるブラジルのほんの少数の若者の１人である。しかし，さらに何千人もがウェブの知識をもつと，ネット犯罪が信じられないくらい増加するだろうとの懸念がある」

問 1 (2)　答　(b) **held**

解説　the Proms が同格のカンマによって具体説明されています。

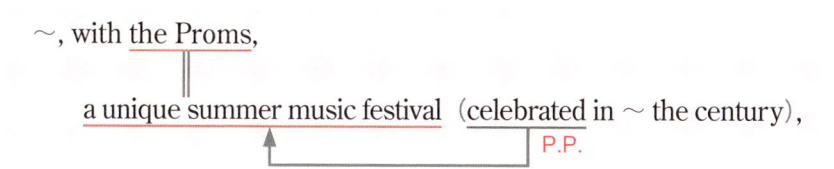

～, with the Proms,
　　　a unique summer music festival（celebrated in ～ the century），
　　　　　　　　　　　　　　　　　　　　　P.P.

celebrated は，ここでは festival を後置修飾する過去分詞です。**celebrate**「他　～を祝う」と覚えている人も多いですが，「(**催し物）を執り行う**」という意味もあります。

　もし celebrated が形容詞として用いられているなら，「**世に知られた**」という意味になり，(a)の **famed**「形　高名な；有名な」と同意になります。しかし，ここでは構造的にも機能的にも過去分詞だというのは明らかなので，正解は(b) **held** です。つまり，この問題では，下線部の語の表面上の意味だ

けではなく構造を把握することも，正解を導くための重要なファクターとなっているのです。

> 訳 「ロンドンのオーケストラは世界レベルの指揮者やレコード契約を引きつけたし，20世紀においてほぼ毎年行われてきた独特な夏の音楽祭であるプロムズがあることから，ロンドンは世界の音楽の中心地であると当然のことながら主張できるだろう」

問1(3) 答 1 – (d) **word or phrase**　2 – (c)　**the most recent**

解説　1の **term** は多義語で「❶ 期間 ❷ 用語 ❸ 間柄」あたりが頻出です。ここでは直後に引用符で 'IT' とあるので「用語」が適切です。その後に this concept があるので(a)を選びたくなるかもしれませんが，term 自体には「概念」という意味はありません。「IT」という名称と「IT」という概念は別ものです。

2の **the latest** は **late** の最上級ですが，これは勘違いしやすいので，仕組みを次のようにマスターしましょう。

late の比較級・最上級

late「遅い」
- 〔時間的に〕の場合 → later「より遅い」／latest「最新の」
- 〔順番的に〕の場合 → latter「後者の」／last「最後の」

late は「時間」の場合と「順番」の場合の2種類があります。「〔時間的に〕遅い」というのは，言い換えると「現在に近い」ということです（たとえば「今」が9時だとして，7時と8時はどちらが遅い時間かといったら，8時ですし，さらに8時半のほうがもっと遅く，「今」により近いということになります）。つまり **latest** は「現在」に最も近くなるので，「最新の」という意味になるのです。「遅い」＝「古い」という発想はまちがいです。

「〔順番的に〕遅い」の最上級が **last** というのはわかりやすいですよね。**latter** は，「the former（前者）↔ the latter（後者）」のように **the** をつけて，2つ・2人の状況を前提として用います。

訳「現在、われわれは『IT』、つまり情報技術という用語を耳にする機会が多く、この概念を現代的な先端技術のコミュニケーションと結びつけてしまう。しかし、人類はこれまでずっと情報を伝えるために技術を用いてきたが、当然そういった技術は今日の衛星やコンピュータと比べるとあまり先進的ではなかった。実際、われわれが今日経験している IT 革命は人類がこれまで経験してきたいくつかの IT の変革の最新のものにすぎない」

問1(4)　**答** (d)　rotate

解説　**alternate** は「他　〜を交互に換える」です。仲間の動詞 **alter**「〜を変える」と混同しないように。この問題では体重の増減のことを話題にしているからといって、(b)の are increased「〜が増やされる」を選ばないように。「体重」が主語ならまだしも、「**体重の増減**」が主語なのですから。

　また、下線部が受動態だからといって、すぐに選択肢を受動態にしぼり込まないようにしましょう。weight gains and losses are alternated は「**体重の増減が交互に換えられる**」、つまり「**体重の増減を繰り返す**」となるので、結果的に自動詞のような解釈になるのです。(d)の rotate は「自　回転する；交代で行う」という意味です。

訳「妊娠の場合もあるが、たいていは何らかの外的ストレスのかかる状況と関連して、短期間で体重が大幅に増える人もいる。しかし、これは大部分の人の体重の増え方ではない。『大部分の人にとって肥満というのは、体重の増減が繰り返し起こり段階的に進行していく状態である』」

問2　**答**　1-(b)　**Bach-y-Rita の実験の被験者**　　2-(b)　**a picture**

解説　1は、All の後ろの省略語句を読み取るのがポイントです。原則的に省略されるのは前出の語句です。つまり、前出の文中から復元可能な語句でないとそもそも省略されないのです。この下線部 All 以前に登場したのは、people who had been blind from birth「生まれながらに盲目の人々」です。したがって、正解は(b)の実験の被験者です。

　または主語である下線部 All に続く動詞が had damaged eyes「目が損傷していた」なので、All = people who had been blind from birth と考えることもできます。

　2は、文構造を把握する必要があります。通常、Ving 形から文が始まる場

合は，それが動名詞として主語になるか分詞構文になるかのどちらかを当てはめるケースがほとんどです（➡くわしくは lesson 9）。

　本問では，Accompanying the article から文が始まり，次に was と続くので，一見〈S（動名詞）+ V ～ .〉に見えます。ところが，この場合は第 2 文型〈S + V + C〉の特徴である〈S = C〉が成り立つ必要があるのですが，Accompanying the article = a picture は不自然です。

　そこで，語順転倒という操作と他動詞 accompany の語法に注目し，次のように考えます。

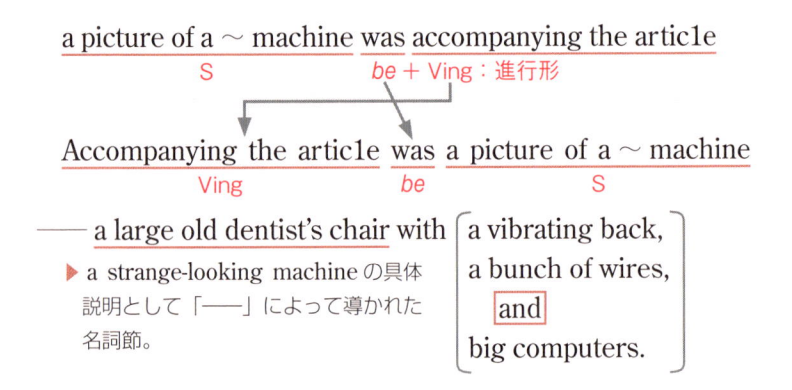

<u>a picture of a ～ machine</u> was accompanying the article
　　　　S　　　　　　　　　　 be + Ving：進行形

Accompanying the article was <u>a picture of a ～ machine</u>
　　　Ving　　　　　　　be　　　　　　　S

—— <u>a large old dentist's chair with</u> ⎡ a vibrating back,
　▶ a strange-looking machine の具体　 | a bunch of wires,
　　説明として「——」によって導かれた　| and
　　名詞節。　　　　　　　　　　　　　 ⎣ big computers.

　進行形の文は通常，〈S + be + Ving〉という語順ですが，前文からのスムーズな情報の流れを作るために，〈Ving + be + S〉というように語順が入れかわることがあります。

　さらに，〈S + accompany〉は「～に同行する；～に添える」という意味です。〈S + accompany + O〉では，S と O は対等な立場ではなく，**O という主役に S という脇役がプラスされる**という関係です。ここでは「記事（＝主役）」に「写真（＝脇役）」が添えられていると考えられるので，「写真」が S に，「記事」が O になります。

　訳　「1969年，『ネイチャー』誌は SF 小説のような雰囲気のある短い記事を発表した。その主な執筆者であるポール = バキリタは科学者でもあり医師でもあった。その記事は，生まれながらに盲目の人々の目が見えるようになる装置について述べていた。彼らは全員目に損傷があり，完全に治療不可能だと考えられていた。その記事は，『ニューヨークタイムズ』『ニューズウィーク』『ライフ』で報じられたが，その主張があまりもっともらしいものではなかったという理

由から，その装置と発明者はすぐに世間から忘れ去られてしまった。その記事には奇妙に見える機械の写真が１枚添えられていた。その機械は，振動する背もたれと束になったワイヤーと大きなコンピュータが付いている大きな古い歯科医用の椅子だった。その装置全体で400ポンドの重さがあった」

問3　答　(b)

解説　基本例題(6)で解説した that の識別法（➡ p.89）を活用しましょう。では，与えられた下線部の that から見てみます。

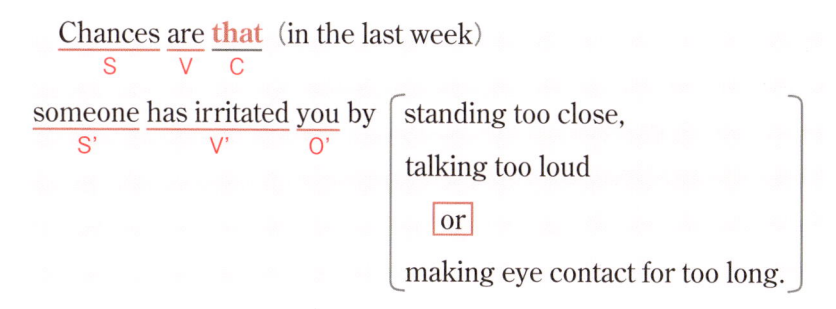

<u>Chances</u> <u>are</u> <u>**that**</u>（in the last week）
　　S　　V　　C

<u>someone</u> <u>has irritated</u> <u>you</u> by ┌ standing too close,
　　S'　　　V'　　　O'　　　│ talking too loud
　　　　　　　　　　　　　　│　　　or
　　　　　　　　　　　　　　└ making eye contact for too long.

〈前置詞 + 名詞〉の in the last week を（　）で囲めば，〈that + S' + V' + O' 〜 for too long〉のかたまりが補語の位置に用いられているのがわかります。**Chances are that 〜 .** は「ひょっとしたら〜だ；もしかしたら〜だ」という意味の慣用構文です。この **that** は，**名詞節を導く接続詞**です。

次に，各選択肢を分析していきましょう。

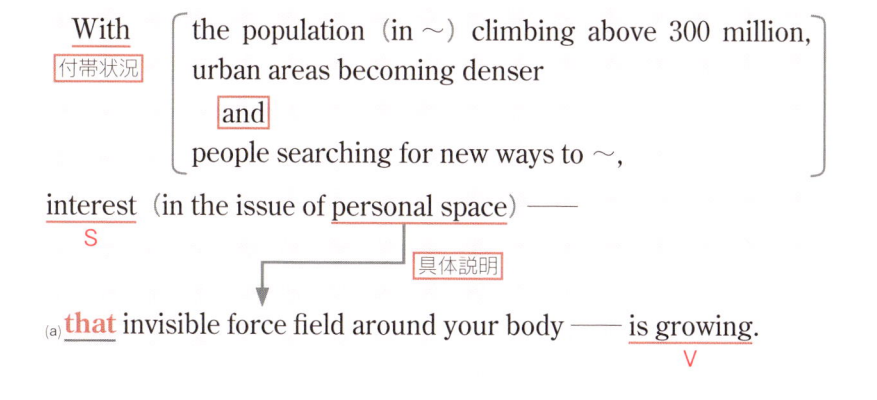

With ┌ the population (in 〜) climbing above 300 million,
付帯状況 │ urban areas becoming denser
　　　　│　　　and
　　　　└ people searching for new ways to 〜,

<u>interest</u>（in the issue of personal space）──
　S
　　　　　　　　　　　　　　　具体説明
(a)**that** invisible force field around your body ── <u>is growing</u>.
　　　　　　　　　　　　　　　　　　　　　　　　　　　V

文頭の with は**付帯状況の with** です。〈with + 名詞 + Ving〉の〈名詞 + Ving〉の部分が and によって等位接続されています。interest が主語です。that ～ your body は，——（ダッシュ）によって囲まれ，直前の personal space を具体説明しています。is growing が動詞です。この that は〈that + 名詞〉なので**指示代名詞**となります。

　　"If you videotape ～ , it's very clear what seat somebody will take,"
　　<u>Dr. Archer</u> <u>said</u>,
　　　　S　　　　V
　　adding [(b) **that** <u>one of the corner seats</u> <u>will go</u> first,
　　分詞構文　　　　　　　　　S'　　　　　　　　　　V'
　　followed by the chair diagonally opposite
　　分詞構文
　　[because **that** is farthest away]].
　　　　　　S"　V"

　〈"コメント" + S + said,〉で文は一度完結しています。そこに adding が続きますが，この Ving は文要素（= S, O, C）としての働きがないので副詞句，つまり**分詞構文**です。**分詞構文は，文頭だけでなく文中や文末にも置かれる**ことがあります。動詞 add は，❶ **add** *A* **to** *B*「BにAを加える」，❷〈**add that** + S + V ～〉「**～をひと言付け加える**」という語法があり，ここで使われているのは❷の語法です。この **that** は**名詞節を導く接続詞**です。
　また，(c)の **that** は単独で S として用いられているので**指示代名詞**で，the chair diagonally opposite「対角線上の反対側の椅子」を指しています。

> **訳**「もしかしたら，先週誰かがあまりにも近くに立ったり，大きすぎる声で話したり，あまりにもじっと視線を向けたりして，あなたはイライラしたかもしれない」
>
> 「アメリカの人口が3億人を超え，都市部が過密になり，人々が大衆と自らを引き離す新たな方法を求めていることに伴い，個人空間——体のまわりにある目に見えない力の場——という問題への興味が現在増加している。～中略～『もし図書館の机のまわりにいる人々をビデオテープに撮ったら，人がどの席に座るのかは非常に明らかである』とアーチャー博士は言い，さらに次のように付け加えた。角の席が最初に埋まり，続いてその対角線上の反対側の席が埋まる。その席が一番離れているからだ」

この lesson 4で解説した語彙・文法・語法を，どれくらい理解していましたか？　また理解していただけではなく，問題を読み解く際に道具として使えていたでしょうか？

　すでに単語帳も熟語帳も文法書もある程度学んできたという人ももう一度それらを見返し，**ただ知っているだけではなく道具として使えるかどうか**を確認してください。一方で，単語帳・熟語帳・文法書どれもまだ中途だったりあいまいな知識のままだったりする人は，きちんと自分のものにしましょう。

　青山学院大は読解がメインとはいえ，確固たる知識の裏打ちがなければそもそも読解力は身につきません。知識を土台とした読解法という意識をしっかりともつ必要があります。

青学英語攻略のカギは「確実な土台」。もう一度ふり返ってみよう！

lesson 5 下線部把握問題(2) ～文脈依存パターン～

STEP 1 青山学院大ネラい撃ちポイント

lesson 4 の冒頭でも触れたように，ここでは「**前後の文との対応関係**」に着目して考える問題にチャレンジします。この考え方は，単語帳ではカバーできないレベルの語彙に遭遇したときに有効です。単語帳レベルを超えたものをあえて出題するというのは，出題者の意地が悪いのではなく，語彙力だけに依存しないで前後との関係をよく見てほしいというねらいなのです。

> **参考問題**
>
> 下線部の意味として最も適切なものを選びなさい。
>
> A <u>congenitally</u> blind person —— someone who had never had any experience of sight —— sat in the chair, behind a large camera.
> ① 一時的に ② 先天的に ③ 慢性的に
>
> （2009年度 青学・経営）

下線部 congenitally だけを見ていてもダメです。直後に注目すると，——（ダッシュ）以降にきちんと具体説明されています。someone who had never had any experience of sight「一度も見るという経験をしたことがない人」とあるので，もちろん正解は②「**先天的に**」です。

この出題パターンはセンター試験の第3問 A でも定番なので，受験生としては身につけておきたい技術の1つです。

この後の**基本例題**では，センター試験の問題も扱います。また青山学院大では，経済学部および経営学部で頻出の出題パターンです。

STEP 2 基本例題

文脈依存パターンの下線部把握問題の中でも比較的易しいものを中心に抜粋しましたが,「なんとなく」という解答のやり方は厳禁です。解答の根拠を明確にしながら解いてください。

🕐 15分　合格点3／4問中

(1) In this passage, have a penchant for means (　　).

　　Over there is Mrs. Ferret, as usual in vintage jeans. She has more pairs of vintage jeans than anyone I know. Every time I see her, she's wearing a different pair. She really does seem to have a penchant for vintage jeans.

(a) be careful of　　(b) be doubtful of
(c) be fond of　　(d) be proud of

（2010年度　センター試験）

(2) 下線部の意味に最も近いものを選びなさい。

　　All these factors (＝石炭産業の発展に伴う技術革新と労働力の増加) tended to keep miners' wages relatively high. That was the bright side of the coin. The other side was long hours of hard labour in appalling conditions below ground, and the employment of women and children, some as young as six years of age, working in Stygian* gloom for 12 and more hours a day.

*Stygian ＝ very dark

(a) appropriate　　(b) desirable
(c) intolerable　　(d) reassuring

（2008年度　青学・経済）

(3) 下線部の意味に最も近いものを選びなさい。

　　Isaac Newton could sit and wonder about so simple a thing as the fall of an apple from a tree, because nobody else had wondered about it in quite the same way before. A modern scientist intrigued by gravity has to learn all that Newton, Einstein and others discovered first, before attempting to extend the boundaries of this knowledge.

(a)　confused about　　(b)　curious about
(c)　happy about　　　(d)　worried about

（2010年度　学習院大・理）

(4)　下線部の意味として最も適切なものを選びなさい。

Experience has taught me that when it comes to auditions[*] it's important not to let your ego get in the way.　〜中略〜　I now know what directors and producers are looking for is not necessarily whether you are capable of doing the job, but whether the chemistry is right between you and the other actors involved.

[*]audition「オーディション」

(a)　相性　　　(b)　認識　　　(c)　理屈

（2006年度　青学・経営）

解答・解説

(1)　答　(c)　**be fond of**

解説　センター試験でおなじみの文脈依存型の下線部把握問題です。penchant は単語帳にはあまり掲載されていない語なので，多くの受験生にとってその前の文から意味を推測する必要があります。

ただし，**推測と勘は違います**。いくら多くの問題をこなしても，勘で解いていたら論理的思考は身につきません。練習段階では，知識問題以外は考えて解答を出す習慣をつければ，それが実戦での判断力につながります。判断力を身につけるには「**客観的事実に基づいた論理的思考の習慣**」が重要なのです。

まずは，下線部の内容を推測する際の最も基本的なポイントを紹介しましょう。

文脈依存型の下線部把握のポイント

プラス・マイナスの価値判断をする ➡ 意味の方向性が見えてくる！

penchant という語と同じ意味の語句を探すのではなく，Mrs. Ferret が vintage jeans に対してどのような価値判断をしているかを読み取るのがポイントです。

そのような価値判断を表す個所が本文に3つあります。

- ～ as usual in vintage jeans.
- She has more pairs of vintage jeans than anyone I know.
- ～ , she's wearing a different pair.

➡ **プラスの価値判断！**

プラスの意味をもつ選択肢は(c)と(d)にしぼられますが，(d) **be proud of** だと，たとえば「ジーンズをたくさん所有している」「高価なジーンズを所有している」などの具体的な事柄には「**～を誇りに思う；自慢する**」と言えますが，ジーンズ自体に対して「～を誇りに思う；自慢する」は不自然です。よって，(c) **be fond of**「**～が好きだ**」が正解です。

> **訳**「向こうにいるのがフェレットさんでいつものようにヴィンテージ・ジーンズを履いています。彼女は私が知っている誰よりもたくさんヴィンテージ・ジーンズを所有しています。彼女を見るたびに彼女は違うジーンズを履いています。彼女は本当にヴィンテージ・ジーンズが好きなようです」

(2) **答** (c) **intolerable**

解説 この問題でも appalling という単語自体で考えるのではなく，プラスマイナスの価値判断を利用して正解を導きます。第2文の **the bright side** と第3文の **The other side** が対比関係になっているのに気がついたでしょうか？

coin は「硬貨」という意味ですが，ここでは比喩的に「**物事；事態**」という意味を表しています。

All these factors tended to keep miners' wages relatively high.
⇒ **the bright side** プラスイメージ of the coin
　　　　　　↕
　　the other side マイナスイメージ
　　⎡ long hours of hard labour in <u>appalling</u> conditions ～ ,
　　⎢　　and
　　⎣ the employment of women and children, ～ .

the other は，「対になっている2つ（AとB）のうち，一方をAとしてピックアップした後に残るBのこと」を表します。つまり，一方（A）**the bright side** がプラスであれば，もう一方（B）である **the other side** は必然的にマイナスになります。

そしてそれを具体化した内容に，～ in appalling conditions とあるので，appalling もマイナスだと判断できます。あとは選択肢，(a) **appropriate**「適切な」，(b) **desirable**「望ましい」，(c) **intolerable**「耐えられない」，(d) **reassuring**「安心できる」を確認するだけです。このなかで唯一マイナスなのは(c) **intolerable** です。

> 訳　「これらのすべての要素は坑夫たちの賃金を比較的高い状態で安定させる傾向があった。それは良い面だった。その反面としては，地下でのひどい状況での長時間の過酷な労働や女性や子どもの雇用，なかには6歳の子どももいて，1日に12時間以上も暗闇の中で働いていたのであった」

(3)　答　(b) **curious about**

解説　第❶文はニュートンの研究に対する姿勢について触れています。下線部が含まれている第❷文の文構造を把握しましょう。

❷　A modern scientist　(intrigued by gravity)
　　　S ↑　　　　　　　　　　　　　　　　　　
　　　　└──────────── P.P. による後置修飾
　　has to learn all　[that Newton, Einstein ～ discovered first],
　　　 V 　　O ↑　　　　関係詞
　　[before attempting to extend the boundaries of this knowledge].
　　　　　　　　　　　　　副詞句

intrigued という語を知らなくても，-ed 形から過去形か過去分詞だとわかります。その後に has to learn とあることから，過去分詞で主語 A modern scientist を後置修飾していると判断します。

　もう 1 つ，重要な解釈方法について説明します。最後に追加されている before attempting ～のかたまりですが，これを後ろから「～する前に」と訳すのではなく，前からそのまま「…，そしてその後に～」と訳すのがコツです。

追加説明の〈before + Ving〉の処理について

〈S + V ..., **before** + V**ing** ～〉
- 直　訳 ➡「～する前に，S は…V する」
  ▶時間的に「Ving ～」は後，「S + V …」は前。
- 意　訳 ➡「S は…V する。そしてその後に～する」

この考えをベースにして時間順に並べてみると，

❶ learn all that Newton, Einstein and others discovered first

　　　　　↓ 時間的にその後に

❷ attempting to extend the boundaries of this knowledge

となります。「❶学ぶ」➡「❷知識の領域を押し広げる」という順番で読むことができます。

　このように考えれば intrigued がプラスかマイナスかを判断することができます。gravity「重力」に対してプラスの姿勢があるからこそ「学ぶ」「知識を広げる」とつながります。プラスの意味をもつ選択肢は，(b) curious about と(c) happy about です。

　現代の科学者は重力に対して「好奇心がある」のか「うれしい」のか。もちろん「学んで知識を広げる」ことのきっかけとなるのは「好奇心」です。

> 訳 「アイザック・ニュートンは，たとえば木からリンゴが落下するといった単純な事柄についてじっくり考えることができたのだろう。なぜならば，これまで誰もそのことについてまったく同じようには不思議に思ってこなかったからだ。重力に関心のある現代の科学者はニュートンやアインシュタインらが最初に発

見した事柄をすべて学び，その後にこのような知識の領域を押し広げるという試みをしなければいけなかった」

(4) 答 (a) 相性

解説 **chemistry** はふつう「化学」と訳しますが，ここでは違う意味で用いられています。今回は選択肢がやや甘いので語彙力だけでも解答できそうですが，練習のために文脈に依存して解いてみましょう。
第❶文と第❷文の関係について次のように考えます。

❶　when it comes to auditions「オーディションの際には」
　　it's important not to let your ego get in the way.
　　　　　　　　　言い換え
❷　[what directors and producers are looking for] is
　　　　　　　　　　　S　　　　　　　　　　　　　V
　　not necessarily [whether you are capable of doing the job],
　　　　　　　　　　　　　　　A　　意味的な結びつき
　　but [whether the chemistry is right between you and the
　　　　　　　　　　　　　　　　　　　B
　　other actors involved].

第❶文の「オーディションの際に重要なこと」という表現を，第❷文では「監督やプロデューサーが探し求めているもの」と言い換えています。そして，そのことに関して，not A but B「AではなくてBだ」の派生パターン **not necessarily A but B**「かならずしもAではなくてBだ」で説明を加えています。もちろん B のほうに重点が置かれています。

つまり，第❶文の「オーディションの際に重要なこと」＝ not to let your ego get in the way と，第❷文の「監督やプロデューサーが探し求めているもの」＝ *B* whether the chemistry is right between 〜に対応関係（意味的な結びつき）があるとわかります。

両者を並べてみましょう。

- not to let your ego get in the way
  - ▶ get in the way「邪魔をする」
- whether the chemistry is right between you and the other actors involved

「自分のエゴが邪魔にならないようにする」，つまり「自分のエゴが出ないようにする」ということは「ほかの役者との chemistry（＝相性）が合うかどうか」と同じことだとわかります。

> 訳 「経験から私はオーディションの際には自分のエゴが邪魔にならないようにするのが重要であると教えられた。監督やプロデューサーが探し求めているものはかならずしもあなたにその仕事ができるかどうかではなく，あなたとそこに関わるほかの役者との相性が合うかどうかであると，私は今ではわかっている」

同じ内容を違う言い方で表しているところをいかにすばやく見つけられるかがポイントだね。

STEP 3 実戦問題

このレベルの問題までしっかりと考えて解けるようになっていれば文脈依存型の下線部把握問題に対する視点や判断力が十分身についたと言える……，そんな問題を中心に出題します。少し難しいかもしれませんが，がんばってください。

⏱18分　合格点5／7問中

(1) 下線部の意味に最も近いものを選びなさい。

　He（＝Dante Alighieri＊）was the son of a well-to-do citizen, and he was given the best education the times afforded. In those days the schools were all ₁attached to monasteries. Even in the universities monks were the chief teachers. For in the peace and ₂seclusion of their monastic fortresses the monks had been able for hundreds of years to study all the existing books.

　＊Dante Alighieri：イタリアの詩人，『神曲』の著者。

1　attached
　(a)　affiliated　　　　(b)　designed
　(c)　opened　　　　　(d)　separated
2　seclusion
　(a)　association　　　(b)　collaboration
　(c)　isolation　　　　(d)　resolution

（2010年度　青学・経済）

(2) 下線部の意味に最も近いものを選びなさい。

　Physical labour carried beyond a certain point is ₁atrocious torture, and it has very frequently been carried so far as to make life all but unbearable. In the most advanced parts of the modern world, however, physical fatigue has been much ₂minimised through the improvement of industrial conditions.

1 atrocious
  (a) benevolent (b) constant
  (c) inhumane   (d) temporal
2 minimised
  (a) diminished (b) deepened
  (c) increased   (d) performed

(2005年度　青学・経済)

(3) 下線部の意味として最も適切なものを選びなさい。

　Writing skills have suffered dramatically in recent years. E-mail is most frequently blamed for their deterioration; mainly the use of abbreviations and shorthand to dash off messages via the Internet. Text messaging by telephone is another popular culprit. And there are always television and video games to point a finger at. Schools, too, get a big chunk of the criticism, for not teaching children enough about the skills of writing.

  (a) to tell someone that you accept his/her idea or opinion as correct
  (b) to blame someone or to say someone has done something wrong
  (c) to show someone which direction he/she should go in
  (d) to hold something so that it is aimed towards a person or thing

(2004年度　青学・法)

(4) 下線部の意味として最も適切なものを選びなさい。

「母性愛についての文章」

　In all human relations it is fairly easy to secure happiness for one party, but much more difficult to secure it for both. The gaoler* may enjoy guarding the prisoner; the employer may enjoy ₁brow-beating the employee; the ruler may enjoy governing his subjects with a firm hand; and the old-fashioned father no doubt enjoyed instilling virtue into his son by means of the rod. These, however, are one-sided pleasures; to the other party in the transaction the situation is less agreeable. We have come to feel that there is something unsatisfactory about these one-sided delights: we believe that a good human relation should be satisfying to both parties. This applies more particularly to the relations of parents and children, with the result that parents obtain far less pleasure from children than they did formerly, while children ₂reciprocally suffer less at the hands of their parents than they did in bygone generations.

*gaoler：看守

1　brow-beating
　(a)　bullying　　　　　(b)　flattering
　(c)　ignoring　　　　　(d)　persuading
2　reciprocally
　(a)　correspondingly　(b)　deliberately
　(c)　reasonably　　　　(d)　willingly

(2004年度　青学・経済)

解答・解説

(1)　**解説**　第❶文は，Dante Alighieri がどのような人物かを述べています。

❶　He (＝Dante Alighieri) was the son of a well-to-do citizen,
　　　　　　　　　　　　　　　S　　V　　C
　and he was given the best education [the times afforded].
　　　　S　　V　　　　　　O　　　　　　　関係詞節
　　　　　　　　　　　　　　　　　　　　　(関係代名詞が省略)

第❷文に下線部 attached が含まれています。**attach** は「[他] 〜を取り付ける」という意味で、あまり難易度は高くありませんが、「学校はすべて修道

112　Chapter3　マーク式・読解問題編

院に取り付けられている」というのはなんだかしっくりきません。なので、第❸文との関係で解いてみましょう。

❷ (In those days) the schools were (all) ₁attached to monasteries.
　　　　　　　　　　S　　　　V　　　　　　　　　　関連
　　　　　　　　　　　　関連

❸ (Even in the universities) monks were the chief teachers.
　追加のマーク　　　　　　　　S　　V　　　　　C

　第❷文の schools「学校」と第❸文の teachers「教師」は意味的に関連しています。また、第❷文の monasteries「修道院」と第❸文の monks「修道士」も意味的に対応しています。
　そしてここで重要なのが、**even**「〜でさえ」という語の働きです。表面上の意味だけでなく文と文をどのような関係で結びつけているのかを読み取ることができると、文脈把握の技術はどんどん向上していきます。1つずつ覚えていきましょう。

---

even「〜でさえ」　❶ 追加のマーク
　　　　　　　　　　❷ 極端な例示のマーク

例1　**Even** in weekdays this amusement park is crowded.（❶）
　　「平日でも、この遊園地は混んでいる」
例2　**Even** children can do such an easy thing.（❷）
　　「子どもでさえも、そんな簡単なことはできる」

　一応2つのパターンに分類しましたが、本質的には同じ働きです。例1においては「週末が混んでいる」という言外の意味合いに追加する形で「平日でも」と読み取れます。また例2でも「大人は」という言外の意味合いに追加する形で、しかも極端な例として「子どもでも」と読み取れます。

　本問においても同様で、「当時学校は」という第❷文に追加する形で、「大学においてでさえも」と書かれているので、第❸文「修道士が主な教師だった」をヒントに attached を考えればいいわけです。

lesson 5　下線部把握問題(2)　113

- 「学校」＝「修道院」という関係
  ＋ 追加
- 「教師」＝「修道士」という関係

1の選択肢，(a) **affiliate**「～を関係づける；仲間にする」，(b) **design**「～を設計する」，(c) **open**「～を開く」，(d) **separate**「～を分ける」の中から，前後を「A」＝「B」という関係で結びつける語を探すと，正解は(a) **affiliated** だとわかります。the schools という主語だけを見て何となく(b)を選ばないように。

続いて，第❹文を見ましょう。

❹ For (in the ⎡ peace ⎤ of their monastic fortresses)
           ⎢ and ⎥
           ⎣ ₂seclusion ⎦
   the monks had been able (for hundreds of years) to study ～．
   ─── S ─── ─────────── V ───────────

For は「～というのも」という意味で，前文に対する「理由」を導いています。下線部 **seclusion** は and によって peace と等位接続されています。*A* and *B* では A と B は対応関係があるので，次のように考えます。

their monastic fortresses「修道生活の要塞」＝「当時の学校」
  ➡ peace「平安」であり，seclusion「？？」である。

選択肢，(a) **association**「つながり；関連」，(b) **collaboration**「協力；協調」，(c) **isolation**「孤立；孤独」，(d) **resolution**「決意；解決」をチェックしましょう。fortresses「要塞」という語を比喩的に用いて「学校」を表しているのも注目すべき点です。正解は(c) **isolation** です。

答　1-(a)　**affiliated**　　2-(c)　**isolation**

訳　「彼（ダンテ＝アリギエーリ）は裕福な市民の息子で，当時与えられる限りの最高の教育を受けていた。当時，学校は修道院に属していた。大学においてで

さえ修道士が主な教師だった。というのも，平安で隔離された修道生活の要塞の中で修道士たちは現存するすべての書物を何百年もの間研究することができたからである」

(2) **解説** 第❶文の文構造から確認しましょう。

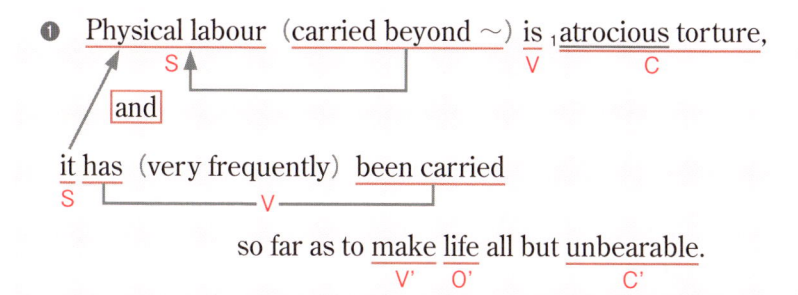

❶ Physical labour (carried beyond 〜) is ₁atrocious torture,
　　　S　　　　　　　　　　　　　　　 V　　　C
　　　　and
　　it has (very frequently) been carried
　　S　　　　　　　　V
　　　　so far as to make life all but unbearable.
　　　　　　　　　　 V'　　O'　　　　　C'

Physical labour「肉体疲労」= atrocious torture という図式が見え，そして and 以下では，その physical labour を代名詞 it で受けた文が続きます。ということは，Physical labour に対して，2つの説明がなされているということです。これで価値判断がしやすくなります。

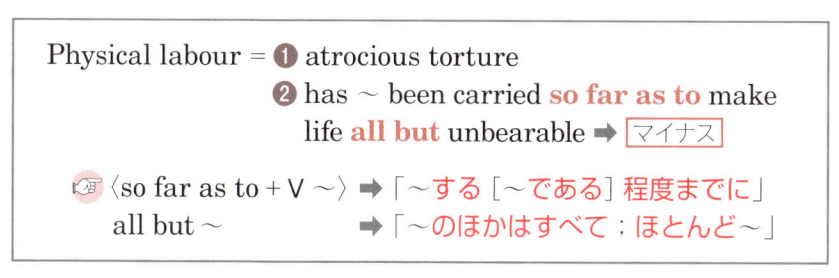

Physical labour = ❶ atrocious torture
　　　　　　　　❷ has 〜 been carried **so far as to** make
　　　　　　　　　 life **all but** unbearable ➡ マイナス

☞ 〈so far as to + V 〜〉➡「〜する［〜である］程度までに」
　 all but 〜　　　　 ➡「〜のほかはすべて；ほとんど〜」

---

❷は少し難しいですが，「生きていることがほぼ耐えられないほどなされる」という解釈で，unbearable がマイナスの語だと判断できます。
　したがって，❶の atrocious torture もマイナスだとわかります。選択肢，(a) **benevolent**「親切な；善意の」，(b) **constant**「一定の；いつもの」，(c) **inhumane**「非人道的な」，(d) **temporal**「一時的な」からマイナスの語を選びます。正解は(c) **inhumane** です。
　(c) **inhumane** は難しそうに見えますが，〈**in**（否定の接頭辞）+ **humane**［形］人道的な］〉と考えればよいでしょう。また，(a) benevolent は単語帳レベルを

超えていますが，**benefit**「利益；恩恵」の仲間の語なので，そこから少なくともプラスイメージだと推測できます。

続いて第❷文です。

❷ (In the most **advanced** parts of the modern world), however, physical fatigue has been much ₂minimised (through the **improvement** of industrial conditions).

[プラスイメージ] [逆接] S V [手段] [プラスイメージ]

挿入句の however があるので，「肉体疲労＝マイナス」という第❶文に対して逆接の関係になります。実際に advanced や improvement といったプラスの語句が用いられています。

注目すべきは，前置詞 **through** です。これは「貫通」だけでなく「**手段**」や「**理由**」を表すこともあります。つまり the improvement of industrial conditions「産業状況の改善」というプラスの手段によって，マイナスの「肉体疲労」がどうなるのか，と考えれば解答は容易に出せます。そこで，2の選択肢，(a) **diminish**「～を減少する」，(b) **deepen**「～を深める」，(c) **increase**「～を増加する」，(d) **perform**「～を行う」をチェックすると，(a) **diminish** で，「肉体疲労（マイナス）が減る」＝「プラス」になります。

答 1-(c) **inhumane**   2-(a) **diminished**

訳「ある基準を超えた肉体労働はひどい拷問であり，生きていることがほとんど耐えられないほどの場合も頻繁にある。しかし現代社会の最も進歩した地域では，産業状況の改善によって肉体疲労が著しく軽減されてきた」

(3) 解説 この問題は第❶文が重要です。

❶ Writing skills have suffered dramatically in recent years.
   S   V

「文章を書く技術が近年著しく低下してきた」というこの文に対して，第❷文ではその原因として E メールを挙げています。

❷ [E-mail] is (most frequently) blamed for
    A
  [their deterioration] ; mainly the use of abbreviations and
      B
  shorthand ～ .
  ▶ blame A for B「BのことでAを非難する」

their deterioration「それらの変化」とは第❶文のWriting skills have suffered のことです。さらに，Eメールがなぜ非難の対象となるのかについては，;（セミコロン）の後ろに the use of abbreviations and shorthand「省略や簡潔な表現の使用」と書かれています。

続く第❸〜❺文はEメールのほかにも非難の対象となるものを追加情報として示しているのですが，さて，ここでポイントです。なぜ第❸〜❺文は「追加」の情報だと判断できるのでしょうか？　その判断材料をしっかりと確認していきましょう。

❸ Text messaging (by telephone) is **another** popular culprit.
   S   V 追加   C

❹ **And** there are always ⎡ television ⎤ (to point a finger at).
   追加   V   ⎢   S   ⎥
                         ⎢   and   ⎥
                         ⎣ video games ⎦

❺ Schools, **too**, get a big chunk of the criticism, ～ .
   S   追加 V   O

another や **and** や **too** が「追加を表すマーク」として働いています。つまりEメールだけでなく携帯電話でのメール，テレビ，ビデオゲーム，学校も非難の対象となっているのです。ですから，下線部 **to point a finger** は直訳すれば「指をさす」ですが，ここでは「非難する」という意味です。したがって，正解は(b)です。ちなみに，もし culprit「犯罪者」という語に下線部が引いてあっても，同じ考え方で同じ解答が出せます。

答　(b)　**to blame someone or to say someone has done something wrong**

> **訳**「文章を書く技術が近年著しく低下してきた。E メールはそのような劣化の原因として最も頻繁に非難されている。インターネットを通じてメッセージをさっと送るために省略や簡潔な表現がおもに用いられているからである。携帯電話でのメールもまたよくある非難の対象である。そしてまたテレビやビデオゲームも，つねに批判の対象となっている。学校もまた，子どもたちに文章を書く技術を十分に教えていないとして，多くの非難を浴びている」

(4) **解説**　第❶文の構造を確認しましょう。

❶ (In all human relations)
it is fairly easy to secure happiness for one party,
　形式主語　　　　V　　　O
　　　　対比　　　　　　　　対比
but (it is) much more difficult to secure it for both (party).
　　省略　　　　　　　　　　　V　　　O　　　　省略

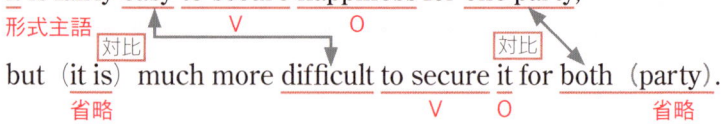

　but 以下の文には省略部分があるので少し難しいですが，〈形式主語 it + is〉と both の後ろに party を補って解釈しましょう。easy ⇔ difficult，one ⇔ both という対比構造に気づけるかどうかがポイントです。

　また，ここでいう party とは，文字どおりの「パーティー」ではなく，例えば 1 対 1 の人間関係における「それぞれの側・立場の人（仮に A・B とします）」を表しています。この段階では解釈しづらいかもしれませんが，第❷文に具体化されているので，それらをチェックしていきましょう。

❶ The gaoler may enjoy guarding the prisoner ;
　　立場 A　　　　　　　　　　立場 B
❷ the employer may enjoy ₁brow-beating the employee ;
　　立場 A　　　　　　　　　　　　　　立場 B
❸ the ruler may enjoy governing his subjects ～ ;
　　立場 A　　　　　　　　　　立場 B
❹ the old-fashioned father ～
　　立場 A
　enjoyed instilling virtue into his son ～ .
　　　　　　　　　　　　　　立場 B

1対1の人間関係における「一方の立場（＝A）」と「もう一方の立場（＝B）」が具体的に表されています。これら4つの文を具体例❶〜❹と考えれば，具体例❷の中にある下線部 brow-beating がほかの具体例❶❸❹のどの語句と対応しているかがわかるはずです。

> ❶　A「看守」はB「囚人」に対して guard「監視する」
>
> ❷　A「雇用主」はB「従業員」に対して brow-beating する
>
> ❸　A「支配者」はB「家来」に対して governing「統治する」
>
> ❹　A「昔ながらの父親」はB「息子」に対して instilling virtue「美徳を教え込む」

　これらの関係を読み取って，選択肢，(a) **bullying**（bully「いじめる」），(b) **flattering**（flatter「こびる」），(c) **ignoring**（ignore「無視する」），(d) **persuading**（persuade「説得する」）をチェックします。上の立場が下の立場に対して一方的に行うことは，(a) **bullying** です。

　続いて第❸〜❹文です。

❸　<u>These</u>, (however), <u>are</u> <u>one-sided pleasures</u>;
　　　S　　　　　　　　V　　　C　　　　　　　　指示対象

　(to the other party in the transaction) <u>the situation</u> <u>is</u>
　　　　　　　　　　　　　　　　　　　　　　　S　　　　V

　less agreeable.
　　　C　マイナス

❹　〜 there <u>is</u> <u>something</u> **unsatisfactory** (about these one-sided
　　　　　V　　　S　　　　マイナス

　<u>delights</u>);

　〜 <u>a good human relation</u> <u>should be</u> <u>satisfying</u> to both parties.
　　　　　　S　　　　　　　　　　V　　　　　C

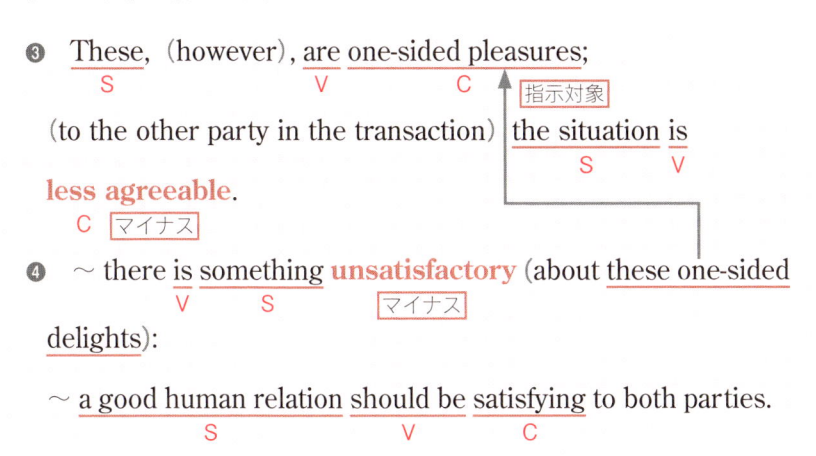

　第❸文の one-sided pleasures は第❶文の happiness for one party の言い換えです。一方の側の「喜び」はもう一方にとっては **less agreeable**「受け入れがたい」というマイナスの価値判断をしています。第❹文の前半も同じ

内容です。そして後半の：（コロン）以下では，**satisfying to both parties**「両者にとっても満足いく」ことが良い人間関係だと主張しています。

第❺文（最終文）を見てみましょう。前文内容を「親子関係」に当てはめています。とくに，with the result that「結果として〜だ」の後ろに注目しましょう。

❺ parents obtain far less pleasure from children than they did
　　S　　　V　　　マイナス×プラス＝マイナス
　formerly,

　　　　　　while　対比

　children ₂reciprocally suffer less at the hands of their parents
　　S　　　　　　　　V　　マイナス×マイナス＝プラス
　than they did in bygone generations.

以前は「親の喜び」のみ強調され，それが必然的に「子どもの苦しみ」へとつながっていたのが，次のようになったのです。

- 「親」にとっては ➡ **less pleasure** ＝「喜びの減少」
- 「子」にとっては ➡ **suffer less** ＝「苦しみ減少」

つまり，以前までの「親（喜）➡子（苦）」という一方的な関係がくずれたということです。この「親の喜びの減少」＝「子どもの苦しみの減少」という必然的関係を「子ども側」から下線部 reciprocally で表しています。選択肢，(a) **correspondingly**「それにしたがって」，(b) **deliberately**「故意に」，(c) **reasonably**「合理的に；正当に」，(d) **willingly**「自ら進んで」の中で，「必然的関係」を表せるのは(a) **correspondingly** です。

答　1-(a)　**bullying**　　2-(a)　**correspondingly**

訳　「すべての人間関係において，一方の側の幸せを確保するのは非常に容易だが，両方の側の幸せを確保するのはずっと難しいことである。看守は囚人を監視することを楽しむかもしれないし，雇用主は従業員をどなりつけることを楽しむかもしれないし，支配者は家来をきびしく統治することを楽しむかもしれない。

そして昔ながらの父親は疑いなく息子に対して罰を与えるという手段で美徳を教え込むことを楽しんでいた。しかしながら，これらは一方の側での楽しみである。もう一方の側にとっては，そのやりとりにおいて，その状況は受け入れがたい。われわれはこのような一方的な喜びに対して満足できないと感じるようになった。われわれは，良い人間関係というのは両者にとって満足いくものであるべきだと思う。このことは，とくに親子の関係に当てはまる。その結果，親は以前よりも子どもから喜びを得られなくなり，一方，子どもは相互関係的に昔よりも両親の手によって苦しむことが減っている」

　下線部の語句が単語帳レベルを超えるような難易度の高いものであっても，その前後の情報を整理し，対応関係を読み取り，プラス・マイナスという価値判断を把握することが重要なポイントだと理解できたと思います。このような判断力が身につくように，つねに「**情報整理の意識**」をもっていましょう。

難しくても納得するまで，1つずつていねいに読んでいこう。

lesson 6 空所補充問題
～文と文のつながり・対応に注目～

STEP 1 青山学院大ネライ撃ちポイント

空所補充問題にも，下線部把握問題と同様の考え方が適用できます。

- ❶ 文法・語法・語彙の知識を活用
- ❷ 文脈上の対応関係を判断

❶に関しては一定の知識が，❷に関しては前後の文との論理関係を意識することが求められます。まず基本的な考え方のパターンを確認しましょう。

参考問題

各文の空所に最も適切なものを選びなさい。

1. Natsume Kinnosuke was born in 1867 in Tokyo. He later adopted the pen name of Sōseki. He is usually (　　) to simply as Sōseki, though his full literary name is Natsume Sōseki.
   ① called　② known　③ named　④ referred
   （2008年度　青学・総合文化政策〔2/21 B 方式〕）

2. The article described a device that enabled people who had been blind from birth to see. 〜中略〜 The article was reported in *The New York Times*, *Newsweek*, and *Life*, but perhaps because the claim seemed so unlikely, the device and its inventor (　　) slipped into relative obscurity*.
   *obscurity 「世に知られていないこと」

① hardly　② hopefully　③ soon

(2009年度　青学・経営)

　1 は完全に語法問題です。前後の文は易しめです。空所に関しても，「彼はたいていシンプルに漱石と呼ばれる」という意味だと把握できるでしょう。しかし，だからといって① called や② known に飛びつかないように。

　空所の直後に前置詞 to があります。受動態にして前置詞 to が残るということは，もともと〈V + 前置詞 to 〉という語法の動詞だとわかります。**④ referred** には〈**refer to** + *A* + **as** + *B*〉「A を B と呼ぶ」という語法があります。

> **訳**「夏目金之助は1867年に東京で生まれた。彼はのちに漱石というペンネームを採用した。彼はたいていはシンプルに漱石と呼ばれるが，彼のフルネームは夏目漱石である」

　2 は空所の直前にある理由説明の文 perhaps because the claim seemed so unlikely「おそらくその主張があまり実現の可能性のないものだったために」を利用します。unlikely というマイナスイメージの語が含まれているので，その帰結の個所も同様にマイナスの内容だと判断します。

　空所の直後には slipped into relative obscurity「世に知られなくなってしまった」というように，もうすでにマイナスイメージの表現があるので，これを壊さないように選択肢を選びます。① hardly だと否定語句なので，マイナスがプラスにひっくり返ってしまいます。② hopefully はそれ自体プラスイメージなので矛盾します。**③ soon は直後のマイナス表現をさらに強調する働き**になるので正解です。

> **訳**「その記事は生まれつき盲目の人が見えるようになるための装置について述べていた。〜中略〜　その記事はニューヨークタイムズ誌，ニューズウィーク誌，ライフ誌で報告されたが，おそらくその主張があまり実現可能性のないものであったために，その装置と発明者はすぐに世に知られなくなってしまった」

　下線部把握問題と基本的には同じだとわかりましたか？　結局，未知の語句に下線部が引いてあるのも，空所で隠れているのも，実質的に変わらないということです。正しい知識と的確な判断力をさらに磨いていきましょう。

STEP 2 基本例題

比較的解きやすい空所補充問題で，基本的な解き方や視点のスキルを身につけていきましょう。

⏱ 12分　**合格点 4／6問中**

(1) 次の空所（ 1 ）～（ 4 ）に最も適切なものをそれぞれ(a)～(d)から選びなさい。

His (Natsume Sōseki) childhood was unhappy. He was born when his father was fifty-three and his mother, forty. There were already five children in the family, and the birth of (1) son was not welcome. Not only was the family position becoming increasingly insecure, (2) the Natsumes felt some disgrace in (3) a child at their age. It is said that the boy was immediately put out to nurse in a nearby village. Although soon (4) to his parents, he was not kept at home for long; and in 1868 he was adopted by a childless couple named Shiobara.

1　(a)　another　(b)　further　(c)　more　(d)　some
2　(a)　further　(b)　because　(c)　but also　(d)　since
3　(a)　having　(b)　bringing　(c)　to have　(d)　to bring
4　(a)　returned　(b)　returns　(c)　to be returning
　(d)　to return

(2008年度　青学・総合文化政策〔2/21 B 方式〕)

(2) 次の空所（ 1 ），（ 2 ）に最も適切なものをそれぞれ(a)～(d)から選びなさい。

The goal of most media messages is to persuade the audience to believe or to do something. Hollywood movies use expensive special effects to make us believe that what we're seeing is real. News stories use several techniques to make us believe that a story is (1). The media messages (2) concerned with persuading us are found in advertising and political campaigns. Commercial advertising tries to persuade us to buy a product or service. Public relations (PR) "sells" us a positive image of a corporation, government or organization.

1　(a)　accurate　(b)　fictional　(c)　incredible　(d)　offensive
2　(a)　almost　　(b)　least　　(c)　less　　　(d)　most

(2010年度　学習院大・文)

解答・解説

(1)　**解説**　第❶～❷文はとくに問題はないでしょう。そして第❸文に空所があります。

❸　There were already five children in the family,
　　　　　V　　　　　　　　S

　and the birth of (1) son was not welcome.
　　　　　S　　　　　　　　V　　　C

もともと「5人」いた子どもに「1人」追加されたということです。(a) **another** はそもそも〈**an + other**〉という仕組みなので，このようなケースにピッタリです。直後の son が単数形なので，(c) **more** や (d) **some** は文法上不可です。また，(b) **further** は形容詞 far「遠い；離れている」の最上級なので，意味的に不自然です。

第❹文には空所が2つあります。

❹　**Not only** was the family position becoming increasingly
　　　　　　　　be　　　　　　S　　　　　　　　Ving

　insecure, (2) the Natsumes felt some disgrace
　　　　C　　　　　　　S　　　　　V　　　　O

　(in (3) a child at their age).

前半部分が〈Not only + V + S（倒置文）～〉になっています。

▶ not only A but also B の A が〈S + V〉の場合は，倒置が起きて〈V + S〉になりますが，基本的な意味は変わりません。

この **not only A but also B** の相関関係に気付けば，空所（ 2 ）には(c) **but also** が入るのはすぐにわかります。

空所（ 3 ）の直前には前置詞 **in** があるので，この段階で動名詞にしぼることができます。選択肢中で動名詞なのは(a) having と(b) bringing ですが，第❸文の the birth of another son と対応させて考えれば，「子どもをもつ＝授かる」とわかります。よって正解は(a) **having** です。

第❺文は，「少年はすぐに近くの村に里子に出されたと言われている」という内容です。

そして第❻文に空所があります。

❻ Although soon （ 4 ） to his parents,
　　接続詞

　he was not kept at home for long;
　S 　　V

　and in 1868 he was adopted by a childless couple 〜 .
　　　　　　　　　　　　　　　　　「彼は子どものいない夫婦の養子となった」
　　　　　　　具体説明

通常，接続詞の後ろには SV 構造が続きますが，選択肢はどれも動詞 return の語形変形です。この問題を解くには，次の文法規則を理解している必要があります。

副詞節中の〈S ＋ be〉の省略

- **副詞節中の S_2 が主節の S_1 と一致すれば，〈S_2 ＋ be 動詞〉を省略できる**
    ▶ ただし，どの副詞節でも，というわけではなく，although, if, while, when などに導かれた副詞節に限られる。

〈S_1 ＋ V 〜, 接続詞 ＋ S_2 ＋ **be** ...〉 ⇐ S_1 ＝ S_2 ならば
　　　　　　　　　　　　　　↓ 省略できる
〈S_1 ＋ V 〜, 接続詞 ＋ □ ＋ ...〉
　　　　　　　　　　　▶「...」に残る語句は，分詞・形容詞・名詞など。

つまり，Although soon （ 4 ） to his parents では，〈主節の主語(he) + be 動詞(was)〉が Although の後ろに省略されているので，それを補ってから，return の語形変形を考えます。

Although soon （ 4 ） to his parents

Although [**he was**] soon （ 4 ） to his parents

「里子」➡「実家」➡「養子」という文脈的流れを理解していれば，受動態にする必要があるとわかります。(a) **returned** が正解です。

答　1 –(a)　**another**　　2 –(c)　**but also**
　　3 –(a)　**having**　　4 –(a)　**returned**

以下は，(1)の日本語訳です。

訳　「彼（夏目漱石）の子ども時代は幸せではなかった。彼は父親が53歳，母親が40歳のときに生まれた。家族にはすでに5人の子どもがいたので，さらにもう1人息子が生まれることは歓迎されなかった。夏目家の状況がますます不安定になっていただけでなく，夏目家ではその年齢で子どもを授かることを不名誉に感じていた。少年はすぐに近くの村に里子に出されたと言われている。すぐに両親のもとに戻って来たのだが，彼は家に長くは居られなかった。そして1868年，彼は塩原という子どものいない夫婦の養子となったのだ」

(2)　解説　第❶文の内容がこの文章の軸になります。

❶　<u>The goal</u> of most media messages <u>is</u>
　　　S　　　　　　　　　　　　　　　　V

　<u>to persuade</u> <u>the audience</u> <u>to believe or to do something</u>.
　　C / V'　　　　O'　　　　　　　　C'

そして，この内容（「多くの media message の目標」=「見ている人に何かを信じたりさせたりすること」）が，第❷～❸文に具体化されています。

lesson 6　空所補充問題　127

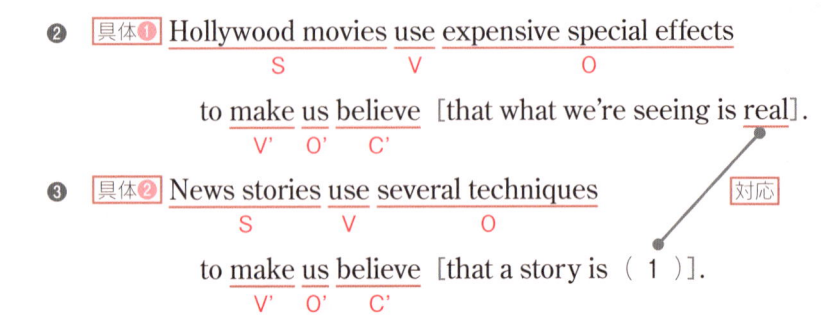

❷ 具体❶ Hollywood movies use expensive special effects
　　　　　　　　　　S　　　　V　　　　　　O

　　　　　to make us believe [that what we're seeing is real].
　　　　　　　V'　O'　C'

❸ 具体❷ News stories use several techniques　　　　対応
　　　　　　　　　　S　　　　V　　　　　O

　　　　　to make us believe [that a story is (1)].
　　　　　　　V'　O'　C'

「メディア」の具体例として，❶ Hollywood movies と❷ News stroies が挙げられています。また，「人々に信じさせる何か」が❶ that what we're seeing is real と❷ that a story is (1) に具体化されています。つまり，空所 (1) には **real** と同類の意味の語を入れればよいので，(a) **accurate**「正確な」を選びます。ほかの選択肢は，(b) **fictional**「作り話の」，(c) **incredible**「信じられない」，(d) **offensive**「攻撃的な」という意味です。

第❹文では，文構造を正しく把握し，空所に求められている語の働きを確認することが，正解への道となります。

❹ The media messages ((2) concerned with persuading us)
　　　　S　　　　　　　　　　　　　　　　　　　　　P.P.の後置修飾

　　are found (in advertising and political campaigns).
　　　V

主語である The media messages に対して，過去分詞 concerned with ~ が後置修飾しています。***be* concerned with** ~は「~に関連している」という意味です。述部（V）はその先の are found です。

選択肢が肯定的意味の(a) almost, (d) most と，否定的意味の(b) least, (c) less に分類されるので，まずは The media message が persuading us「する」か「しない」かを考えます。第❶文の内容から「肯定的」だとわかるので，(a) almost と(d) most にしぼれます。

almost と **most** はどちらも「ほとんど」と覚えていて，あまり識別できていない人も多いのではないでしょうか？　ここできちんとまとめましょう。

most と almost の識別

	most ①	most ②	most ③	almost
品詞	形容詞	代名詞	many/much の最上級	副詞
意味	「ほとんどの〜（名詞）」	「ほとんど；大部分」	「最も〜；最も多くの〜」	「ほとんど〜」▶動作・状態の未完了を表す。
使い方	〈most＋名詞〉	〈most of the＋名詞〉	many や much の語法にしたがう	〈almost＋名詞以外〉

　most は基本的には形容詞・代名詞ですが，many や much の最上級であったり，また -est がつけられない語の最上級でも用いるので，副詞としても働きます。一方で，**almost** は副詞のみです。

　また，**almost** は「ほとんど〜」と訳すイメージが強いのですが，本来「**動作・状態が未完了**」であることを表すので，「**〜しかける；〜するところだ**」のように訳すのが正しいのです。

　100％の動作・状態の完了
　almost：未完了
　　例 I almost forgot.「忘れるところだった」
　　　▶「忘れる」=100％までは至らない，ということ。

　つまり本問の場合，The media messages（almost）concerned with persuading us としてしまうと，「私たちを説き伏せることに100％は関連しきれていない」となってしまいます。また，それまでに具体例を2つ（Hollywood movies と News stories）述べてきて，さらに advertising と political campaigns を追加し，それらの「説き伏せることとの関連性」をより強調するためには最上級として most を用い「最も関連している」とするほうが適切なのです（副詞を最上級にする場合は，the は省略されることも

lesson 6　空所補充問題

あります)。したがって、正解は(d) **most** です。

答 1-(a) **accurate**　　2-(d) **most**

以下は、(2)の日本語訳です。

訳「多くのメディア・メッセージの目標は、見ている人に何かを信じさせたり何かをさせたりすることである。ハリウッド映画は、見ているものが本物であると私たちに信じさせるために高価な特殊効果を用いる。ニュース記事は、記事が正確であると私たちに信じさせるためにいくつかの技術を用いる。私たちを説き伏せることに最も関連しているメディア・メッセージは、広告や政治キャンペーンに見られる。商業広告は私たちにある製品やサービスを買うように説得しようとする。広報活動（PR）はある企業や政府や組織の良いイメージを私たちに"売り込む"」

対応関係を見抜くのはなかなか難しいけれど、これをマスターできれば読解力が飛躍的に伸びるはずです。

STEP 3 実戦問題

　青山学院大で空所補充問題が大問として出題されるのは社会情報・総合文化政策学部や国際政治経済学部です（そのほかでは，法・経済・経営学部で長文問題中に数問出題されます）。社会情報・総合文化政策学部での空所補充問題はほとんどが文法・語法知識で解くことができるので比較的易しいです。一方，国際政治経済学部での空所補充問題は，文法・語法知識と文脈把握の技術が総合的に試されます。
　この**実戦問題**では，国際政治経済学部の空所補充問題を扱います。

⏱ **12分** 　合格点7／10問中

　次の空所（ 1 ）～（ 10 ）に最も適切なものを(a)～(j)から1つずつ選びなさい。ただし，各選択肢は1度しか使えません。なお，選択肢はすべて小文字で表記してあります。

　It is all too easy to talk loosely about "human nature." For most of us, it is tempting to assume that there is just something natural, something basic to human nature, in our own habitual ways of understanding or acting. But the real human world is a lot more complicated. You and I are not born fully "human." We come into the world unequipped to （ 1 ） without the help of others, most especially our parents. Those others, in （ 2 ）, have had to learn how to do the helping. They, too, were born as （ 3 ） infants, without language, without knowledge, and without skills.

　The knowledge and habits you have developed have been learned （ 4 ） many years, from the patient teaching of parents, from your （ 5 ） with your friends, and even from stories you have heard or read about heroes from far-off （ 6 ） and places. These influences have molded you （ 7 ） what you are now. This is what anthropologists （ 8 ） a way of life, or a culture. It was here before you were born. You came to have your way of life, what is now (9) nature to you, by being socialized. You conformed to the ways of acting and thinking which your culture taught you. In short, you did not come into this world with a "human nature." You learned to have the habits often (10) with that phrase.

(a) associated　(b) call　(c) into　(d) turn
(e) helpless　(f) times　(g) over　(h) second
(i) interaction　(j) survive

（2010年度　青学・国際政治経済）

解答・解説

解説　まずは第1段落です。
第❶〜❷文の文構造と内容をチェックしましょう。

❶ It is all too easy to talk loosely about "human nature."
　形式主語構文

❷ (For most of us), it is tempting to assume that
　　　　　　　　　　形式主語構文　　具体説明

　there is just [something natural, / something basic] to human nature,
　　　　V　　　　　　S　　　　　　　　S

　(in our own habitual ways of understanding or acting).

第❶文の「"human nature"「人間の本質」について漠然と語る」というのは具体的にどういうことなのかが第❷文に示されています。

訳「『人間の本質』に関して漠然と語るのはあまりにも安易すぎる。私たちの多くにとって，自分独自の習慣的な理解や行動の仕方において，人間の本質にとってまさに自然なこと，基本的なことがあると想定するのは魅力的である」

続いて，第❸〜❺文です。

❸ But the real human world is a lot more complicated.
　　逆接　　　　　S　　　　　　V　　　　　　　C

❹ You and I are not born fully "human."
　　S　　　　V　　　　　　C

　　　　　　　　言い換え

❺ We come into the world unequipped
　　S　 V　　　　　　　　　C

   to (1)（without the help of others, most especially our parents）.

第❶〜❷文に対して逆接的な内容が書かれています。
第❹文の内容が第❺文でほぼ同じ内容として言い換えられているという点に注目です。

- 第❹文 ➡「（人は）完全な『人間として』生まれるのではない」
- 第❺文 ➡「私たちは無防備な状態でこの世に生まれるのである」

空所(1)の直前に不定詞の to があるので，動詞の原形を入れます。選択肢の中で動詞の原形は call / turn / survive です。語形的にこれ以上しぼり込めないので，次は意味的にしぼり込みます。without 以下の「ほかの人たち，とくに両親の助けなしでは」と意味的に結びつくように，(j) survive「生きのびる」を選びます。

▶ to を前置詞の to だと見なせば名詞が入る可能性も出ますが，選択肢のどの名詞を入れてもここでは意味が通じません。

訳「だが，現実の人間世界はずっとはるかに複雑である。あなたも私も完全な『人間として』生まれるのではない。私たちは，ほかの人たち，とくに両親の助けなしで生きのびるには無防備な状態でこの世に生まれるのである」

第❻〜❼文まで一気に行きましょう。

❻ Those others, in (2), have had to learn [how to do the helping].
　　　S　　　　　　　　　　　　　V　　　　　　　　　O

❼ They, (too), were born as (3) infants, { without language,
   S   V   without knowledge,
                                              and
                                              without skills. }

主語 Those others は前文の「others、とくに our parents」を指しています。また動詞部分 have had to learn との間に、挿入句として〈in +(2)〉があります。前置詞 in の後ろなので名詞が入ります。選択肢の中では、call / turn / times / second / interaction が候補として挙げられますが、ここでは(d) **turn** を選び、熟語表現 **in turn** にします。

> ● **in turn**「順々に；次に；同様に」

第❺文に「助けを受ける側＝私たち」の話題があり、第❻文にはそれと対になるように、「助けを与える側＝他人・両親」の話題が述べられている、という展開なので、この **in turn** という表現が機能するというわけです。

そして、この「助けを受ける側＝私たち」も「助けを与える側＝他人・両親」も同様である、という展開のために、第❼文では追加フレーズである **too**「〜もまた」が用いられています。つまり、次の2つの文を意味的にそろえる必要があるということです。

> ● 第❺文 ➡ We come into the world unequipped 〜.
> ● 第❼文 ➡ They, (too), were born as (3) infants, 〜.
>   = others、とくに our parents

空所（ 3 ）の直後には名詞 **infants**「幼児；赤ん坊」があるので、形容詞が入ります。選択肢の associated / helpless / second が候補となりますが、第❺文の **unequipped**「無防備な」と対応させて、(e) **helpless** を選びます。

> 訳 「ほかの人たちも同様に、その手助けの方法をこれまで学ばなければいけなかった。彼らもまた、言葉も知識もない、自分ではどうすることもできない赤ん坊として生まれてきたのである」

第2段落に入りましょう。
第❶文にいきなり空所が3つもあります。

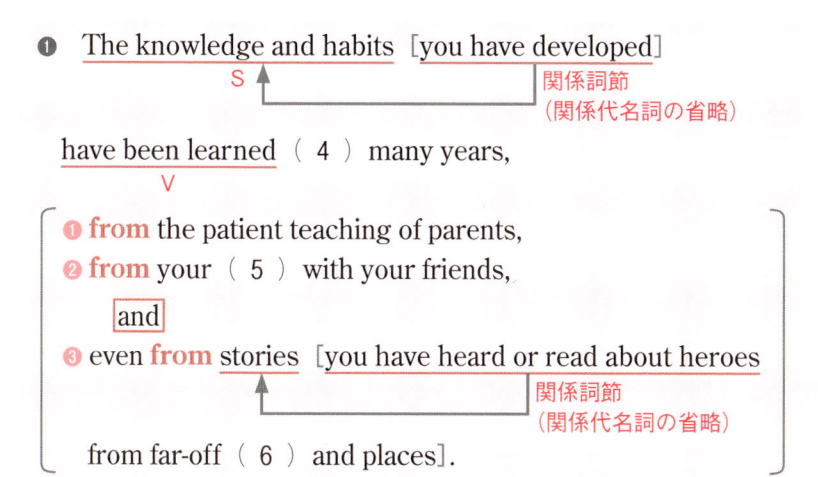

❶ The knowledge and habits [you have developed]
　　　　　　　S　　　　　　　　　　　　　　　　関係詞節
　　　　　　　　　　　　　　　　　　　　　　　　（関係代名詞の省略）
　have been learned （ 4 ） many years,
　　　　V
　⎡ ❶ **from** the patient teaching of parents,
　⎢ ❷ **from** your （ 5 ） with your friends,
　⎢ 　and
　⎢ ❸ even **from** stories [you have heard or read about heroes
　⎢ 　　　　　　　　　　　　　　　　　　　　関係詞節
　⎢ 　　　　　　　　　　　　　　　　　　　　（関係代名詞の省略）
　⎣ 　from far-off （ 6 ） and places].

「あなたが育んできた知識と習慣は学ばれてきたものである」という主節の内容に続き，〈（ 4 ）+ many years〉があります。名詞句 many years があるので，選択肢から前置詞 into / over にしぼります。期間を表す前置詞として，(g) **over** を選びます。**期間を表す for とほぼ同意**です。

「知識と習慣」がどこから学ばれたのかが，3つの from 〜によって述べられています。❶は「両親の辛抱強い教育から」，❷は「your （ 5 ） with your friends から」です。代名詞の所有格 your の後なので名詞が入ります。call / times / second / interaction が候補として挙げられますが，ここで注目したいのは直後の前置詞 with です。名詞 **interaction** は動詞に戻したときに **interact with** 〜「〜と交流する」と用いられます。

「動詞➡名詞」の品詞変形において

動詞や形容詞は，名詞になっても同様の語法的特徴が引き継がれる！
- 動　詞 ➡ **interact with** 〜　「〜と交流する」
- 名　詞 ➡ **interaction with** 〜「〜との交流」

この性質に気がつけば，意味からではなく語法・形式から，(i) **interaction**

が正解だと判断できます。

❸の from ～「英雄たちについて聞いたり読んだりした話から」の中に（ 6 ）が含まれています。and によって名詞 places と等位接続されているので，同じ意味カテゴリーの名詞を考えれば，(f) **times** を選ぶことは容易です。

> 訳 「あなたが育んできた知識と習慣は長年にわたって，両親の辛抱強い教育，友人との交流，そしてはるか彼方の時代や場所の英雄たちについて聞いたり読んだりした話からさえも，学ばれてきたものである」

続いて，第❷～❹文をチェックしましょう。

❷ These influences have molded you （ 7 ）[what you are now].
　　　S　　　　　　V　　　　O

❸ This is [what anthropologists （ 8 ）　a way of life,　].
　　S　V　　　　　　　　　　　　　　or 言い換えマーク
　　　　　　　　　　　　　　　　　　　a culture

❹ It was here [before you were born].
　S　V

第❷文の主語 These influences は前文の「両親・友人・英雄たちの話」を指し，動詞 **mold** は「他 ～を形成する」という意味を表します。この空所（ 7 ）に対しては，解法を2つ提示します。

---

❶ **mold の語法から考える**
　➡〈**mold** *A* **into** *B*〉「A を B へと作り変える」
　▶「A に影響を与えて形を B に作りかえる」という意味。

❷ **直後の名詞節〈what + S + V〉に注目する**
　➡〈前置詞 + 名詞節〉になるように，空所（ 7 ）に前置詞を入れる

一番手っ取り早いのは❶の解法ですが，そもそもこの語法を知らなければ解けません。もちろん into の「変化」の使い方を知っていれば導くことは可能ですが。

❷のほうが現実的でしょう。mold you の段階で〈V + O〉が完結しています。

その後には関係代名詞 what によって導かれた名詞節があるので，空所（ 7 ）には前置詞が入るはずだと判断します。この段階で選択肢に残っている前置詞は(c) **into** です。〈関係代名詞 what + you are now〉は「現在のあなた」という意味です。

次に第❸文です。This is に続き，〈関係代名詞 what + 主語 anthropologist「文化人類学者」+ 動詞（ 8 ）〉という構造です。この段階で選択肢に残っている動詞は associated と call です。**associate** は基本的に **associate A with B**「A で B を連想する；A を B と結びつける」という語法で用いられるので，ここでは不適格です。関係代名詞 what の慣用表現を参考にすれば，意味的にも語法的にも(b) **call** が正解だとわかります。

- 〈**what** + $\begin{bmatrix} \textbf{we[you / they] call} \\ \textbf{is called} \end{bmatrix}$ 〉 ➡ 「いわゆる〜」

「いわゆる文化人類学者の言う生活様式，すなわち文化」という解釈です。

第❹文の主語 It は a way of life ＝ a culture を指しています。「あなたが生まれる前からここにある」は「ずっと受け継がれてきた」という意味です。

> 訳 「これらの影響によって現在のあなたが形成されてきたのだ。このことがいわゆる文化人類学者の言う生活様式，すなわち文化である。それはあなたが生まれる前からここにあった」

では，第❺文に行きましょう。

❺ You came to have your way of life,
   S   V   O（同格）
   [what is now （ 9 ） nature to you], by being socialized.
         V'   C'   〈手段 の by + Ving〉

目的語 your way of life が同格のカンマによって，what is 〜 to you と具体説明されています。空所（ 9 ）の直後には名詞 **nature**「性質」があるので，この nature を修飾する語を入れます。選択肢の中から associated と second が候補として挙げられます。また，これまでの話の流れ「生活様式＝文化は他人からの影響によって後天的に形成されてきたものである」という内容も加味して考えると，(h) **second** が正解だとわかります。

> 訳 「あなたは，社会に適合することによって，今やあなたにとって第二の性質である生活様式を身につけるようになったのである」

最後に第❻~❽文を見てみましょう。

❻ You conformed to the ways (of acting and thinking)
   S   V
                        [which your culture taught you].
言い換え   S'   V'   O'

❼ **In short**, you did not come into this world (with a "human
              S   V

nature.")

❽ You learned to have the habits (often (10) with that phrase).
   S   V   O

第❻文の動詞 conform は，**conform to ~**「~に従う；順応する」という意味です。「あなたは自文化に教えられた行動様式と思考様式に順応した」という解釈になります。

第❼文は言い換えマークの **In short** があり，前文と同じ内容が述べられています。これは第1段落の第❹~❺文, You and I are not born fully "human." We come into the world unequipped ~. とも同じです。

最終の第❽文は，文構造的に often (10) ~ phrase が the habits を後置修飾しているのに気づければOKです。**associate** *A* **with** *B*「AでBを連想する；AをBと結びつける」を受動形にして，*A* **is associated with** *B* とすれば，*A* = the habits, *B* = that phrase ("human nature") だと当てはまります。(a) **associated** が正解です。

> 訳 「あなたは，自文化に教えられた行動様式と思考様式に順応したのだ。要するに，あなたは『人間の本質』をもってこの世に生まれてきたのではない。その表現としばしば結びつく習慣を身につけたのである」

答 1 − (j) **survive**   2 − (d) **turn**   3 − (e) **helpless**
     4 − (g) **over**   5 − (i) **interaction** 6 − (f) **times**
     7 − (c) **into**   8 − (b) **call**   9 − (h) **second**
   10 − (a) **associated**

全文訳「『人間の本質』に関して漠然と語るのはあまりにも安易すぎる。私たちの多くにとって，自分独自の習慣的な理解や行動の仕方において，人間の本質にとってまさに自然なこと，基本的なことがあると想定するのは魅力的である。だが，現実の人間世界はずっとはるかに複雑である。あなたも私も完全な『人間として』生まれるのではない。私たちは，ほかの人たち，とくに両親の助けなしで生きのびるには無防備な状態でこの世に生まれるのである。ほかの人たちも同様に，その手助けの方法をこれまで学ばなければいけなかった。彼らもまた，言葉も知識もない，自分ではどうすることもできない赤ん坊として生まれてきたのである。

　あなたが育んできた知識と習慣は長年にわたって，両親の辛抱強い教育，友人との交流，そしてはるか彼方の時代や場所の英雄たちについて聞いたり読んだりした話からさえも，学ばれてきたものである。これらの影響によって現在のあなたが形成されてきたのだ。このことがいわゆる文化人類学者の言う生活様式，すなわち文化である。それはあなたが生まれる前にここにあった。あなたは，社会に適合することによって，今やあなたにとって第二の性質である生活様式を身につけるようになったのである。あなたは，自文化に教えられた行動様式と思考様式に順応したのだ。要するに，あなたは『人間の本質』をもってこの世に生まれてきたのではない。その表現としばしば結びつく習慣を身につけたのである」

　lesson 4〜5 で解説した下線部把握問題へのアプローチと基本的に同じです。もう一度，解法手順（＝設問に対する視点，目のつけどころ）を確認します。この手順をつねに意識しながら演習を繰り返してください。

「空所補充問題」へのアプローチ

❶ 単語帳・熟語帳レベルの語彙力，基本的な文法力をベースにする

❷ 文構造を正確に把握する

❸ 文法・語法の知識から品詞・語形までしぼり込む

❹ 形からそれ以上しぼり込めなければ，意味や対応関係から判断する

lesson 7

内容一致問題(1) 4択式
～問題文と選択肢のギャップ～

STEP 1 青山学院大ネライ撃ちポイント

　内容一致問題は当然のことながら，どのくらい正確に文章が読めているのかを出題者から試される問題です。下線部把握問題や空所補充問題よりももっと単純に「文章に書かれていること」がそのまま解答になりますが，もちろん，問題文の記述がそのまま選択肢に，なんてことはありえません。

　「問題文中の内容」の意味を変えずに「別の表現」で書き直しているのです。その言い換えの絶妙さが出題者のスキルなのです。ですから，受験生の皆さんには，出題者のそのスキルを見破ることが求められています。ポイントは相手（＝出題者）の手の内のパターンをあらかじめ知ることです。

「内容一致問題」への対処法

前提❶ ➡ 問題文の内容・展開を理解する

前提❷ ➡ 設問がどんな情報を求めているのかを判断する

視点❶ ➡ 問題文中の内容＝正解の選択肢の内容
　　　　 問題文中の表現≒正解の選択肢中の表現　を意識する

視点❷ ➡ ダミーの選択肢の「ダメな理由」を明確にする
　　　　　　　　▶矛盾・不足・言い過ぎ・記述なし，など。

　出題者はどの程度，問題文中の表現を選択肢の表現に書き換えるのでしょうか。lesson 7の目的は，**問題文と選択肢のギャップ**を知り，それに対してどう対処するのかを学ぶことです。

　まずは，次の 参考問題 を確認しましょう。

参考問題

次の英文を読んで，設問に答えなさい。

「Wikipediaの情報を書き換えて記者をだました学生の話」

What others might see as an act of irresponsibility*, Fitzgerald himself calls research. In an email last week he apologised for deliberately misleading people and for altering Jarre's Wikipedia page. He said his purpose was to show that journalists use Wikipedia as a primary source and to demonstrate the power the Internet has over newspaper reporting.

*an act of irresponsibility = destructive behaviour（ここでは「Wikipediaの情報を書き換えたこと」を指す）

Why did Shane Fitzgerald add false information to the Wikipedia website?
(a) He wanted to influence the media's selection of source material.
(b) He wanted to pay tribute to a composer who had recently died.
(c) He wanted to see his own words written in the mainstream media.
(d) He wanted to test Wikipedia's editors. （2010年度　青学・法）

設問文が求めている情報は「フィッツジェラルドがなぜWikipediaのウェブサイトに嘘の情報を書き加えたか？」です。本文中にはbecauseやsoなど「原因・理由」を表す語句は1つもありません。しかし，この「なぜ」は「何のために」つまり「目的」を尋ねているので，第3文の **his purpose**「彼の目的」が解答根拠の目印になると判断します。

his purpose was
⎡ to show［that journalists use Wikipedia as a primary source］
⎢ and
⎣ to demonstrate the power［the Internet has over 〜］.
　　　　　　　　　　　　　　　　関係詞節（関係代名詞の省略）

1つ目の目的は「ジャーナリストたちがおもな情報源として Wikipedia を使っていることを示すこと」，2つ目の目的は「インターネットが新聞記事に対してもつ影響力を証明すること」です。とくに1つ目の目的と選択肢(a)を見比べてください。

to show that journalists use Wikipedia as a primary source

(a) He wanted to influence the media's selection of source material.
「彼はメディアが行う情報源の選択に影響を与えたかった」

ジャーナリストにとっては，「Wikipedia」＝「主な情報源」となります。そしてそのことを証明する目的があったということは，選択肢(a)の内容と結びつきます。とくに，本文の **journalists** と選択肢(a)の **the media** の対応関係，本文の **source** と選択肢(a)の **source material** の対応関係に注目してください。正解は(a)です。

ほかの選択肢は，(b)「最近亡くなった作曲家に敬意を表したかった」，(c)「自分の言葉が主流のメディアで書かれるのを見たかった」，(d)「Wikipedia の編集者を試したかった」です。

> 訳 「ほかの人には非建設的行動と思えるかもしれないことを，フィッツジェラルド自身は研究と呼ぶ。先週 e メールで，彼は人を故意にだましたこととジャールの Wikipedia のページを書き換えたことを謝罪した。彼は，自分の目的は，ジャーナリストたちがおもな情報源として Wikipedia を使っていることを示すことと，インターネットが新聞記事に対してもつ影響力を証明することだった，と述べた」

内容的には同じでも，表現の仕方のギャップにどれくらい対応できるかが，内容一致問題の勝負の分かれ目です。

そして，この lesson から，扱う英文の分量が増えます。長めの英文への耐性をぜひ身につけていってください。

STEP 2 基本例題

7分 合格点 2／2問中

次の英文を読んで，設問の答えとして最も適切なものをそれぞれ(a)〜(d)から1つ選びなさい。

The growing gap between rich and poor in Asia tops the agenda of the annual meeting of the Asian Development Bank (ADB), which opened this past week in Hyderabad, India. In his opening address bank president, Haruhiko Kuroda, said, "Absolute poverty is declining, but inequality is growing." Kuroda said that strong economic growth and growing inequality were the two faces of Asia. To address this problem, the ADB hopes to reduce inequality by spreading the benefits of economic growth more evenly in Asia, where two-thirds of the world's poor live, 1.9 billion of them surviving on less than $2 a day. The ADB predicted that the economy in the Asia-Pacific region, excluding Japan and other industrialized countries, would continue to grow this year and next, boosted by growth in China and India.

(1) Which of the following sentences best summarizes the main idea of this article?
  (a) The Asian Development Bank has put the growing gap between rich and poor in Asia at the top of the agenda for its annual meeting, which opened this past week in Hyderabad, India.
  (b) The opening address for the annual meeting of the Asian Development Bank was given by bank president, Haruhiko Kuroda.
  (c) Two-thirds of the world's poor live in Asia, and 1.9 billion of these survive on less than $2 a day.
  (d) Except for Japan and other industrialized countries, the

economy in the Asia-Pacific region is expected to continue growing both this year and next.

(2) What does Haruhiko Kuroda mean when he says that strong economic growth and growing inequality are the two faces of Asia?
   (a) The best way for Asia to achieve strong economic growth is for inequality in Asia to be reduced.
   (b) The best way for Asia to reduce inequality is for Asia to achieve strong economic growth.
   (c) Asia is experiencing strong economic growth and growing inequality at the same time.
   (d) There is no connection between strong economic growth and growing inequality in Asia.

(2010年度　青学・国際政治経済)

解答・解説

解説　まずは第❶文から。

❶ The growing gap (between rich and poor in Asia) tops
　　　　S　　　　　　　　　　　　　　　　　　　　　　V

the agenda of the annual meeting of the ADB,
　　O

　　　　　　　　[which opened this past week in Hyderabad, India].

「アジアで貧富の差が増大していること」というトピック（＝話題）を提示しています。**top** はここでは動詞として用いられて，「～の最上位にある」という意味を表しています。このトピックが ADB の年次総会での agenda「議題」です。

> **訳**「アジアで貧富の差が増大していることが，インドのハイデラバードで今週開かれたアジア開発銀行（ADB）の年次総会での最重要議題となっている」

第❷〜❸文では，ADB の頭取である黒田東彦氏のコメントが書かれています。

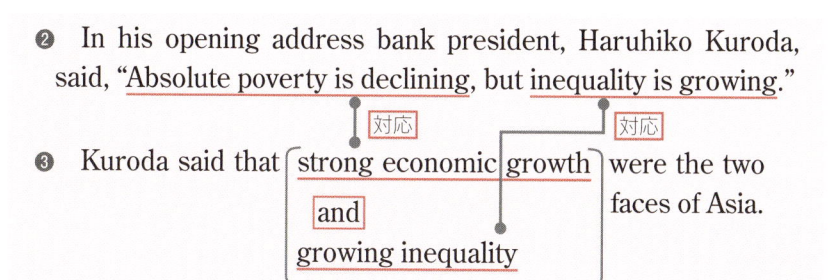

❷ In his opening address bank president, Haruhiko Kuroda, said, "Absolute poverty is declining, but inequality is growing."

❸ Kuroda said that [strong economic growth and growing inequality] were the two faces of Asia.

第❷文の「絶対的貧困の減少」と第❸文の「強い経済成長」が対応し，第❷文の「不平等の増大」と第❸文の「増大している不平等」がそれぞれ対応しています。そして，この両者を「アジアの2つの顔である」と述べています。

> **訳**「開会の挨拶で頭取の黒田東彦は『絶対的貧困は減少しているが，不平等は増大している』と述べた。黒田は，強い経済成長と不平等の増大がアジアの2つの顔であると述べた」

とくに後者は**マイナス的な事柄**であり，次の文（第❹文）では，これを **this problem**「この問題」として，解決策を提示しています。

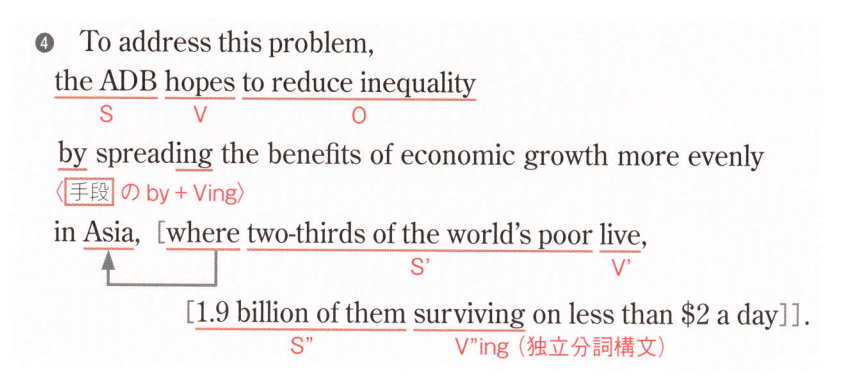

❹ To address this problem,
the ADB hopes to reduce inequality
　S　　V　　　O
by spreading the benefits of economic growth more evenly
〈手段〉の by + Ving
in Asia, [where two-thirds of the world's poor live,
　　　　　　　　　　　　　　S'　　　　　　　V'
　　　　[1.9 billion of them surviving on less than $2 a day]].
　　　　　　S"　　　　　　　V"ing（独立分詞構文）

第❸文での growing inequality と対比させる形で，reduce inequality と置き，その手段を〈by + Ving〉で表しています。具体的には「経済成長の恩恵をアジアでもっと平等に行きわたらせる」と書かれています。

lesson 7　内容一致問題(1) 4択式　145

また，関係副詞 where 以下には「世界の貧困者の3分の2が住み，そのうち19億人は1日2ドル未満で生きのびている」とアジアの現状が説明されています。

> 訳「この問題に取り組むために，ADB は経済成長の恩恵をアジアでもっと平等に行きわたらせることによって不平等を減らそうと考えている。というのも，アジアには世界の貧困者の3分の2が住み，そのうち19億人は1日2ドル未満で生きのびているのである」

第❺文（最終文）では，アジアの経済に対する ADB の予測が書かれています。

❺　~ the economy (in the Asia-Pacific region),
　　　　S

　　　　(excluding Japan and other industrialized countries),

　　would continue to grow this year and next,
　　　　V　　　　O

　　[boosted by growth in China and India].
　　P.P.（受動の分詞構文）

「アジア太平洋地域の経済は~成長し続ける」とプラスイメージの予測がなされています。その理由は受動の分詞構文 boosted 以下に「中国とインドの成長」と説明されています。

> 訳「日本やほかの先進工業国を除いたアジア太平洋地域の経済は中国とインドの成長によって押し上げられ，今年や来年は成長し続けるだろうと ADB は予測した」

ここまでが本文の解説です。続いて設問と各選択肢を見ていきましょう。問題(1)の設問文と選択肢の日本語訳は次のとおりです。

(1) 「この記事の本旨を最もよく要約している文は次のうちどれか？」
　(a) 「インドのハイデラバードで今週開かれた年次総会で，ADB は最重要議題にアジアにおける貧富の差が増大していることを挙げた」

> (b)「ADBの年次総会での開会の挨拶は,頭取の黒田東彦により行われた」
> (c)「アジアには世界の貧困者の3分の2が住み,そのうち19億人は1日2ドル未満で生きのびている」
> (d)「日本とほかの先進工業国を除いたアジア太平洋地域の経済が今年も来年も伸び続けるであろうと予測されている」

　実はどの選択肢も問題文中に書かれている内容です。もちろん全部正解なんてことはありません。ポイントは**「設問がどんな情報を求めているのかをしっかりと把握する」**ことです。main idea「本旨」は何かと問われているので,問題文の情報の中心を解答しなければいけません。

　たとえば,おとぎ話「桃太郎」の話の main idea は,「おじいさんが山に芝刈りに行った」ことでも「犬・雉・猿にキビ団子をあげた」ことでもありませんよね。「桃太郎が家来を連れて鬼退治に行った」ことです。

　本文の流れを単純化すると,

> トピックの提示 ➡ 問題点の具体説明 ➡ 解決策 ➡ 今後の予測

となっていました。つまり,main idea は何かというと,第❶文に提示されていた「トピック」=「アジアで貧富の差が増大していること」なので,正解は(a)です。「最後に書いてある・プラスイメージ=まとめ」という短絡的な理由で(d)を選ばないように。

　問題(2)の設問文と選択肢の日本語訳です。

> (2)「強い経済成長と増大する不平等がアジアの2つの顔である,と述べた際,黒田東彦は何を言おうとしていたか?」
> (a)「アジアが強い経済成長を達成するための最良の方法は,アジアにおける不平等を減らすことだ」
> (b)「アジアが不平等を減らすための最良の方法は,アジアが強い経済成長を達成することだ」
> (c)「アジアは強い経済成長と増大する不平等を同時に経験している」

(d)「アジアにおける強い経済成長と増大する不平等にはまったく関係がない」

What does Haruhiko Kuroda mean ～？の **mean** は「意味する」ではなく「意図する；言いたい」という意味なので，この設問文が求めているのは，第❸文の the two faces of Asia というのは何かという情報です。

同じく第❸文にそのまま strong economic growth と growing inequality と書かれているので，正解は(c)「アジアは強い経済成長と増大する不平等を同時に経験している」です。

| 第❸文 | ➡ the two faces of Asia |
| 選択肢(c) | ➡ Asia is experiencing |

ここでの face は名詞ですが，動詞 **face** に「直面している」という意味があるのを思い出してください。選択肢の **experiencing**「経験している」とほぼ同じ意味です。同じ内容でも表現の仕方が異なるというのは，まさにこういったことなのです。

ほかの選択肢がダメな理由も明確にしましょう。(a)(b)の The best way「最も良い方法」は設問に求められている情報とずれています。(d)は no connection「関係がない」というのがダメです。おそらく第❷文に Absolute poverty is declining, but inequality is growing. とあるので，この but で引っかけようとする出題者の意図だと思いますが，「A だが B である」というのは何も B が A を否定してるのではなく，単に A と B が対比関係にあるというだけのことです。

答 (1)-(a)　　(2)-(c)

全文訳「アジアで貧富の差が増大していることが，インドのハイデラバードで今週開かれたアジア開発銀行（ADB）の年次総会での最重要議題となっている。開会の挨拶で頭取の黒田東彦は『絶対的貧困は減少しているが，不平等は増大している』と述べた。黒田は，強い経済成長と不平等の増大がアジアの2つの顔であると述べた。この問題に取り組むために，ADBは経済成長の恩恵をアジアでもっと平等に行きわたらせることによって不平等を減らそうと考えている。というのも，アジアには世界の貧困者の3分の2が住み，そのうち19億人は1日2ドル未満で生きのびているのである。日本やほかの先進工業国を除いたアジア太平洋地域の経済は中国とインドの成長によって押し上げられ，今年や来年は成長し続けるだろうとADBは予測した」

今度はもう少し長くもう少し難しい内容一致問題にチャレンジしよう。

STEP 3 実戦問題

⏱20分　合格点4／6問中

(1)〜(6)が本文の内容を表す文になるように，（　）に適するものをそれぞれ(a)〜(d)から1つずつ選びなさい。

By the late nineteenth century, economists realized that the ethic of hard work and self-restraint that had helped to industrialize America had serious drawbacks now that most industries had the capacity for mass production. If everyone waited patiently to be rewarded for their hard work, who would buy the new products? Between 1870 and 1900, the amount of advertising multiplied more than ten times. Giant department stores were built to display new consumer items for urban residents, while rural residents were exposed to the delights and temptations of mail-order catalogs. The word consumption increasingly lost its earlier meaning of destroying, wasting or using up, and came instead to refer in a positive way to the satisfying of human needs and desires.

Historians may debate the beginning of the consumer culture, but they agree that by the 1920s a new mentality was widespread. As a newspaper commented: "The American citizen's first importance to his country is no longer that of citizen but that of consumer." Stores and manufacturers aimed to sell products by promoting ever-increasing desires for "a better way of life." Soap makers, for instance, were advised to sell not just cleaning products but "afternoons of leisure."

Since women were thought to buy more than three-fourths of all personal goods, much of the consumer campaign was aimed at them. Many books laid out various ways to make women accept the concept of "creative waste." The vices involved in consumerism were socially acceptable enough so that theft by woman was increasingly thought of as a disease —— kleptomania —— instead of a crime. The virtues of consumption allowed a little interference by the market. As "purchasing agent for the home," the housewife was told, she had the chance to create a space where each member of her family could find personal fulfillment.

Consumerism highlighted women in another way as well. By the early 1920s, advertisers had discovered that they could also profit by appealing to the sexual feelings of men. Marketing specialists soon found that pretty little girls, as well as attractive women, appealed to these feelings. There was the added bonus that little girls, unlike women in that period, could be shown in various states of nudity.

The real growth in consumer culture, like the expansion of married women's employment, began during the 1950s. Advertising increased by 400 percent between 1945 and 1960. It was a growth rate faster than that of the GNP. As an advertising researcher explained, "We are now confronted with the problem of permitting the average American to feel moral … even when he is taking two vacations a year and buying a second or third car. One of the basic problems of prosperity, then, is to demonstrate that the pleasure-seeking approach to life is a moral, not an immoral one."

〜中略〜

The baby-boom generation, by the 1970s, separated pursuit of the American Dream from its former connection with the family. Their spending became "less home centered," for example, and oriented more toward personal recreation. Once the market for costly family items began to slow, the next growth area had to be the individual: a refrigerator for the family, but "A Sony of My Owny." Television divided the family of the 1950s into as many different varieties as possible. The modern media has not neglected the family; it has effectively targeted distinct audience segments —— teenagers, the middle class, singles, seniors, and working parents —— trying to attract their dollars by emphasizing the differences that require separate images and their own products.

* From *The Way We Never Were* by Stephanie Coontz, Basic Books

(1) Advertising increased in the late 19th century because (　　).
   (a) "consumption" came to have a negative meaning
   (b) department stores could no longer attract customers
   (c) more buyers had to be found to purchase mass produced goods
   (d) rural people needed a reason to come to the city

(2) Early advertisements often targeted women because (　　).
   (a) men worked as purchasing agents and disliked shopping
   (b) women purchased more than 75% of personal products
   (c) women were easier to influence through sweet words and slogans
   (d) women were known to suffer from "kleptomania"

(3) Advertisers tried to influence male consumers by (　　).
   (a) appealing to their attraction to the opposite sex
   (b) creating a space where they could find personal fulfillment
   (c) encouraging them to buy things for their pretty little girls
   (d) showing adult women in various states of nudity

(4) Between 1945 and 1960, American consumers had to be convinced that (　　).
   (a) buying a second car was all right as long as it was cheap
   (b) taking too many vacations was against the national interest
   (c) the high growth in the GNP was normal
   (d) their pleasure-seeking life styles were moral

(5) When baby boomers separated the chase for the American Dream from its connection to family, (　).
　　(a) home ownership decreased
　　(b) their purchases became more personal
　　(c) they spent less money on Sony products
　　(d) they stayed at home less often

(6) The passage claims that the modern media has become skillful at (　).
　　(a) appealing to a wide variety of audience members
　　(b) convincing many different kinds of people that they want the same things
　　(c) creating nostalgia for the 1950s
　　(d) hiding its true family values

(2009年度　青学・文／教育人間科学〔2/13実施〕一部省略)

解答・解説

解説　段落ごとに，話の展開をまとめていきましょう。
まずは第1段落の第❶～❺文です。

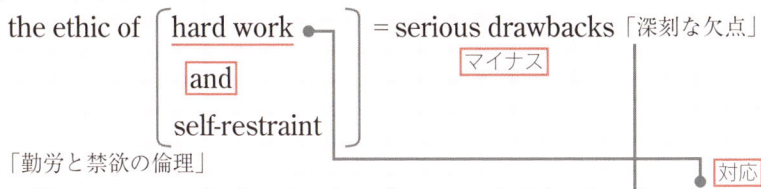

❶　「19世紀終わり頃」
the ethic of [hard work ● = serious drawbacks 「深刻な欠点」
　　　　　　　　and　　　　　　　　　　　マイナス
　　　　　　　self-restraint]
「勤労と禁欲の倫理」　　　　　　　　　　　　　　　　対応

❷　If everyone waited patiently to be rewarded for their hard work, who would buy the new products?　具体説明
「誰が新しい製品を買うのだろうか？」 ➡ 反語「いや誰も買わない」

❸　「1870年～1900年」（❶と同時代）
the amount of advertising multiplied more than ten times.
「広告の量が増えた」

❹ Giant department stores were built ～ for urban residents, while rural residents were exposed to ～ mail-order catalogs.
　「『巨大な百貨店』『通信販売カタログ』，つまり商品販売用システムが都市部や郊外の居住者（＝消費者）に拡大していった，ということ」

❺ The word consumption「消費という言葉」の意味の変化
　┌ lost its earlier meaning of destroying, wasting or using up
　│ ↕ 対比 (instead) 　　　「破壊する，浪費する，使い果たす」
　└ refer ～ to the satisfying of human needs and desires.
　　　　「人間の欲求や欲望を満たす」

　ポイントは第❷文の反語の解釈と第❷文・第❸文の関係性です。
　第❶文で挙げられている「勤労と禁欲の倫理」によって何も欲しがらずに報酬を待つだけであれば，「誰が新しい製品を買うのだろうか？」という疑問を提示しています。しかし，これは「誰が」に対する返答を求めているのではなく，実質的に否定文の役割を果たし，「**いや誰も新しい製品を買わない**」という意味を含んでいます。こういう疑問文のことを**修辞疑問文，反語**などといいます。
　第❸文の「広告の量が増えた」という記述はやや唐突な気もしますが，これは第❷文の「いや誰も新しい製品を買わない」に対しての１つの解決策を提示しているのです。「**そのままでは誰も買わない ➡ 広告を増やそう！**」という理屈です。
　その結果，第❹文・第❺文では「消費が拡大していった」という趣旨の内容が続いています。とくに第❺文では，「消費という言葉の意味」がマイナスイメージからプラスイメージへと変化していった様子が表されています。
　この段落の内容に対応している問題(1)を解いてしまいましょう。

---

(1) Advertising increased in the late 19th century because (　　).

　第❸文に対する理由，つまり「**広告が増えた理由**」を求めています。
　「勤労と禁欲の倫理」によって人が製品を買わなくなったからというのが第❷文にありました。

第 ❷ 文	➡ who would buy the new products?
選択肢(c)	➡ more buyers had to be found to purchase mass produced goods
	「大量生産商品を買う人たちがより多く見出されなければいけなかった」

　この表現は少し難しいかもしれません。「買う人が少ない ➡ **買う人を増やす必要がある** ➡ 広告を増やす」という流れです。
　ほかの選択肢はそれぞれ，(a)「『消費』という言葉は否定的な意味になった」，(b)「百貨店はもはや客を引きつけられなかった」，(d)「郊外の人は都市に来る理由が必要だった」という意味です。

訳「19世紀終わりには，ほとんどの産業に大量生産能力があったので，経済学者たちは，アメリカの産業化に役立っていた勤労と禁欲の倫理が深刻な欠点だと気づいていた。もし誰もが自分の勤労に対して報酬が与えられるのを我慢強く待っていたら，誰が新しい製品を買うのだろうか？　1870～1900年の間に，広告の量は10倍以上に増えた。都市居住者のために新しい消費財を並べるために巨大な百貨店が建てられ，一方で農村に暮らす人々は通信販売カタログの楽しみや魅力に惹かれていた。消費という言葉は，破壊する，浪費する，使い果たすという以前の意味をますます失い，その代わりに人間の欲求や欲望を満たすことを肯定的に示すようになった」

続いて第2段落の第❶～❹文です。

❶ Historians「歴史家たち」の見解
〜 by the 1920s a new mentality was widespread.
　　　　　　　　　「新しい考え方」

❷「ある新聞のコメントの引用」　具体説明
"The American citizen's first importance to his country is
- **no longer** that of citizen　（×）「市民としての重要性」
- **but** that of consumer　（○）「消費者としての重要性」."

つまり「アメリカ国民＝消費者」ということ
　　　　　　　　　　結果

❸ Stores and manufacturers aimed to sell products
「販売店や製造業者は製品を売ることをめざした」
by promoting ever-increasing desires for "a better way of life."
〈手段〉の by + Ving　　　　「『より良い生活様式』への飽くなき欲望」
　▶ promote「〜を促す；〜に働きかける」

❹ Soap makers, for instance, were advised to sell　具体化
- **not just** cleaning products
- **but** "afternoons of leisure."
　　　「ぜいたくな午後」
　▶ not just A but B は not only A but also B と同意。

　第❶文での「1920年代までに広まった a new mentality『新しい考え方』」が，第❷文で具体化されています。**no longer** は「もはや〜ない」という意味ですが，ここではその後の **but** とペアとなり，**not** A **but** B「A **ではなくて** B **だ**」と同じように，「A **を否定し** B **を肯定する**」働きをしています。B **が強調**されているので「アメリカ国民＝消費者」という考えが広まったと考えます。
　そのような考え方が広まったので，その結果として，第❸文「より良い生活様式」を推し進めるような商品の売り方が出現し，その具体例として，第❹文の「ぜいたくな午後」を推し進める石鹸メーカーを挙げています。

　訳　「消費文化の始まりについては，歴史家たちの意見は分かれるかもしれないが，1920年代までには新しい考え方が広まったということでは一致している。ある新聞のコメント『アメリカ国民が自国に対してもつ最も重要なことは，もはや市民としての重要性ではなく，消費者としての重要性である』ということだ。

販売店や製造業者は,『より良い生活様式』への飽くなき欲望に働きかけることで製品を売ることをめざした。たとえば石鹸メーカーは,単に洗浄製品を売るのではなく,『ぜいたくな午後』を売るよう求められた」

第3段落の第❶〜❺文です。

❶ women = to buy 3/4以上 of all personal goods
　　↓ 結果
　much of the consumer campaign was aimed at them (= women).
　「消費者向けキャンペーン：女性がターゲット」　　　　具体化

❷ Many books 〜 to make women accept the concept of "creative waste."

❸ The vices (involved in consumerism) were socially acceptable
　　　　S　　　　　　　　　　　　　　　　V　　　　　　C
　「消費主義に伴う悪徳」
　　　　程度表現　　　　　　　どの程度「社会的に受け入れられた」のか
　[enough so that theft by woman was increasingly thought of
　　as a disease —— kleptomania —— instead of a crime.]
　　　　「女性による窃盗」＝窃盗癖という病気（○），犯罪（×）
　対比

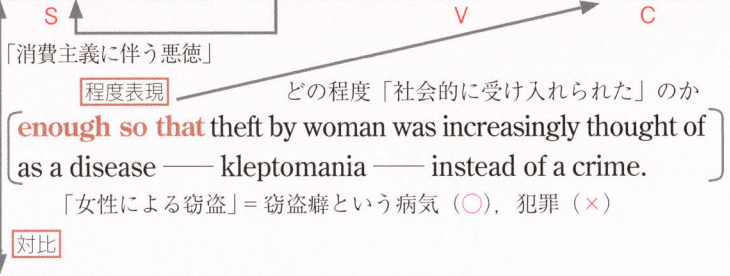

❹ The virtues of consumption 「消費主義の美徳」
　　　allowed a little interference by the market.
　　　「市場による多少の干渉を許容した」
　理由「消費主義の美徳」 ➡ 結果「市場による多少の干渉」

❺ As "purchasing agent for the home,"
　　　　　　C　　　　↑「家庭の購入係」＝主婦
　　　　　　　　　　　前置
　the housewife was told ＿＿＿,
　　　S　　　　V
　　　　　具体説明
　〜 to create a space [where each member of her family could find personal fulfillment].
　「家族のそれぞれが個人的な満足感を見つける空間を作り出す」

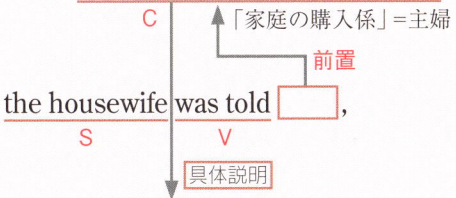

「女性が個人向け商品の4分の3以上を購入している」という理由から、第2段落第❸文の「より良い生活様式」を推し進めるためにとくにターゲットになったのが、この第3段落の第❶文で書かれているように、「女性」ということです。第❷文にも具体説明されています。
　第❸文と第❹文では、「消費主義」の悪い点と良い点が対比的に説明されています。第❸文は少し解釈しづらいです。**enough that**〜は「〜なくらい」という意味で直前の形容詞や副詞の程度を表します。また、〈**so 〜 that** + S + V ...〉も「とても〜なので…だ」だけでなく「…なくらい〜だ」という程度表現として用います。今回はこの両者が同時に用いられていると考えてください

　　▶厳密には、直前の acceptable に対して enough が、その enough に対して so がかかっているのですが。

「消費主義」が社会的に受け入れられたせいで、「女性による窃盗が犯罪としてではなく病気と認識されるくらいだった」というのは、社会悪としては見なされなくなったということでしょう。
　第❺文では、女性、さらに具体化して主婦が家庭の買い物を担っているという内容が書かれています。つまり女性が購買層の中心であるという話題が繰り返されているわけです。
　さて、問題(2)です。

(2) Early advertisements often targeted women because (　　).
　　▶「広告が女性をターゲットにした理由」を尋ねている。

第❶文にそのまま説明されています。選択肢(b)と見比べましょう。

第 ❶ 文　➡ more than three-fourths of all personal goods
選択肢(b)　➡ more than 75% of personal products

分数表現 three-fourth「4分の3」が75%と言い換えられ、personal goods が personal products となっています。ほかの選択肢は、(a)「男性は購買係として働き、買い物が嫌いだった」、(c)「女性は甘い言葉やスローガンによって影響を受けやすかった」、(d)「女性は『窃盗癖』に苦しんでいると思われていた」です。かなり的はずれなダミーの選択肢ですね。

訳「女性は個人向け商品の4分の3以上を購入していると考えられていたので、消費者向けキャンペーンのほとんどが女性にねらいを定めていた。多くの本には、女性に『創造的消費』という概念を受け入れさせるさまざまな方法が記されていた。消費主義に伴う悪徳は、女性による窃盗は犯罪ではなく一種の病気(窃盗癖)であるとますます考えられるほど、社会的に受け入れられた。消費主義の美徳のおかげで市場による多少の干渉が可能になった。主婦は『家庭の購入係』と呼ばれるようになり、家族のそれぞれが個人的な満足感を見つける空間を作り出す機会を手に入れた」

第4段落の第❶〜❹文です。

❶ Consumerism highlighted women in another way as well.
　　　　S　　　　　V　　　　　O

❷ 「1920年代初期」
advertisers had discovered that
they could also profit by appealing to the sexual feelings of men.

❸ [pretty little girls
　　as well as
　　attractive women] , appealed to these feelings.

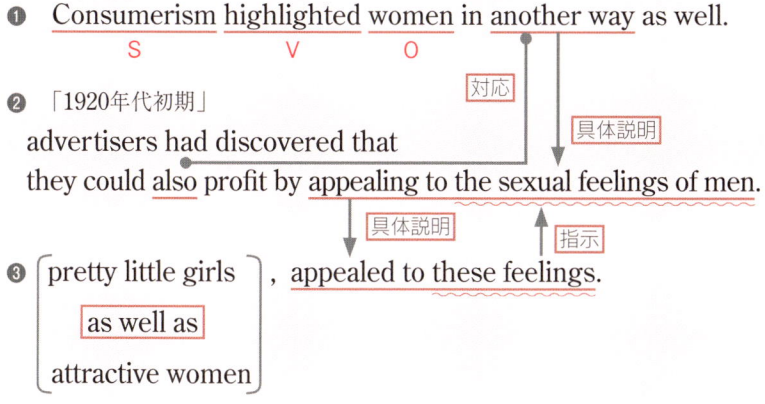

▶ A as well as B「B 同様に A もまた」→ A を強調する働き

❹ There was the added bonus 追加
that little girls, 〜, could be shown in various states of nudity.

第❶文や第❷文にある another や also は、いわゆる**追加のマーク**です。前の段落に書かれていたように、女性は「消費のターゲット」だったのですが、もう1つ注目されていたことがある、という展開です。それが第❶文に **in another way**「もう1つの点で」と書かれています。

当然この another way はこのままでは何を表しているのかが不明瞭なので、第❷〜❸文に具体化されています。

第❷文の appealing to the sexual feelings of men、つまり「男性の性的感情に訴えかける手段」としても「女性」に注目が浴びせられたという論旨です。

第❸～❹文では、その「女性」には「大人の女性」だけでなく「少女」までも含まれていたとあります。
　では、問題(3)を解きましょう。

> (3)　Advertisers tried to influence male consumers by (　　).
> ▶「男性消費者に影響を与える手段」は何か？を尋ねている。

第❷文と選択肢(a)に注目しましょう。

> 第❷文　⇒ appealing to the sexual feelings of men
> 選択肢(a)　⇒ appealing to their attraction to the opposite sex
> 　「彼らが異性に対して魅了されるのに訴えかける」

　the sexual feelings of men が their attraction to the opposite sex と言い換えられています。**attraction** は辞書的には「魅力」という意味ですが、**attract** や **attracted** の **名詞形** だという点に注目すると、ここでは they (= men) were attracted to ～が名詞化して their attraction to ～という形になり、「**男性が異性に魅力を感じること**」と解釈されます。
　ほかの選択肢は、(b)「彼らが個人的な満足感を見つける空間を作り出す」、(c)「かわいい少女のために物を買ってあげるよう彼らをその気にさせる」、(d)「さまざまな裸の状態で大人の女性を見せる」という意味です。これはもう意味不明です。

> 訳「消費主義は女性にまた別の点でも光を当てた。1920年代初期までには、広告側は、男性の性的感情に訴えかけることでも利益を得られることを発見した。マーケティングの専門家たちはまもなく、魅力的な女性だけでなくかわいい少女たちもこのような感情に訴えかけることを知った。その当時の女性と違い、少女ならさまざまな裸の状態で見せられるという、さらなる利点もあった」

第5段落の第❶〜❺文です。

❶ The real growth (in consumer culture), (like 〜 employment), began during the 1950s.
「消費者文化のほんとうの成長は〜 1950 年代に始まった」
　　　対応　　　　　　▶「既婚女性の雇用の拡大」と同時期。

❷ Advertising increased by 400 percent (between 1945 and 1960).
　　　　S　　　　　V　　　程度の by

❸ It was a growth rate faster than that of the GNP.

❹ 「ある広告の研究者の説明」
" 〜 the problem of permitting the average American to feel moral …
　　　　　　　　　　　V　　　　　　　O　　　　　　　　　C
[even when he is taking two vacations a year].
　　　　　S'　　　V'
　　　　　一般化　　and
　　　　　　　　　buying a second or third car
　　　　　　　　　V'

❺ One of the basic problems of prosperity
〜 to demonstrate that 「繁栄の基本的問題点」
the pleasure-seeking approach to life is [a moral,] one."
「快楽追求的な生活様式」　　　　　　　　　 not an immoral

▶ A, not B「A であって B ではない」

　第❶文では「消費文化の成長時期」について言及し，第❷〜❸文では消費文化に伴う「広告の増加」についても言及しています。
　第❹文では，広告の研究者のコメントを引用し，上記の消費文化に対しての問題点を説明しています。**even when** 以下で，「平均的なアメリカ人が年に2回の休暇をとり，2〜3台目の車を買う」という消費文化の具体例を示し，そういったことに対してでさえも feel moral「道徳的に感じる」ことを許容していることが問題点だということです。
　この具体的内容を一般化したのが第❺文です。「年に2回の休暇をとり，2〜3台目の車を買う」ことを **the pleasure-seeking approach to life**「快楽追求的な生活様式」と言い換えている点に注目です。

> 「快楽追求的な生活様式＝道徳的」⇐ 消費主義の問題点

　この論旨をしっかりと把握してください。これを踏まえて，問題(4)に行きましょう。

> (4)　Between 1945 and 1960, American consumers had to be convinced that (　　).
> ▶「アメリカの消費者が確信しなければいけなかったこと」を尋ねている。

　本文中では be convinced という表現はいっさい出てこなかったのですが，これは第❹文の permitting the average American to feel ~ 「平均的なアメリカ人が〜に感じるのを許容してしまった」の部分が言い換えられています。そして，第❹文を一般化した第❺文と選択肢(d)の表現に注目しましょう。

> 第 ❺ 文　➡ the pleasure-seeking approach to life is a moral, not an immoral one
> 選択肢(d)　➡ their pleasure-seeking life styles were moral
> 　　　　　「自分たちの快楽追求的生活スタイルは道徳的だった」

　「快楽追求的な生活様式＝道徳的」という図式が平均的アメリカ人に刷り込まれたということです。ほかの選択肢は，(a)「2台目の車を買うのは安いのであれば大丈夫だった」，(b)「休暇を多くとりすぎることは国益に反した」，(c)「GNPの急成長はふつうだった」です。

　訳「消費者文化のほんとうの成長は，既婚女性の雇用の拡大と同様に1950年代に始まった。広告は1945〜1960年の間に400％増加した。それはGNPよりも急速な増加率だった。ある広告の研究者は次のように説明した。『平均的なアメリカ人が年に2回の休暇をとり，2〜3台目の車を買っても道徳的に感じることを許容してしまったという問題に，私たちは今直面している。つまり，繁栄の基本的な問題の1つは，快楽追求的な生活様式は非道徳的なものではなく道徳的なものだと実証してしまうことだ』」

　中略の部分をはさんで，最終段落の第❶〜❺文を見てみましょう。

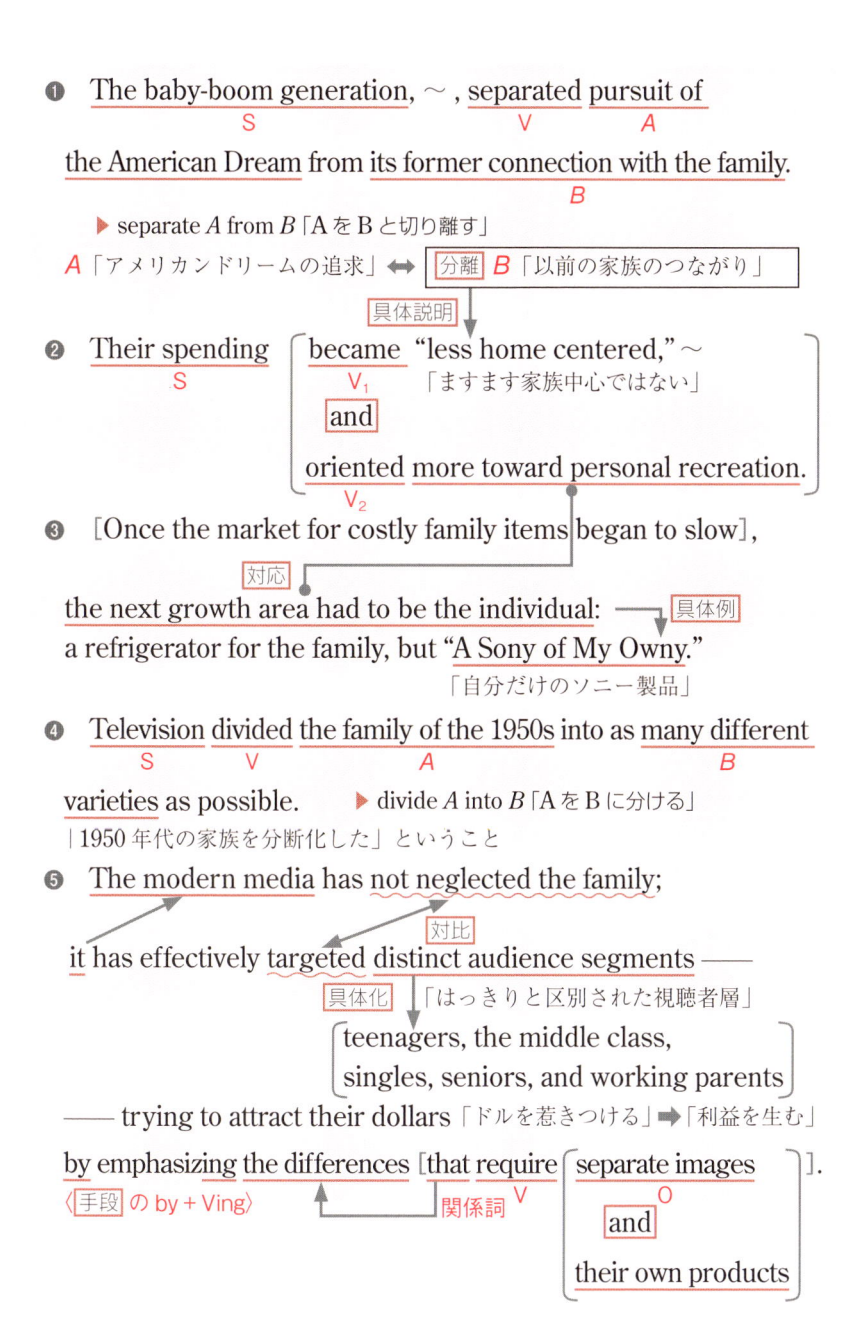

❶ The baby-boom generation, ~ , separated pursuit of
　　　　　S　　　　　　　　　　V　　　　　A
the American Dream from its former connection with the family.
　　　　　　　　　　　　　　　　　B

　　▶ separate A from B「AをBと切り離す」
　A「アメリカンドリームの追求」⇔ 分離 B「以前の家族のつながり」

　　　　　　　　　　　　具体説明

❷ Their spending ⎡ became "less home centered," ~
　　　S　　　　　 ⎢ V₁　　　　「ますます家族中心ではない」
　　　　　　　　　⎢ and
　　　　　　　　　⎣ oriented more toward personal recreation.
　　　　　　　　　　V₂

❸ [Once the market for costly family items began to slow],
　　　　　　　　　　　　対応
the next growth area had to be the individual: ── 具体例
a refrigerator for the family, but "A Sony of My Owny."
　　　　　　　　　　　　　　　　　　　　　　「自分だけのソニー製品」

❹ Television divided the family of the 1950s into as many different
　　　S　　　　V　　　　　A　　　　　　　　　　B
varieties as possible.　▶ divide A into B「AをBに分ける」
「1950年代の家族を分断化した」ということ

❺ The modern media has not neglected the family;
it has effectively targeted distinct audience segments ──
　　　　　　　　具体化　「はっきりと区別された視聴者層」
　　　　　　　⎡ teenagers, the middle class,
　　　　　　　⎣ singles, seniors, and working parents
── trying to attract their dollars「ドルを惹きつける」➡「利益を生む」
by emphasizing the differences [that require ⎡ separate images ⎤].
〈手段〉の by + Ving　　　　　関係詞　V　⎢ and　　　　　⎥ O
　　　　　　　　　　　　　　　　　　　⎣ their own products ⎦

第❶文はそのままではイマイチ内容が把握しづらいと思いますが,「以前の家族のつながりとの分離」が第❷文に具体説明されています。

```
彼ら（ベビーブーム世代）の支出 ─→ （×）家族中心
                              ─→ （○）個人的な娯楽
```

　消費の方向が個人向けの娯楽に向いていった,ということです。このことにより個人向け商品が成長拡大したということが,第❸文に書かれています。
　またさらに,第❹〜❺文に,テレビ・現代のメディアが「家族を分断化した」とありますが,これは第❶文にあった「家族のつながりを分離した」と対応しています。つまり消費がより個人に向いた結果,家族という単位さえもさらに細かく分断され,その構成員である個人レベル（10代の若者,中産階級,独身者,高齢者,働く親たち）までターゲットをしぼった,ということです。
　どのようにしてターゲットをしぼったかというと,〈**手段**の by + Ving〉によって「別々のイメージや彼ら独自の製品を必要とする相違を強調することで」と説明されています。
　では,問題(5)を解きましょう。第❶文に書かれていた内容が when 節でまとまっていますが,そもそも第❶文には when 節はありません。つまり,第❶文を具体説明した第❷文のことを尋ねているのです。

---

(5) When baby boomers separated the chase for the American Dream from its connection to family, (　　).

第❷文と選択肢(b)に注目しましょう。

```
第 ❷ 文 → Their spending 〜 oriented more toward personal
                recreation.
選択肢(b) → their purchases became more personal
          「彼らの購買はより個人的になった」
```

spending → purchases, oriented → became, more toward personal recreation → more personal, と言い換えています。ほかの選択肢は, (a)「持

ち家が減った」，(c)「彼らはソニー製品にお金を費やさなくなった」，(d)「彼らが家に居る頻度が減った」です。とくに，本文中の less home centered を勘違いして(d)と答えないように。

続いて問題(6)です。

> (6) The passage claims that the modern media has become skillful at (　　).
> ▶「現代のメディアは何の技術が長けているのか？」と尋ねている。

skillful の部分は，第❺文の effectively を言い換えています。
第❺文と選択肢(a)の表現に注目です。

> 第 ❺ 文　➡ targeted distinct audience segments
> 選択肢(a)　➡ appealing to a wide variety of audience members
> 　　　　　「幅広い視聴者に訴えかけること」

targeted ➡ appealing to，distinct audience segments ➡ a wide variety of audience members と，それぞれ言い換えています。ほかの選択肢は，(b)「さまざまな人々に彼らが同じものを欲しがっていると確信させること」，(c)「1950年代への郷愁を作り出すこと」，(d)「そのほんとうの家族の価値観を隠すこと」です。

　訳　「ベビーブームの世代は1970年代までに，アメリカンドリームの追求を以前の家族のつながりから切り離した。たとえば，出費は『ますます家族中心ではなくなり』，もっと個人的な娯楽に向けられた。高価な家族向けの商品の市場が衰退し始めると，次に成長する分野は個人向けしかなかった。家族向けの冷蔵庫ではなく，『自分だけのソニー製品』などである。テレビによって，1950年代のような家族は可能な限り分断化されてしまった。現代のメディアが家族をおろそかにしたことはない。はっきりと区別された視聴者層（10代の若者，中産階級，独身者，高齢者，働く親たち）それぞれに対して効果的にターゲットをしぼったのである。別々のイメージや彼ら独自の製品を必要とする相違を強調することで利益を生みながらである。

答　(1)－(c)　　(2)－(b)　　(3)－(a)　　(4)－(d)　　(5)－(b)　　(6)－(a)

全文訳　「19世紀終わりには，ほとんどの産業に大量生産能力があったので，経済学者たちは，アメリカの産業化に役立っていた勤労と禁欲の倫理が深刻な欠点だと気づいていた。もし誰もが自分の勤労に対して報酬が与えられるのを我慢強く待っていたら，誰が新しい製品を買うのだろうか？ 1870〜1900年の間に，広告の量は10倍以上に増えた。都市居住者のために新しい消費財を並べるために巨大な百貨店が建てられ，一方で農村に暮らす人々は通信販売カタログの楽しみや魅力に惹かれていた。消費という言葉は，破壊する，浪費する，使い果たすという以前の意味をますます失い，その代わりに人間の欲求や欲望を満たすことを肯定的に示すようになった。

　消費文化の始まりについては，歴史家たちの意見は分かれるかもしれないが，1920年代までには新しい考え方が広まったということでは一致している。ある新聞のコメント『アメリカ国民が自国に対してもつ最も重要なことは，もはや市民としての重要性ではなく，消費者としての重要性である』ということだ。販売店や製造業者は，『より良い生活様式』への飽くなき欲望に働きかけることで製品を売ることをめざした。たとえば石鹸メーカーは，単に洗浄製品を売るのではなく，『ぜいたくな午後』を売るよう求められた。

　女性は個人向け商品の4分の3以上を購入していると考えられていたので，消費者向けキャンペーンのほとんどが女性にねらいを定めていた。多くの本には，女性に『創造的消費』という概念を受け入れさせるさまざまな方法が記されていた。消費主義に伴う悪徳は，女性による窃盗は犯罪ではなく一種の病気（窃盗癖）であるとますます考えられるほど，社会的に受け入れられた。消費主義の美徳のおかげで市場による多少の干渉が可能になった。主婦は『家庭の購入係』と呼ばれるようになり，家族のそれぞれが個人的な満足感を見つける空間を作り出す機会を手に入れた。

　消費主義は女性にまた別の点でも光を当てた。1920年代初期までには，広告側は，男性の性的感情に訴えかけることでも利益を得られることを発見した。マーケティングの専門家たちはまもなく，魅力的な女性だけでなくかわいい少女たちもこのような感情に訴えかけることを知った。その当時の女性と違い，少女ならさまざまな裸の状態で見せられるという，さらなる利点もあった。

　消費者文化のほんとうの成長は，既婚女性の雇用の拡大と同様に1950年代に始まった。広告は1945〜1960年の間に400％増加した。それはGNPよ

りも急速な増加率だった。ある広告の研究者は次のように説明した。『平均的なアメリカ人が年に2回の休暇をとり、2～3台目の車を買っても道徳的に感じることを許容してしまったという問題に、私たちは今直面している。つまり、繁栄の基本的な問題の1つは、快楽追求的な生活様式は非道徳的なものではなく道徳的なものだと実証してしまうことだ』

　ベビーブームの世代は1970年代までに、アメリカンドリームの追求を以前の家族のつながりから切り離した。たとえば、出費は『ますます家族中心ではなくなり』、もっと個人的な娯楽に向けられた。高価な家族向けの商品の市場が衰退し始めると、次に成長する分野は個人向けしかなかった。家族向けの冷蔵庫ではなく、『自分だけのソニー製品』などである。テレビによって、1950年代のような家族は可能な限り分断化されてしまった。現代のメディアが家族をおろそかにしたことはない。はっきりと区別された視聴者層（10代の若者、中産階級、独身者、高齢者、働く親たち）それぞれに対して効果的にターゲットをしぼったのである。別々のイメージや彼ら独自の製品を必要とする相違を強調することで利益を生みながらである」

　いかがでしょうか？　かなり細かい内容まで読み込んでいきましたが、このlesson 7で皆さんに理解していただきたいのは、はじめにも触れたように**「問題文と選択肢のギャップ」**を知ることです。このギャップをできるだけ多く経験してください。

　受験勉強段階では、ただ問題を解き、答え合わせをするのではなく、本文のどの表現が選択肢の正解にどのように言い換えられているかを逐一確認してください。それが本番での判断力にかならず活かされます。

選択肢を読み取る力も読解力の1つです。解答根拠は1つずつていねいにおさえておこう。

lesson 8 内容一致問題(2) 正誤式
～出題者の発想を知る～

STEP 1 青山学院大ネラい撃ちポイント

　lesson 7に引き続き内容一致問題を扱いますが，今回は正誤問題です。与えられた設問に答えるのではなく，単純に正しいか誤っているかを判断するということで，4択式よりもアプローチしやすいと思う人もいるかもしれません。ただし，制限時間がある中で問題文の該当箇所を探すには，ある程度の❶「視点・判断力」と❷「技術」が必要です。

　ここでの❶「視点・判断力」とは，lesson 7で解説した「**問題文の表現と選択肢の表現のギャップに注目する**」ということです。正誤と4択という形式の違いはあれ，「内容一致」に変わりはないのですから。

　lesson 7で挙げた「内容一致問題への対処法」をここで復習しましょう。

「内容一致問題」への対処法

前提❶ ➡ 問題文の内容・展開を理解する

前提❷ ➡ 設問がどんな情報を求めているのかを判断する

視点❶ ➡ 問題文中の内容＝正解の選択肢の内容
　　　　 問題文中の表現≒正解の選択肢中の表現　を意識する

視点❷ ➡ ダミーの選択肢の「ダメな理由」を明確にする
　　　　　　　　　　　　▶矛盾・不足・言い過ぎ・記述なし，など。

　❷「技術」というのは問題文・選択肢に目を通す順番です。基本的に青山学院大の長文読解における正誤式の内容一致問題では，各選択肢は問題文の流れに沿って並んでいます。したがって，段落ごと（1つの段落が短い場合は2～3段落ごと）に選択肢を吟味し，その段落に対応する選択肢がなくなっ

たら次の段落へ，という手順が最適です。

青学の「正誤式内容一致問題」へのアプローチ

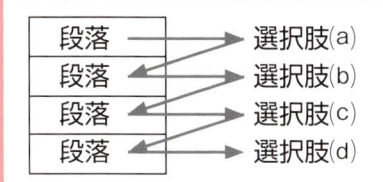

段落	→	選択肢(a)
段落	←	選択肢(b)
段落	→	選択肢(c)
段落	←	選択肢(d)

段落➡選択肢➡段落……と，交互に吟味する。

▶もし即答できない選択肢があれば，保留しておいて最後に解く。

　予備校で「選択肢を先に見たほうがいいですか？」という質問をよく受けます。これに関しては，問題形式によって異なるので，一概に良いとも悪いとも言えないのですが，正誤式の内容一致問題に関しては，**先に選択肢を見ないほうがよい**と思います。

　なぜなら，ダミーの選択肢が巧妙に作られていて，いかにも正解っぽく見えるからです。そのようないかにも正当に思える印象的な選択肢のせいで間違った先入観や偏見をもったまま問題文に突入するのは危険すぎます。

　正しい情報を先に読んで，間違っている選択肢を切っていくほうが，きわめて自然な思考過程だと思います。

ダミーの選択肢にまどわされて，間違った先入観をもったまま問題文を読まないように。

STEP 2 基本例題

まずは，比較的短めの文章で，さらに選択肢も日本語表記のもので練習していきましょう。

⏱ 6分　合格点 1／1問中

(a)〜(c)の各文の中で，本文の内容と一致しているものを1つ選びなさい。

In the Middle Ages, when a man had heard the teachers and doctors of his own university, say of Oxford, he set off on foot or on horseback, wearing the grey robe of a student, and travelling peacefully along the wild roads, to another university. So many Englishmen came from the north to Oxford, and from Oxford, after their term, set off southwards for France and Italy. Everybody knew a student by his dress, and respected him for his learning. If he came to a monastery, he would at once be admitted as a guest. Then he would spend a few days in seclusion, discussing learned subjects with the abbot and the more book-loving brothers, would study some book in the library, and then, perhaps having written a Latin poem in praise of the monastery, he would take the road again, and travel till he came to the famous University of Paris, where he would settle down to hear the great teachers. Then on from Paris he would go, down to Italy, walking slowly or riding towards the great universities of Bologna, Padua, Salerno*. He needed very little money indeed. Some he could earn by writing letters or doing other clerical work. When he came to a university he was sure of a welcome.

Europe then was not like Europe now. If a man were a Christian, all countries were his, for everywhere was the one Church of which he was a son. If he were at all educated, he spoke Latin, and Latin was the speech of all churchmen, of all Europeans of any standing.

　＊ Bologna, Padua（Padova），Salerno はイタリアの都市。

(a)　中世には，オックスフォードの学生は一定の期間フランスかイタリアの大学で学ぶことが義務づけられていたので，徒歩か馬にまたがって旅立った。
(b)　当時の学生は学問を積んでいるということで敬意を払われていたので，修道院に立ち寄ると手厚くもてなされた。
(c)　中世における学問はすべてラテン語で行われ，総じてきびしく無味乾燥なものであった。

（2010年度　青学・経済　一部改題）

解答・解説

解説　第1段落の第❶文から確認しましょう。

❶　In the Middle Ages,

具体化 →

[when a man had heard ～ of his own university, **say** of Oxford],
he set off on foot or on horseback,
　S　　V

分詞構文 ｛ wearing the grey robe of a student,
　　　　　 and
　　　　　 travelling ～ , to another university ｝.

▶ set off「出発する」

when 節中にある **say** は「たとえば」という意味で用いられ，具体例を導きます。

　また，後半では，**and** によって分詞構文が並列しています。文末タイプの分詞構文はおもに，❶付帯状況「～しながら」，❷結果「そして～する」といった訳し方をするケースが多いのですが，基本的には「動作・情報の追加」くらいに考えて，「で，どうしたのか？」と読み進めていったほうが，目線も左から右へスムーズに移動できるのでよいでしょう。

訳 「中世では，人は自分の大学，たとえばオックスフォードの教授や博士の講義を聴講して，歩いたり馬に乗ったりして，学生服である灰色のローブを着て，舗装されていない自然の道をのんびり旅をしながら，別の大学へ向けて出かけていった。」

続いて第❷～❹文です。

❷ <u>So many Englishmen</u> [<u>came</u> (from the north to Oxford),
　　　　　S　　　　　　　　V₁
　　　　　　　　　　　　　　and (from Oxford), (after their term),
　　　　　　　　　　　　　　<u>set off</u> southwards for France and Italy.]
　　　　　　　　　　　　　　V₂

❸ <u>Everybody</u> [<u>knew</u> a student by his dress,
　　　　S　　　　　V₁
　　　　　　　　　　　▶ know A by B「B で A だとわかる」
　　　　　　　　　　and
　　　　　　　　<u>respected</u> him for his learning.]
　　　　　　　　　V₂
　　　　　　　　　　　▶ respect A for B「B のことで A を尊敬する」

❹ [If he came to a monastery],
　<u>he</u> <u>would</u> (at once) <u>be admitted</u> as a guest.
　S　　　　V

第❷・❸文はそれぞれ **and** によって動詞部分が等位接続されています。そこに気をつければ，構造的には問題ないでしょう。また So many Englishmen が a student と置き換えられています。当時の学生がどのような移動をしていたのかがわかる内容です。第❹文も〈条件節 + 主節〉というシンプルな構造です。

訳 「非常に多くのイギリス人が北方からオックスフォードへやってきて，授業期間が終わるとオックスフォードからフランスやイタリアに向けて南方へと旅立った。誰もがその衣服で学生だとわかり，その学識を尊敬した。もし学生が修道院にやってくれば，客人としてすぐに迎え入れられた」

第❺文は非常に長く複雑に感じるかもしれませんが，等位構造と分詞構文に注目すると構造が見やすくなります。

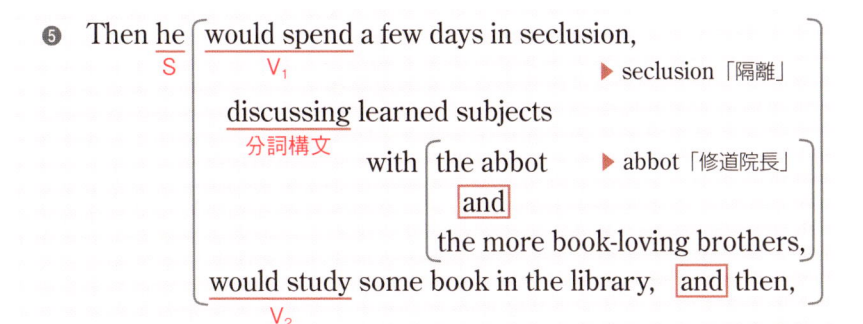

❺ Then he [would spend a few days in seclusion,
　　S　　V₁　　　　　　　　　　　　　　▶ seclusion「隔離」
　　　　　discussing learned subjects
　　　　　分詞構文
　　　　　　　with [the abbot　　　▶ abbot「修道院長」
　　　　　　　　　　and
　　　　　　　　　　the more book-loving brothers,
　　would study some book in the library, and then,
　　　V₂

perhaps having written a Latin poem in praise of the monastery,
　　　　完了の分詞構文

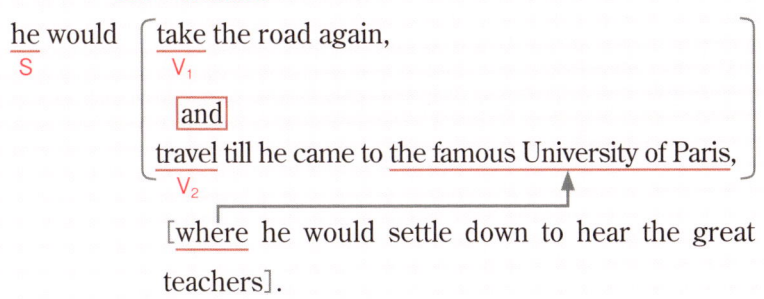

he would [take the road again,
　S　　　　V₁
　　　　　 and
　　　　　 travel till he came to the famous University of Paris,
　　　　　 V₂
　　　　　 [where he would settle down to hear the great teachers].

　前半は〈S + V₁ (+ 分詞構文の挿入) + V₂〉という構造が若干難しいかもしれませんが、〈would + 原形〉に注目して判断します。また and then 以下の後半は〈分詞構文 + S + V₁ + and + V₂ + 関係詞節〉という構造になっています。
　かなり長い文なので1文として訳そうとするとわかりづらいかもしれません。意味の節目ごとに分断しながら読むとよいでしょう。

訳「それから修道院長やさらに書物を愛する仲間たちと学問的議題を論じ、書庫で書物を読みながら世間から隔離された数日間を過ごしたのだろう。その後、おそらくその修道院を称賛するラテン語の詩を書き、パリの有名な大学へ向けて再び旅立ち、そこで腰をすえ、偉大な教授の講義を聴講したのだろう」

第❻～❾文を見てみましょう。

❻ Then (on from Paris) he would go ☐ , down to Italy,
   前置 ↑   S   V
   分詞構文 { walking slowly
            or
            riding towards the great universities of Bologna,
              Padua, Salerno. }

❼ He needed very little money indeed.

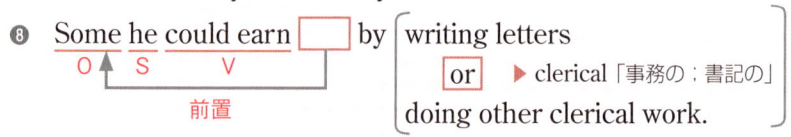

❽ Some he could earn ☐ by { writing letters
   O ↑ S   V   or   ▶ clerical「事務の；書記の」
      前置   doing other clerical work. }

❾ [When he came to a university] he was sure of a welcome.

　第❻文では，副詞句 on from Paris が go の後ろから前置しています。これは前の第❺文で「パリで腰をすえた」という内容からスムーズに移行できるよう変形したものと考えられます。また，この文にも文末タイプの分詞構文がありますが，ここでも「**動作・情報の追加**」として処理しましょう。
　第❽文でも Some が earn の後ろから前置していますが，これは前の第❼文での little money を受けたもので，Some money の短縮です。つまりもともとは，he could earn some money という〈S + V + O〉の文構造です。

> **訳**「そしてパリからイタリアに向け，徒歩でゆっくり行くかあるいは馬に乗ってボローニャ，パドバ，サレルノの偉大な大学へ向かったのだろう。実際，お金はほとんど必要としなかった。学生は手紙を書いたり，その他書記的な事務仕事をしたりして，いくらか稼いでいた。大学へ行けば歓迎されることを確信していたのである」

　さて，この段階で，選択肢を吟味してしまいましょう。まずは(a)から。

> (a)「中世には，オックスフォードの学生は一定の期間フランスかイタリアの大学で学ぶことが義務づけられていたので，徒歩か馬にまたがって旅立った」

　第❶文への対応だとわかりますが，本文中には「義務づけられていた」と

174　Chapter3　マーク式・読解問題編

は書いてありません。したがって誤りです。

次に(b)です。

> (b)「当時の学生は学問を積んでいるということで敬意を払われていたので，修道院に立ち寄ると手厚くもてなされた」

第❸文の respected him for his learning と第❹文の he would at once be admitted as a guest に対応しています。正しい選択肢です。

では，第2段落の第❶〜❸文に行きましょう。

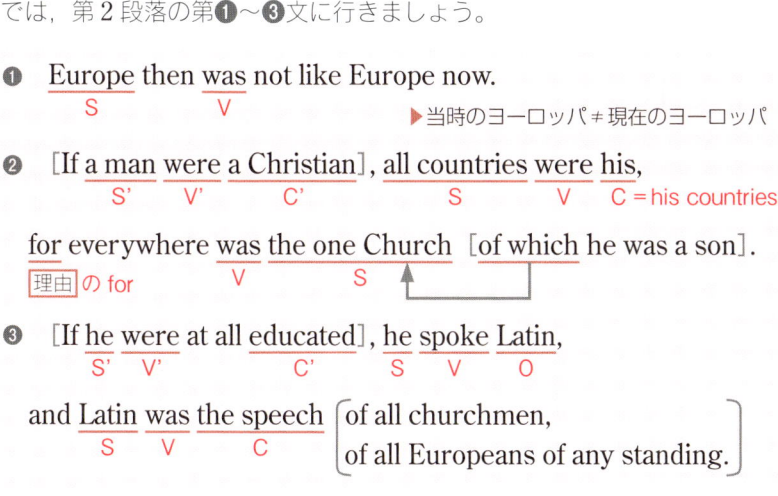

❶ Europe then was not like Europe now.
　　S　　　V
　　　　　　　　　　　　　　　▶当時のヨーロッパ≠現在のヨーロッパ

❷ [If a man were a Christian], all countries were his,
　　S'　V'　　C'　　　　　　　S　　　　V　C = his countries

　for everywhere was the one Church [of which he was a son].
　理由 の for　　　　V　　S

❸ [If he were at all educated], he spoke Latin,
　　S' V'　　　　C'　　　S　V　　O

　and Latin was the speech ⎡of all churchmen,
　　　　S　V　　C　　　　　⎣of all Europeans of any standing.

第❷文の **his** は所有格ではなく「**彼のもの**」という所有代名詞なので，his countries の代用です。その後の **for** は前置詞ではなく，接続副詞として**付け足しの理由**「というのも〜だ」を導きます。また，**everywhere** は副詞で，〈副詞＋V＋S〉という**倒置文**になっているので注意しましょう。

the one Church of which he was a son が少し難しいかもしれませんが，先行詞を関係詞節中に戻すと，he was a son of the one Church「彼は教会という存在の息子であった」となるので，そこから意味を判断しましょう。

訳 「当時のヨーロッパは現在のヨーロッパとは様子が違っていた。キリスト教徒であるならばすべての国は自分の国だった。というのも，あらゆる場所に自分がその息子である教会という存在があったからだ。もし十分な教育を受けてい

lesson 8　内容一致問題(2) 正誤式　175

れば，その人はラテン語を話した。ラテン語はすべての聖職者の，そしてあらゆる地位の全ヨーロッパ人の言語であった」

選択肢(c)をチェックしましょう。

> (c)「中世における学問はすべてラテン語で行われ，総じてきびしく無味乾燥なものであった」

第❸文と対応していますが，本文中には「総じてきびしく無味乾燥なもの」とは書いてありません。したがって誤りです。

答 (b)

> **全文訳**「中世では，人は自分の大学，たとえばオックスフォードの教授や博士の講義を聴講して，歩いたり馬に乗ったりして，学生服である灰色のローブを着て，舗装されていない自然の道をのんびり旅しながら，別の大学へ向けて出かけていった。非常に多くのイギリス人が北方からオックスフォードへやってきて，授業期間が終わるとオックスフォードからフランスやイタリアに向けて南方へと旅立った。誰もがその衣服で学生だとわかり，その学識を尊敬した。もし学生が修道院にやってくれば，客人としてすぐに迎え入れられた。それから修道院長やさらに書物を愛する仲間たちと学問的議題を論じ，書庫で書物を読みながら世間から隔離された数日間を過ごしたのだろう。その後，おそらくその修道院を称賛するラテン語の詩を書き，パリの有名な大学へ向け再び旅立ち，そこで腰をすえ，偉大な教授の講義を聴講したのだろう。そしてパリからイタリアに向け，徒歩でゆっくり行くかあるいは馬に乗ってボローニャ，パドバ，サレルノの偉大な大学へ向かったのだろう。実際，お金はほとんど必要としなかった。学生は手紙を書いたり，その他書記的な事務仕事をしたりして，いくらか稼いでいた。大学へ行けば歓迎されることを確信していたのである。
> 　当時のヨーロッパは現在のヨーロッパとは様子が違っていた。キリスト教徒であるならばすべての国は自分の国だった。というのも，あらゆる場所に自分がその息子である教会という存在があったからだ。もし十分な教育を受けていれば，その人はラテン語を話した。ラテン語はすべての聖職者の，そしてあらゆる地位の全ヨーロッパ人の言語であった」

「**段落➡選択肢➡段落➡選択肢**」という手順で取り組んでいけば，頭に入ってきたフレッシュな状態の情報で選択肢を吟味できるので，よけいな情報に惑わされません。ぜひ実践してみてください。

> この手のタイプの長文は，問題文を最後まで読んでからでなくても，ブロックごとに解答が出せます。

STEP 3 実戦問題

⏱12分　合格点3／5問中

次の英文を読んで，(a)〜(e)が著者の意見と合致している場合には A，合致していない場合には D としなさい。

The "End of Print" is an idea that has become popular in an environment of rapid change in the communication industry. Common sense tells us, however, that the print media is not going away.

If print is no longer an important part of someone's life, that is undeniable. But it would be wrong to use one's own experience as the basis for a statement about what is going to happen in the world as a whole. Nonetheless, that's exactly what many of the people predicting the death of print are doing.

The reason is that most of the discussion on this topic is dominated by "information junkies" —— people who spend most of their waking hours looking for information. And there is no doubt that if a person is an information junkie, the web is the way to go. The reality, however, is that info-junkies are only a small group of people. They consume the news at a remarkable rate and the web is the fastest way to satisfy their appetite. They also air their views the most —— which means that it's easy to get the impression that theirs is the most widely held conclusion.

The statistics tell a different story. Only 3% of newspaper reading is done online —— which means that the other 97% is still done with ordinary newspapers. While the exact numbers are open to further investigation, the point is that the overwhelming majority of people read newspapers in print, not on the web.

〜中略〜

Print remains a viable form of media. The best interactive tools for learning are still a page of print and a pen to underline the key passages with. Even more important, print is something that people have paid for and will continue to gladly pay for.

(a) Even though common sense tells us that the print media is not going away, the fact that the "End of Print" has become popular in the communication industry makes it likely that the print media will in fact disappear.

(b) If a person realizes that print is no longer an important part of his or her life, it can be concluded that print will no longer be important in the world as a whole, just as the people predicting the end of the print media think.

(c) Although it may seem as if the "End of Print" is the most widely held conclusion, in fact this opinion is only held by a small group of "information junkies," who spend most of their time looking for information on the web.

(d) Although statistics show us that only 3% of newspaper reading is done online while 97% is done with ordinary newspapers, these numbers are open to further investigation and do not prove the point that the overwhelming majority of people read newspapers in print, not on the web.

(e) The main reasons why print is still a viable form of media are that a page of print and a pen to underline key passages with are still the best interactive tools for learning, and also that people will continue to gladly pay for print as they did in the past.

(2010年度　青学・国際政治経済　一部省略)

解答・解説

解説 まずは第1段落から確認しましょう。

❶ The "End of Print" is an idea that has become popular ～ .
　「印刷物の終焉」　▶トピック提示。　　一般論（＝譲歩）

　　　　　　　　　　　逆接

❷ Common sense tells us, however, that the print media is not going away.
　「印刷メディアは消えないだろう」

「印刷物の終焉」というトピックが has become popular だ，ということは，それが一般論だということを示しています。そしてそのことを however によって逆接され，「譲歩➡逆接➡主張」という一連の流れを形成しています。

「譲歩➡逆接➡主張」パターン

「確かに：もちろん」
「～かもしれない：～とよく言われる」＋「しかし」＋「～**である**」
「多くの人が～だと思うだろう」

　　　　　　　　　　　　　　▶「～である」は筆者の強調したい箇所。

「譲歩」というのは，一般論や相手の意見などを最初に提示し，それを逆接したうえで自分の主張を述べることで，より言いたいことがはっきりし強調される，という論理形式です。簡単にいうと「黒！」という前に「白！」と示せば，よりその「黒！」が目立つという仕組みです。

この段落では，この「譲歩➡逆接」をうまく用いて，the print media is not going away「印刷メディアは消えないだろう」を強調しています。

訳「『印刷物の終焉』は，コミュニケーション産業において急速に変化する環境では一般的になってきた考えである。しかし，常識から考えて，印刷メディアは消えないだろう」

さて，ここで選択肢(a)をチェックしましょう。

(a) [Even though common sense tells us that the print media is not going away], the fact [that the "End of Print" has become popular in the communication industry] makes it likely [that the print media will in fact disappear].

訳「たとえ常識では印刷メディアは消えないだろうとしても,『印刷物の終焉』がコミュニケーション産業で一般的になったという事実から,印刷メディアは実際に消える可能性は高い」

この選択肢は even though 節が譲歩になっていますが,「印刷メディアは消えない」を否定して,「印刷メディアは消えるだろう」という本文の内容と逆のパターンになっています。「A だが B だ」を「B だが A だ」としたら,強調・主張したいものが反転してしまいます。正解は D です。

続いて第 2 段落です。

❶ [If print is no longer an important part of someone's life], that is undeniable.
「否定できない」＝「肯定できる」

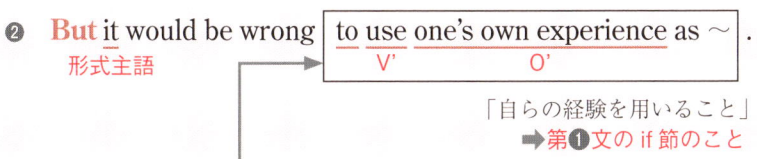

❷ But it would be wrong to use one's own experience as 〜 .
形式主語
「自らの経験を用いること」
➡第❶文の if 節のこと

❸ Nonetheless, that's exactly [what many of the people (predicting the death of print) are doing].

第❶文の if 節は「一部の人にとっては印刷物がもはや生活の重要な一部で

lesson 8　内容一致問題(2)　正誤式　181

はない」という内容で,「印刷物の終焉」派の考えです。これに関しては「否定できない＝肯定できる」と筆者は述べています。

しかし,第❷文では,そのように「自身の経験をベースに意見を述べることは間違いだ」と否定し,第❸文では,「自身の経験をベースに意見を述べること＝まさに『印刷物の終焉派』がしていること」と述べています。

つまり,第❶文で undeniable と述べたのは,相手の意見を一度認めたうえで,それを逆接し否定しているということです。筆者は「印刷メディアは消えないだろう」という立場です。

> 訳 「もし印刷物がもはや生活の重要な一部ではないという人がいるのならば,それは否定できない。しかし,世界全体で起きようとしていることについての意見の根拠として自らの経験を用いることは誤りであろう。それにもかかわらず,印刷物の終焉を予想する多くの人々がしていることはまさにそのことである」

それを踏まえて選択肢(b)に行きましょう。

(b) [If a person realizes
[that print is no longer an important part of his or her life]],

同じ内容

it can be concluded [that print will no longer be important in ～],
形式主語

[**just as** the people predicting the end of the print media think].
「ちょうど～するのと同様に」

> 訳 「印刷物の終焉を予想する人々がまさに考えるように,印刷物がもはや生活の重要な部分ではないと認識するならば,印刷物は世界全体でもはや重要ではないだろうと結論づけることができる」

「印刷物がもはや重要ではない」と結論づけられてしまったら,それは筆者の意見と矛盾します。正解は D です。

次は,少し長めの第 3 段落です。

❶ The reason is [that most of the discussion on this topic
　　　　S　　 V　　　　　C 「印刷物の終焉」という意見のこと
is dominated by "information junkies"] ——
「情報中毒者による支配」　　　具体説明

　　[people who spend most of their waking
　　 hours looking for information.]

❷ And there is no doubt that
[if a person is an information junkie], the web is the way to go.
　　　　　　　　逆接

❸ The reality, **however**, is that
info-junkies are only a small group of people.
「情報中毒者は少数派だ」

❹ They consume the news at a remarkable rate and the web is
the fastest way to satisfy their appetite.
❺ They also air their views the most ——
　　　　　　　　　結果　　　　　　　▶ air 動 「～を述べる」
～ the impression [that theirs is the most widely held conclusion].
　　　　　　　　　　同格 「彼らの結論が最も広く支持された結論だ」

　第❶文では，第2段落に対する理由を導いています。「この話題に関する議論のほとんど」とは，第1段落に has become popular とあるように「印刷物の終焉」という考えのことです。そしてこれを主張してきたのは「情報中毒者」であるということです。情報中毒者について具体説明をした後に，第❸文で逆接 **however** を用い，「しかし情報中毒者は少数派だ」という現実に言及し，彼らの行動を第❹・❺文に展開しています。
　「情報中毒者」は少数派であるにもかかわらず，最も意見を述べる人たちなので，彼らの意見が「最も広く支持された結論だ」という印象，つまり誤解を与えがちだということです。

　訳 「その理由は，この話題に関する議論のほとんどが『情報中毒者』——起きている時間のほとんどを情報を探すことに費やす人たち——によって支配されているからである。そしてもしある人が情報中毒者であれば，ウェブはおあつらえであることに疑いはない。だが現実は，情報中毒者はほんのわずかな人たち

である。彼らは驚くべき速さでニュースを消費し，ウェブは彼らの欲求を満たす最速の方法なのである。彼らはまた，自分たちの意見を最も多く発信する——つまり，彼らの結論が最も広く支持された結論であるという印象を与えやすいのだ」

さて，選択肢(c)をチェックしましょう。

(c) [Although 〜 the "End of Print" is the most widely held conclusion],
in fact this opinion is only held by a small group of "information junkies," 〜 .

> 訳 「『印刷物の終焉』はあたかも最も広く支持された結論であるかのように思われるかもしれないが，実際には，この意見は，時間のほとんどをウェブ上の情報を探すことに費やしている少数の『情報中毒者』によって支持されているにすぎない」

「印刷物の終焉」を主張してきたのは「ごく少数の情報中毒者」だというのは，第❶文と第❸文に書かれていました。正解はAです。

第4段落を見ていきましょう。

❶ The statistics tell a different story.
  具体説明

❷ Only 3% of newspaper reading is done online —— 〜
  the other 97% is still done with ordinary newspapers.
  同じ内容

❸ [While the exact numbers are open to further investigation], the point is that the overwhelming majority of people
  read newspapers in print (A),
           not on the web (B).
  ▶ A, not B「AでありBではない」

第❶文の a different story とは，前段落の「彼ら（情報中毒者）の結論が

最も広く支持された結論だという印象」に対して，統計的には対比的な内容が続くということです。

統計の具体的な数字が第❷文に記されています。「オンライン上で新聞を読む➡3％」↔「ふつうの（紙の）新聞を読む➡97％」とありますが，〈Only＋数字〉はその数字の低さを強調する働きがあるので，いかにオンライン上で新聞を読む人が少ないかがわかります。

また，第❸文では「さらなる調査が必要だ」としながらも，第❷文の the other 97％ ～ with ordinary newspapers を the overwhelming majority of people read newspapers in print と言い換えて，同じ内容を繰り返しています。

> 訳 「統計上では違った話になる。オンライン上で新聞を読んでいるのはたった3％である——つまり，残りの97％はまだふつうの新聞を読んでいる。正確な数字を出すにはさらなる調査が必要だが，重要なのは，圧倒的大多数の人たちがウェブ上ではなくて印刷物で新聞を読んでいるという点だ」

では，ここで選択肢(d)をチェックしましょう。

(d) ［Although statistics show us that

　　　［only 3％ of newspaper reading is done online
　　　while 97％ is done with ordinary newspapers,］］

　　these numbers ［are open to further investigation
　　　　S　　　　　　 V

　　　　　　　　　　and

　　　　　　　　 do not prove the point［that the overwhelming
　　　　　　　　　　majority of people read newspapers in print,
　　　　　　　　　　not on the web］.

> 訳 「統計では，オンライン上で新聞を読むのはたった3％で97％はまだふつうの新聞を読んでいるが，これらの数字はさらなる調査が必要で，圧倒的大多数の人たちがウェブではなくて印刷物で新聞を読むという点を証明してはいない」

前半部分は第❷文そのままなので問題ないのですが，この統計的数字が

「圧倒的大多数の人たちがウェブではなくて印刷物で新聞を読むという点を証明していない」は書かれていないので誤りです。

正解は D です。

最終段落です。

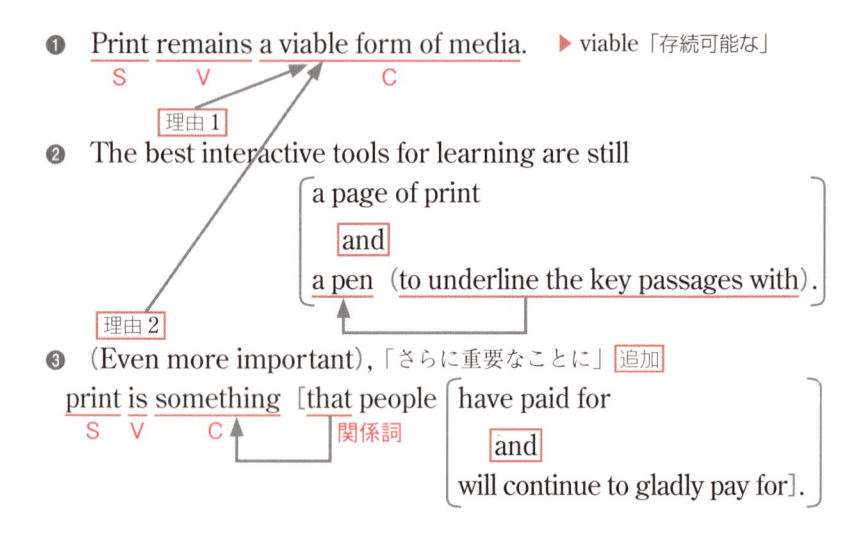

❶ Print remains a viable form of media.　▶ viable「存続可能な」
　　S　　V　　　　　C

❷ The best interactive tools for learning are still
　　a page of print
　　and
　　a pen (to underline the key passages with).

❸ (Even more important),「さらに重要なことに」 追加
　　print is something [that people have paid for
　　　S　 V　　C　　　　関係詞
　　　　　　　　　　　　　and
　　　　　　　　　　　　　will continue to gladly pay for].

第❶文の「印刷物＝存続能力のあるメディアの一形式」は、これまで筆者が主張してきた「印刷メディアは消えない」と一致します。その理由が「学習にとって最も相互作用のある道具であるから」と第❷文で述べています。第❸文では、Even more important で導くことで存続能力のある理由をさらに追加しています。

訳「印刷物は存続能力のあるメディアの一形式であり続ける。学習するのに最も相互作用のある道具は、いまだに1ページの印刷物と重要な一節に下線を引くためのペンである。さらにもっと重要なことに、人々はこれまで印刷物というものにお金を払ってきたし、これからも喜んでお金を払い続けるだろう」

選択肢(e)をチェックしましょう。

(e) The main reasons [why print is still a viable form of media] are
　　　　　S　　　　　　　　　　　　　　　　　　　　　　　　　　　V
that ｛a page of print
C₁ 　　and
　　　a pen to underline key passages with｝
　　　　　　　are still the best interactive tools for learning,
　　and also
that people will continue to gladly pay for print
C₂ 　　　　　　　　　　　　　　　　　[as they did in the past].

訳「印刷物が存続能力のあるメディアの一形式であるおもな理由は、1ページの印刷物と重要な一節に下線を引くためのペンがいまだに学習にとって最も相互作用のある道具であり、過去にそうしてきたように人々が印刷物にこれからも喜んでお金を払い続けるだろうということである」

The main reasons why 〜が第❶文に対応しています。そして、その理由説明が選択肢(e)では、2つの that 節で書かれており、それぞれ、第❷・❸文に対応しています。正解は A です。

答 (a)−D　　(b)−D　　(c)−A　　(d)−D　　(e)−A

全文訳「『印刷物の終焉』は、コミュニケーション産業において急速に変化する環境では一般的になってきた考えである。しかし、常識から考えて、印刷メディアは消えないだろう。

　もし印刷物がもはや生活の重要な一部ではないという人がいるのならば、それは否定できない。しかし、世界全体で起きようとしていることについての意見の根拠として自らの経験を用いることは誤りであろう。それにもかかわらず、印刷物の終焉を予想する多くの人々がしていることはまさにそのことである。

　その理由は、この話題に関する議論のほとんどが『情報中毒者』——起きている時間のほとんどを情報を探すことに費やす人たち——によって支配されているからである。そしてもしある人が情報中毒者であれば、ウェブはおあつらえであることに疑いはない。だが現実は、情報中毒者はほんの

わずかな人たちである。彼らは驚くべき速さでニュースを消費し，ウェブは彼らの欲求を満たす最速の方法なのである。彼らはまた，自分たちの意見を最も多く発信する——つまり，彼らの結論が最も広く支持された結論であるという印象を与えやすいのだ。

　統計上では違った話になる。オンライン上で新聞を読んでいるのはたった3％である——つまり，残りの97％はまだふつうの新聞を読んでいる。正確な数字を出すにはさらなる調査が必要だが，重要なのは，圧倒的大多数の人たちがウェブ上ではなくて印刷物で新聞を読んでいるという点だ。

　印刷物は存続能力のあるメディアの一形式であり続ける。学習するのに最も相互作用のある道具は，いまだに1ページの印刷物と重要な一節に下線を引くためのペンである。さらにもっと重要なことに，人々はこれまで印刷物というものにお金を払ってきたし，これからも喜んでお金を払い続けるだろう」

　今回の問題では，問題文の表現を選択肢中でそのまま用いながらも文構造の組み立て方を絶妙に変え，一見問題文と同じことが書かれているようで実際にはまったく正反対のことが書かれている，というダミーの選択肢が目立ちました。

　もちろん，ここで解説したように，きちんと段落ごとに内容を把握し，そのつど選択肢を確認していけば，正誤式の内容一致問題はかなりシンプルに解くことが可能です。

　内容一致問題で出題者がしかけてくるダミーの選択肢のパターンに多く触れれば触れるほど，本番ではその罠に気づきやすくなります。そのあたりを意識した学習を続けてください。

Chapter 4
記述式・読解問題編

～語彙力・文法力➡精読の技術および自然な日本語へのアウトプット～

> 頭の中でだけ漠然と「こんな感じかな？」とするのではなく，実際に手を使って解答を書いてみると，自分の弱点がはっきりと見えてくるはず。

lesson 9 英文和訳問題⑴ 構文把握重視
～文法・語法の適応 & 判断～

STEP 1 青山学院大ネラい撃ちポイント

　lesson 9～10では，英文和訳の技術を学んでいきます。英文和訳のレベルを上げていくためには，次の2つのステージを踏まえる必要があります。

> 「英文和訳」の技術
> ❶ 正確な文法・語法知識による分析と判断
> ❷ 正しい自然な日本語へのアウトプット

　lesson 9では❶を中心に，lesson 10では❷を中心に扱います。くわしく言うと，lesson 9では文構造を把握して少なくとも直訳ができるまでを，lesson 10ではその直訳を自然な日本語へと変換していく技術と発想を解説します。
　まずは，正しい文法・語法知識をいかにして分析技術に応用すべきか，そこから考えていきましょう。

参考問題

> 次の英文を日本語にしなさい。
>
> Adding an extra hour to your day, especially if you use it to do something other than work, would be a very effective way to relieve stress.
>
> （2007年度　駒澤大・文／法　改題）

文頭に Ving がありますが，自分の知っている文法知識に照らし合わせて，

これをどう判断すべきか考えましょう。

Ving は通常，動名詞か現在分詞ですが，この文の場合はどうでしょうか？文頭にある Ving は次のように処理します。

Ving 形が文頭にある場合の処理

❶ 〈[Ving ～] + S + V ...〉
　副詞句の場合 ➡ 分詞構文
　例　[**Finding** he was the criminal], we were surprised.
　　　「彼が犯人だと知って私たちは驚いた」

❷ 〈[Ving ～] + V ...〉
　主語（=名詞句）の場合 ➡ 動名詞
　例　[**Knowing** we're ignorant] is the first step toward great knowledge.
　　　「無知であることを知ることが大きな知への第一歩だ」

動名詞を「～すること」，現在分詞を「～している」という表面的な意味だけで覚えていては，この識別は難しいでしょう。**動名詞は名詞の働きをするのでSやOやCになり，現在分詞は形容詞・副詞の働きをするので，名詞を修飾したり，Cになったり，分詞構文を形成したり**します。

この処理方法を 参考問題 に当てはめると，次のようになります。

[Adding an extra hour to your day],
　　　　　　S

[especially if you use it to do something other than work],
　副詞節の挿入　S'　V' O'

would be a very effective way to relieve stress.
　V　　　　C

Adding は動名詞だとわかりますね。また2つの to 不定詞に関しても，名詞的用法・形容詞的用法・副詞的用法のそれぞれの表面的意味だけを覚えるのではなくそれぞれの機能を理解していれば，的確な判断ができます。

to 不定詞の各用法の識別法

❶ 〈[**To** + V 〜] + V ...〉　　主語の場合　　　　➡ 名詞的用法
❷ 〈[**To** + V 〜], S + V ...〉　副詞句の場合　　　➡ 副詞的用法
❸ 〈S + V + [**to** + V 〜]〉　　補語・目的語の場合 ➡ 名詞的用法
❹ 〈S + V ... + [**to** + V 〜]〉　副詞句の場合　　　➡ 副詞的用法
❺ 〈名詞 + [**to** + V 〜]〉　　　後置修飾の場合　　➡ 形容詞的用法

まず，参考問題の1つ目の to 不定詞を見てみます。

you use it + [to do something other than work]
 S' V' O'　　　　副詞句➡副詞的用法「〜するために」

use は基本的にSVOで用いるので，to do 〜は副詞句になります。副詞的用法には「〜するために」「〜して」「〜するなんて」「〜すれば」「そしてその結果〜する」「〜するには」などの訳し方がありますが，これらは前文に対して「なんで？」と自問自答すると解釈しやすくなります。今回の場合「それ（＝さらなる1時間）を使う」➡「なんで？」➡「仕事以外の何かをするために」と導き出せます。

続いて2つ目の to 不定詞です。

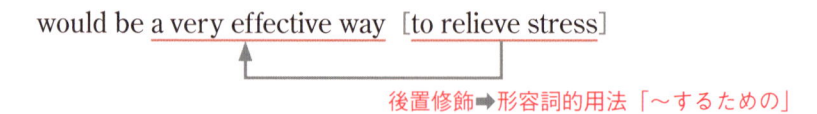

would be a very effective way [to relieve stress]

　　　　　　　　　後置修飾➡形容詞的用法「〜するための」

a very effective way「とても効果的な方法」に対して後ろから修飾しています。形容詞的用法は直前の名詞に対して「どんな名詞か？」という情報を追加する働きがあります。したがって，「〜するための」だけでなく「〜すべき；〜する」など臨機応変な訳し方で対処しましょう。もし，この to 不定詞を副詞的用法だとすると，would be にかかってしまい，正しい解釈ができません。

あとは，全体のS＋V構造，挿入句，to 不定詞による修飾語句などをしっかりと整理整頓し，正しい日本語としてアウトプットするだけです。

答　1日にさらに1時間を加えることは，とくにそれを仕事以外の何かをするために用いるのであれば，ストレスを発散するためのとても効果的な方法になるだろう。

　このように英文和訳問題では，構文を把握するために文法を使うという意識で取り組む必要があるのです。文法問題を解くための知識・技術として文法を学ぶだけでなく，精読するための道具として文法を学ぶという意識を高めていきましょう。

　　正しい和訳には，正しい構造把握と判断力が重要です。単語ごとの意味を適当につなげただけの「なんとなくの和訳」では，すぐに採点官にバレてしまいますよ。

STEP 2 基本例題

⏱ 10分

次の英文を読んで，下線部を日本語に訳しなさい。

In most European languages 'story' and 'history' are the same word. It would save much trouble if we had the same coincidence of words in English. Then perhaps we should not be ashamed to admit that history is at bottom simply a form of story-telling. Historians nowadays have higher aims. They analyse past societies, generalize about human nature, or seek to draw morals about political or economic behaviour that will provide lessons for the present. Some of them even claim to foretell the future. <u>These are admirable ambitions which have produced work of high quality. But there is no escaping the fact that the original task of the historian is to answer the child's question: 'What happened next?'</u>

（2008年度　青学・文〔2/13実施〕）

解答・解説

解説　下線部直前までの内容を文構造も含めてまとめていきましょう。まずは第❶〜❸文です。

❶ (In most European languages) 'story' and 'history' are the same word.
  　　　　　　　　　　　　　　　　　　　S　　　　　V　　　C
  　　　　　　　　　　　　　　　　　　　　　　　　　　　対比

❷ It would save much trouble
  [if we had the same coincidence of words in English].
  　　　　　　→ 前文内容 story = history ということ
  ↓帰結的内容

❸ **Then** perhaps we should not be ashamed to admit
  　　　　　　　S　　V
  「〜することを恥ずかしく思うべきでない」

[that history is（at bottom） simply a form of story-telling].
　　　　S'　　V'　　　　　　　　　　　　　　　C'

「物語＝歴史」というヨーロッパの言語に見られる一致が英語でも見られたら，という仮定的内容が中心になり，history is 〜 a form of story-telling「歴史は物語の一形式である」ということを英語でも認めたいという趣旨の内容が書かれています。

> 訳 「ヨーロッパのほとんどの言語では『物語』と『歴史』は同じ語である。もし同様の一致が英語でもあれば多くの手間が省けるだろう。そして，歴史は根本的には単に物語の一形式であるということを恥ずかしがらずに認められるはずだろう」

次は第❹〜❻文です。

❹ Historians nowadays have higher aims.　　具体説明
　　　S　　　　　　　　　V　　　　O
❺ They　❶ analyse past societies,
　　　　　❷ generalize about human nature,
　　　　　　　or
　　　　　❸ seek to draw morals about political or economic behaviour
　　　　　　　　[that will provide lessons for the present].
❻ Some of them even claim to ❹ foretell the future.
　　　　S　　　　　　　V　　　　　　　O
　　　　　　　　追加のマーク

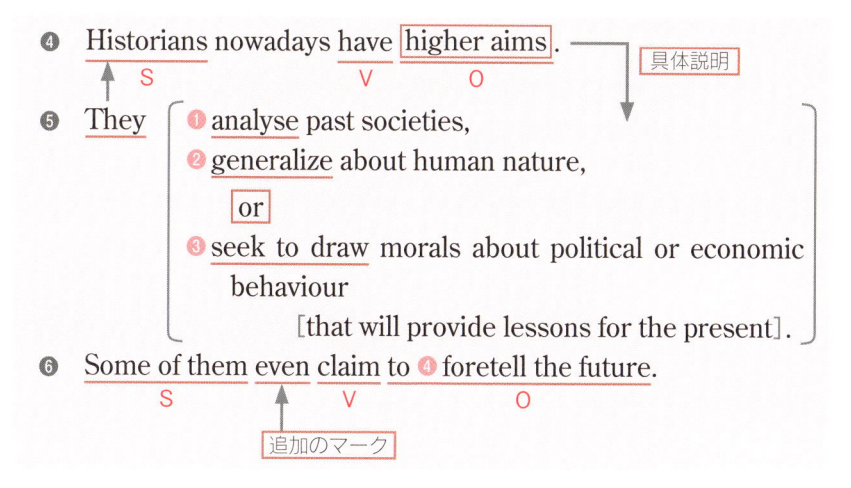

「物語＝歴史」という一致を求める以上に，今日の歴史家にはもっと高い目標があり，それが具体化されています。❶ **analyse** 〜, ❷ **generalize** 〜, ❸ **seek to draw** 〜と3つの動詞句が等位接続され，さらには次の文で追加のマークである **even**「〜でさえ」を用い，❹ **foretell** 〜も追加されています。

> 訳「今日の歴史家たちはもっと高い目標をもっている。彼らは過去の社会を分析したり，人間の本質を一般化したり，現代のためになるような政治的行動や経済的行動についての教訓を描き出そうとしている。なかには未来を予言すると

いう主張さえする者もいる」

そして，これらの内容を踏まえたうえで，下線部（第❼〜❽文）を解釈してみましょう。

❼ These are admirable ambitions
　 S　 V　　　　C
　　　　　　　[which have produced work of high quality].
　　　　　　　 関係詞　　 V'　　　　　　 O'

❽ But **there is no** escap**ing** ▶ there is no Ving〜「〜することはできない」
the fact [that the original task (of the historian) is
　　　　　　同格　　　　　　S'　　　　　　　　　　　　　V'
to answer the child's question: 'What happened next?']
　　　　　C'

主語 These は，第❺・❻文の❶ **analyse** 〜，❷ **generalize** 〜，❸ **seek to draw** 〜，❹ **foretell** 〜を指しています。とくに設問で指示されていないので，今回は these の内容を具体的に解答に入れる必要はないでしょう。ただし，具体的な指示内容を入れたほうが和訳として自然になる場合は極力入れていきましょう。

そして，今日の歴史家のこのような目標に対して，admirable ambition「りっぱな意欲」＋関係詞節「質の高い仕事を生み出してきた」と述べています。of high quality は直前の work を修飾しています。

続いて But 以下には，**there is no Ving**〜「〜**することはできない**」という構文が用いられ，「that 以下〜な事実から逃れることはできない」と解釈できます。この that は後ろに完全文が続くので「**同格**」の **that** です。that の識別については，lesson 4 の基本例題(6)の解説（→ p.89）を参照してください。

that 節中は，〈S ＋ *be* to ＋ V 〜〉という構造になっています。このような構造の場合，次の 2 つの可能性があります。

〈S + *be* to + V ～〉の識別

❶ 第2文型で S = C という関係の場合
 S = [**to** + V ～] ➡ 「S は～することだ」
 例 His dream **is to** study abroad.
 「彼の夢は海外留学することだ」

❷ 〈*be* + **to** 不定詞〉の場合
 〈S + ***be* to** + V〉
 - 「S は V する予定だ」
 - 「S は V するべきだ」
 - 「S は V することができる」
   ▶通常 は否定文で用いる。
 - 「S は V するつもりだ」
   ▶通常は if 節で用いる。
 - 「S は V する運命だ」
   ▶通常は過去形で用いる。

 例 The prime minister **is to** visit Europe this week.
 「首相は今週ヨーロッパに行く予定だ」
 If you **are to** succeed as a writer, you should read more.
 「もし作家として成功するつもりなら,もっと読書をすべきだ」

　ここでは,the original task of ～ = to answer the child's question という関係が成り立っているので,❶のケースに当てはまります。❷では,*be* to はある意味助動詞のような働きになっているので,*be* to を外しても〈S + V〉という関係で意味が成立します。しかし,❶の場合はそれが成立しません (the original task of ～ answer ...は×)。そのように考えれば,簡単に識別できます。

　最後は,「：」(コロン) によって,the child's question が具体説明されています。上手に日本語訳に組み込むには「～という子どもの質問」とするとよいでしょう。

答 このようなことは質の高い仕事を生み出してきた称賛に値する意欲である。しかし,歴史家の本来の仕事は「次に何が起こったの?」という子どもの質問に答えることである,という事実から逃れることはできない。

全文訳「ヨーロッパのほとんどの言語では『物語』と『歴史』は同じ語である。もし同様の一致が英語でもあれば多くの手間が省けるだろう。そして,歴史は根本的には単に物語の一形式であるということを恥ずかしがらずに認められるはずだろう。今日の歴史家たちはもっと高い目標をもっている。彼らは過去の社会を分析したり,人間の本質を一般化したり,現代のためになるような政治的行動や経済的行動についての教訓を描き出そうとしている。なかには未来を予言するという主張さえする者もいる。このようなことは質の高い仕事を生み出してきた称賛に値する意欲である。しかし,歴史家の本来の仕事は『次に何が起こったの?』という子どもの質問に答えることであるという事実から逃れることはできない」

　青山学院大の下線部和訳問題は読解文中に組み込まれていますが,「下線部だけを見て解答を作らない」のは前提中の前提です。何のためにそれ以外の文があるかと言えば,当然下線部への誘導であったりヒントであったりするからです。もちろん下線部以外の個所にあまり時間をかけるべきではありませんが,どのような内容・展開かは必ず把握したうえで下線部に取り組んでいきましょう。

国公立大学の問題に似ているので,それらを練習に使うのもいいでしょう。

STEP 3 実戦問題

　青山学院大の文学部・教育人間科学部では，大問として独立した長文中で英文和訳問題が出題されます。全体の分量のわりに下線部分は多くありませんが，下線部以外の内容も当然ヒントとなっています。ですから，下線部以外の文をまったく無視するのではなく，すばやく読み取って大意をつかむ必要があります。

　この学部を受験する人は，まず全体の分量の中でこの大問に割くことができる時間を設定し（ここでは一応25分としましたが，ほかの問題との兼ね合いで20分になる人もいれば30分になる人もいるでしょう），さらに下線部訳を書くのにかかる時間を練習段階からある程度把握し，残った時間が下線部訳以外の問題に費やせる時間だとあらかじめ計算しておいたほうがよいでしょう。

> **大問 II に費やす時間 − 下線部和訳にかかる時間（読み + 書き）**
> **＝ 下線部以外にかけられる時間**
> 　▶あらかじめ計算しておく。

　直接的に得点には結びつかない個所にあまり時間をかけたくないけれど，下線部訳のヒントになるのであればできるだけきちんと読んでおきたいという葛藤はあると思います。ですから，下線部訳以外に費やすことができるギリギリの時間をあらかじめ計算しておいて，その範囲内で読み取れるだけ読み取ろうというスタンスが最も合理的です。個人差はあると思いますが，おそらく10～15分くらいでしょう。

　下線部訳以外に費やせる時間というものをある程度意識したうえで取り組んでみてください。

　　▶文学部・教育人間科学部以外では，法学部と理工学部でも英文和訳問題が出題されますが，独立した大問ではなく長文読解問題中に組み込まれているので，このような計算は不要です。

lesson 9　英文和訳問題(1) 構文把握重視

次の英文を読んで，下線部(a), (b)を日本語に訳しなさい。

Behind the work of any creative artist there are three principal wishes: the wish to make something; the wish to preserve something, either in the external world of sense or the internal world of feeling; and the wish to communicate these perceptions to others. Those who have no interest in or talent for making something do not become artists; they dine out, they gossip at street corners, they hold forth in cafés. Those who have no interest in communication do not become artists either; they become outsiders or madmen.

(a) There is no biological or mathematical law which would lead us to suppose that the quantity of natural artistic talent is very different from generation to generation. The major genius may be a rare phenomenon, but no art is the creation solely of geniuses, rising in sudden isolation like mountains from a level plain; least of all literature, whose medium is language —— the medium of ordinary social intercourse.

If, then, we are to understand the changes that do in fact take place —— why in the history of poetry there should be periods with many great artists, and others with very few, why both the subject-matter and the manner should vary so widely, why poetry should sometimes be easy to understand, and sometimes very difficult —— we must look elsewhere than to the personalities of the individual poets themselves.

The wish to make something, always perhaps the great conscious concern of the artist himself, is a constant, independent of time. The things that do change are his medium, his attitude to the spoken and written word, the kind of things he is interested in or capable of perceiving, and the kind of audience with whom he wants to communicate. He wants to tell the truth, and he wants to entertain his friends, and what kind of truth he tells and what kind of friends he has depend partly on the state of society as a whole and partly on the kind of life which he, as an artist, leads.

(b)When the things in which the poet is interested are much the same as those of his audience, he will not be conscious of himself as an unusual person, and his language will be direct and close to ordinary speech. When, on the other hand, his interests and perceptions are not readily acceptable to society, or his audience is a highly specialized one, he will be strongly aware of himself as the poet, and his method of expression may be very different from the normal social language.

(2010年度　青学・文／教育人間科学〔2/13実施〕)

解答・解説

解説　まず第1段落から（第❶〜❸文）確認しましょう。

❶ (Behind the work of any creative artist) there are three principal wishes: 〔具体説明〕
- the wish to make something;
- the wish to preserve something, either in [the external world of sense or the internal world of feeling;] and
- the wish to communicate these perceptions to others.

〔対比〕

❷ Those [who have no interest in or talent for making something] do not become artists; [they dine out, they gossip at street corners, they hold forth in cafés.]

〔対比〕

❸ Those [who have no interest in communication] do not become artists either; they become outsiders or madmen.

独創的な芸術家の作品の背景にある3つの願望と，芸術家の資質がない人の特徴が対比的に述べられています。

> **訳**「あらゆる独創的な芸術家の作品の背景には，3つの大きな願望がある。何かを作りたいという願望，感覚的な外的世界であれ感情的な内的世界であれ何かをそのままにしておきたいという願望，そしてこのように認識したものを他人に伝えたいという願望である。何かを作ることに興味や才能がない人は，芸術家にはならない。彼らは外で食事をし，街角で噂話をし，喫茶店で長々とおしゃべりをする。他人に伝えることに興味がない人も芸術家にはならない。彼らは社会のアウトサイダーや狂気の人となる」

続いて第2段落（第❶〜❷文）。下線部が含まれているので，しっかり読み取りましょう。

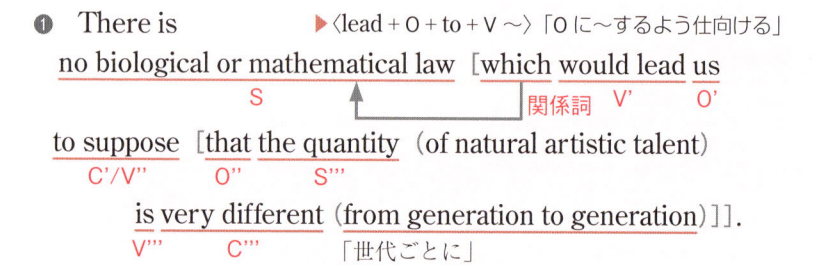

❶ There is ▶〈lead + O + to + V〜〉「Oに〜するよう仕向ける」
　no biological or mathematical law ［which would lead us
　　　　　　　　S　　　　　　　　　　　関係詞　　V'　O'
　to suppose ［that the quantity (of natural artistic talent)
　C'/V"　　　　　　 O"　　S'''
　　　is very different (from generation to generation)］］.
　　　V'''　C'''　　　　「世代ごとに」

❷ The major genius may be a rare phenomenon,
　but no art is ［the creation solely of geniuses,
　　　S　 V　　　C　　　　　　　　　　具体説明
　　　　　　　　rising in sudden isolation
　　対比　　　　　　　　(like mountains from a level plain);
　(least of all literature), ［whose medium is language］──
　　　　　　　　　　　　　　　　　　　　　　具体説明
　　　　the medium of ordinary social intercourse.

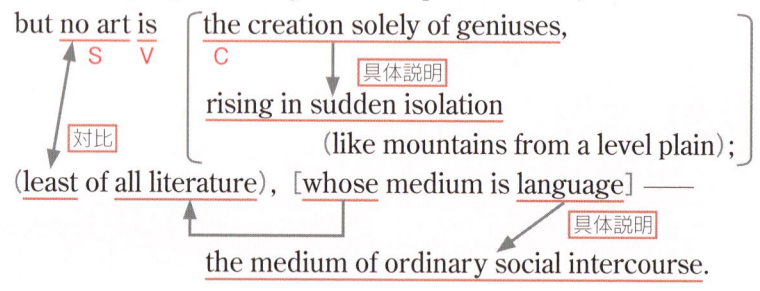

　There be 構文のSである no biological or mathematical law に対して，関係詞節が後置修飾しています。
　その中身の〈**lead** + O + **to** + V〉は「Oに〜**するよう仕向ける**」という意味ですが，そのSとOの意味関係をしっかりとらえたうえで和訳を作らな

いと，不自然な日本語になってしまいます。

> ⟨ S + **lead** + O + **to** + V ～ ⟩ ➡ 「S は O に～するよう仕向ける」
> 　　↓　　　　　↓
> 　原因・理由　　結果　　➡ 「S によって O は～してしまう」

つまり，「私たちに～を想定するよう仕向ける法則」だと不自然な日本語なので「(私たちが) ～だと想定するまでに至る根拠となる法則」と工夫するとよいでしょう。

また，natural artistic talent の **natural** は，「才能」を修飾しているので「自然の」よりも 生まれつきの と訳したほうがよいです。

関係詞節中に that 節があるので組み立て方が少し難しいと思いますが，**原因 [no ～ law] ➡ 結果 [that ～という想定]** という関係をしっかり把握できれば，きちんと日本語にできるはずです。

答 (a) 生まれつきの芸術的才能がどれだけあるのかが世代ごとに大きく異なると想定するまでに至る根拠となる生物学的・数学的法則はない。

訳「生まれつきの芸術的才能がどれだけあるのかが世代ごとに大きく異なると想定するまでに至る根拠となる生物学的・数学的法則はない。大天才はめったに現れないが，たとえば平らな土地からそびえたつ山のように，孤立状態から突然現れるといった，天才だけが作り出す芸術というものはない。とくにこれは，通常の社会的交流の媒体である言語を媒体とする文学全体においては最もその可能性は低い」

続いて第 3 段落です。とても長い 1 文で構成されています。

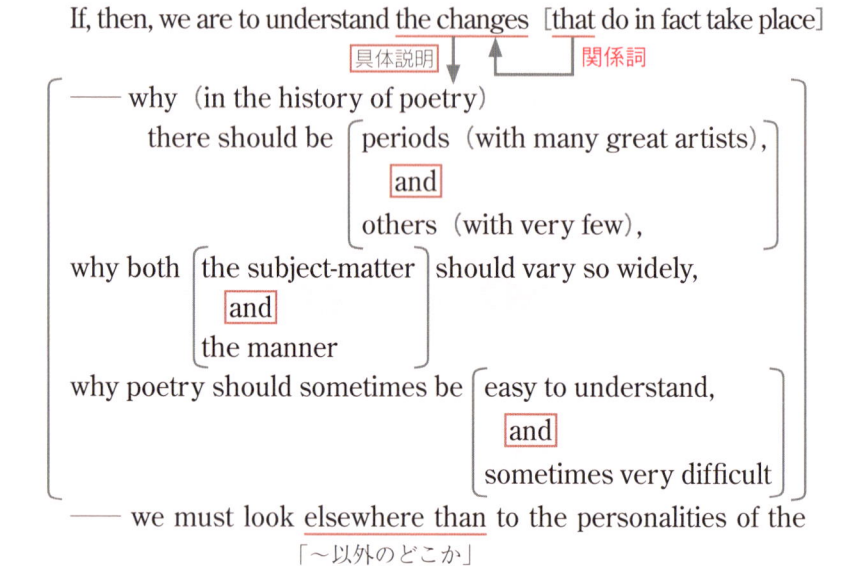

If, then, we are to understand the changes [that do in fact take place]
　　　　　　　　　　　　　　　　　　具体説明 ↓　↑　関係詞
― why (in the history of poetry)
　　　there should be [periods (with many great artists),
　　　　　　　　　　　　and
　　　　　　　　　　　　others (with very few),]
　why both [the subject-matter
　　　　　　　and
　　　　　　　the manner] should vary so widely,
　why poetry should sometimes be [easy to understand,
　　　　　　　　　　　　　　　　　and
　　　　　　　　　　　　　　　　　sometimes very difficult]
― we must look elsewhere than to the personalities of the
　　　　　　　　　　「～以外のどこか」
individual poets themselves.

　If 節中の **be to** は「～するつもり」と訳します。そして，the changes が 3 つの why 節で具体説明されています。それぞれの why 節中では，and を用いた等位構造が含まれています。等位構造のかたまりが多いので，この文は非常に長いのですが，きちんと整理してまとまりごとに処理していけば，内容を把握できるはずです。

> 訳 「したがって，実際に生じる変化，つまり，なぜ詩の歴史において偉大な芸術家がたくさんいる時代とほとんどいない時代があるのか，なぜ主題と技法がこれだけ幅広くあるのか，なぜ詩は理解しやすい場合と理解しがたい場合があるのか，ということを理解したいのならば，詩人それぞれの人格以外のどこかに目を向けなければいけない」

続いて第4段落（第❶〜❸文）です。

❶ The wish to make something, (always perhaps) the great conscious concern of the artist himself, is a constant, independent of time.

❷ The things [that do change] are
- his medium,
- his attitude to the spoken and written word,
- the kind of things [he is interested in or capable of perceiving], and
- the kind of audience [with whom he wants to communicate].

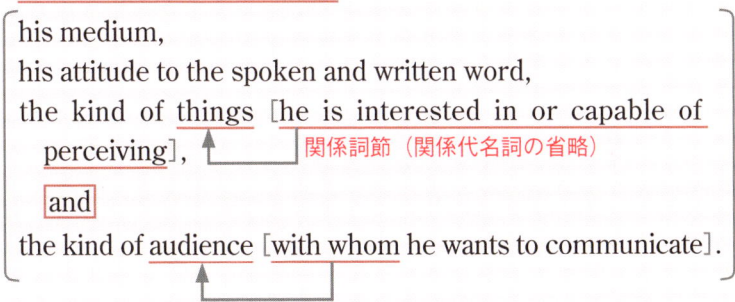

❸ He wants to tell the truth, and he wants to entertain his friends, and what kind of truth [he tells] and what kind of friends [he has] depend partly on the state of society as a whole and partly on the kind of life [which he, (as an artist), leads].

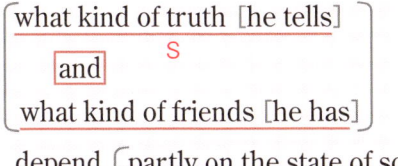

　第❶文では何かを作りたいという願望は時代によって変わることのない不変のものであるのに対して，第❷文では変化するものが**等位接続詞 and** によって4つ並列されています。また第❸文では芸術家が伝えたいものや芸術家の友人たち（＝まわりにいる人々）は社会や生活といった状況・環境次第だ，つまり，それによって変化するということを述べています。

　訳 「何かを作りたいという願望は，おそらくつねに芸術家自身が非常に意識して

lesson 9　英文和訳問題(1)　構文把握重視　205

いる関心事であり、時とは無関係な不変のものである。変化するのは、芸術家が使う媒体、話し言葉や書き言葉に対する考え方、興味をもったり感じ取ったりできるものの種類、どんな人々に伝えたいのか、である。芸術家は真実を語りたいし、友人を楽しませたいと思っているが、どんな真実を語り、どんな友人をもつかは、社会全体の状況や彼が芸術家としてどんな暮らしをしているか次第である」

最終段落（第❶〜❷文）です。ここには下線部が含まれています。

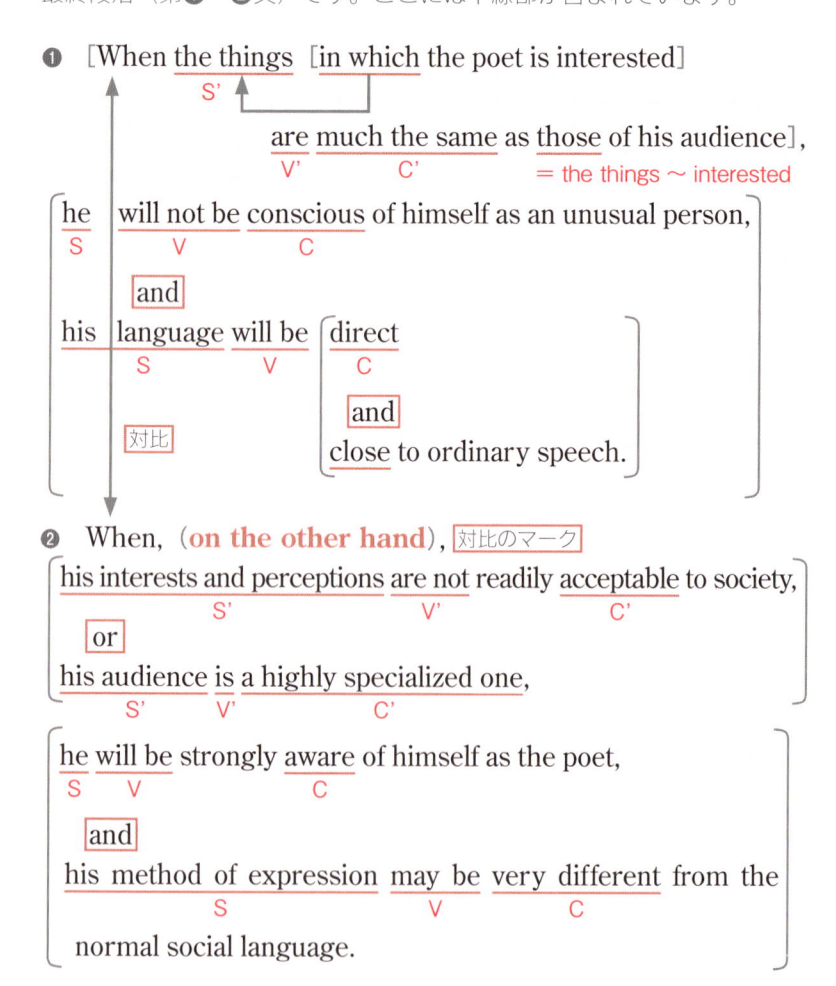

❶ [When the things [in which the poet is interested] are much the same as those of his audience], he will not be conscious of himself as an unusual person, and his language will be direct and close to ordinary speech.

　　　　　　　　　　　　　　　　　　　　　　　　　　＝ the things 〜 interested

❷ When, (on the other hand), 対比のマーク
his interests and perceptions are not readily acceptable to society, or his audience is a highly specialized one, he will be strongly aware of himself as the poet, and his method of expression may be very different from the normal social language.

第❶文の when 節中の主語 the things に関係詞節〈in which ＋ S ＋ V ～〉が後置修飾しています。もともとは the poet is interested in the things であったことを踏まえると，「詩人が興味のあるもの」と訳せます。
　また，much the same as の後ろに those of his audience とありますが，この語句を正しく訳すことがこの問題の大きなポイントの１つでしょう。

代名詞 that / those の用法

❶　**前出の名詞の繰り返しを避ける**
　例　The population of Tokyo is larger than **that** of Osaka.
　「東京の人口は大阪の人口よりも多い」
❷　**後ろから「前置詞＋名詞」や「分詞」によって修飾される**
　例　Our company's products are superior in quality to **those** imported.
　「私たちの会社の製品は輸入品よりも質が良い」

　このタイプの that / those を見かけると，条件反射的に〈the ＋ 名詞〉を前方に探す人がいますが，必ずしもそれがあるわけではありません。前出の名詞を〈the ＋ 名詞〉という形式で表す際に代用として，that / those が用いられるということなのです。
　この場合では次のように，前出の the things 自体を指しているのではなく，the things ～ interested を those としてまとめたものになります。

the things in which the poet is interested
　　↓ 対応
those of his audience
　　　→ the things in which his audience is interested ということ
　　　▶ここでは those は「興味のあるもの」という解釈。

　また，ここでの **his audience** は「彼の観客」ではなく，his ＝ the poet ということを踏まえたうえで，「(詩人に対する) 読者・読み手」とすべきでしょう。
　主節の文構造に関しては，２つある **and** がそれぞれ何と何をつないでいるのかをしっかり把握していれば問題はないでしょう。**his language** も his

= the poet ということを踏まえれば，「彼の言語」ではなく「**その詩人の言葉**」という訳し方がよいでしょう。

　もし，この下線部の内容がいまいち把握しきれない場合は，直後の **on the other hand** という**対比のマーク**に続く内容を参考にしてもよいでしょう。下線部単体で考えるのではなく，**幅広い視野で考える**ことも下線部和訳問題のコツです。

　また，次のように，対比関係に注目することで相互補完的に内容を読み取ることができます。

- he will not be conscious of himself as an unusual person（❶）

　　　　　　　↕ 対比　　「詩人は自分が変わった人間だとは思わず」

- he will be strongly aware of himself as the poet（❷）

　「彼は自分を詩人として強く意識し」

- his language will be direct and close to ordinary speech（❶）

　「その言葉は直接的で日常会話に近くなるだろう」　↕ 対比

- his method of expression may be very different from the normal social language（❷）

　「表現方法も通常の社会での言葉とは非常に異なることがある」

答　(b)　詩人が興味のあるものが読み手の興味とほぼ同じであれば，詩人は自分が変わった人間だとは思わず，その言葉は直接的で日常会話に近くなるだろう。

訳「詩人が興味のあるものが読み手の興味とほぼ同じであれば，詩人は自分が変わった人間だとは思わず，その言葉は直接的で日常会話に近くなるだろう。一方，詩人の興味や認識が社会に容易に受け入れられなかったり，読み手がかなり特殊だったりした場合は，彼は自分を詩人として強く意識し，表現方法も通常の社会での言葉とは非常に異なることがある」

全文訳「あらゆる独創的な芸術家の作品の背景には，3つの大きな願望がある。何かを作りたいという願望，感覚的な外的世界であれ感情的な内的世界であれ何かをそのままにしておきたいという願望，そしてこのように認識したものを他人に伝えたいという願望である。何かを作ることに興味や才能がない人は，芸術家にはならない。彼らは外で食事をし，街角で噂話をし，

喫茶店で長々とおしゃべりをする。他人に伝えることに興味がない人も芸術家にはならない。彼らは社会のアウトサイダーや狂気の人となる。

　(a)生まれつきの芸術的才能がどれだけあるのかが世代ごとに大きく異なると想定するまでに至る根拠となる生物学的・数学的法則はない。大天才はめったに現れないが、たとえば平らな土地からそびえたつ山のように、孤立状態から突然現れるといった、天才だけが作り出す芸術というものはない。とくにこれは、通常の社会的交流の媒体である言語を媒体とする文学全体においては最もその可能性は低い。

　したがって、実際に生じる変化、つまり、なぜ詩の歴史において偉大な芸術家がたくさんいる時代とほとんどいない時代があるのか、なぜ主題と技法がこれだけ幅広くあるのか、なぜ詩は理解しやすい場合と理解しがたい場合があるのか、ということを理解したいのならば、詩人それぞれの人格以外のどこかに目を向けなければいけない。

　何かを作りたいという願望は、おそらくつねに芸術家自身が非常に意識している関心事であり、時とは無関係な不変のものである。変化するのは、芸術家が使う媒体、話し言葉や書き言葉に対する考え方、興味をもったり感じ取ったりできるものの種類、どんな人々に伝えたいのか、である。芸術家は真実を語りたいし、友人を楽しませたいと思っているが、どんな真実を語り、どんな友人をもつかは、社会全体の状況や彼が芸術家としてどんな暮らしをしているか次第である。

　(b)詩人が興味のあるものが読み手の興味とほぼ同じであれば、詩人は自分が変わった人間だとは思わず、その言葉は直接的で日常会話に近くなるだろう。一方、詩人の興味や認識が社会に容易に受け入れられなかったり、読み手がかなり特殊だったりした場合は、彼は自分を詩人として強く意識し、表現方法も通常の社会での言葉とは非常に異なることがある」

　英文和訳問題は、語句・文法の知識をしっかりと活用して論理的に構造を分析することが前提となります。具体的には、❶SV構造、❷修飾関係、❸等位構造、❹代名詞、といった基本的なポイントを確実に把握することが重要です。

　これらを苦手とする人は、精読するための道具として文法をもう一度見直してください。見落としていたことがかならずあると思います。

lesson 10 英文和訳問題(2) 日本語変換重視

STEP 1 青山学院大ネラい撃ちポイント

　lesson 9では構文をとり，前後関係も利用しながら和訳を組み立てるというプロセスを解説しましたが，lesson10では次の段階として，「**自然な日本語としてアウトプットする**」ために押さえておきたいことを中心に解説します。せっかく構文がとれても，直訳のままで不自然な日本語では，当然，減点材料になってしまいます。

　まずは自然な日本語にする際の指針をざっと示しておきます。

正しい構文把握をする ➡ 自然な日本語として組み立てる

❶ 能動 ⇔ 受動を切り換えてみる

❷ 主語（無生物主語）を副詞として訳してみる

❸ 指示代名詞を具体的な名詞に置き換えてみる

❹ 1文を2文に分けて訳してみる

❺ 名詞句の中のSV関係に注目してみる

　これらのポイントを踏まえながら，構造をとった後の「自然な和訳のコツ」を解説していきます。

参考問題

　次の英文を日本語にしなさい。

　Sometimes we find it convenient to communicate by means of writing, and good writing can let us see things clearly from the writer's own perspective.

（2009年度　佐賀大・前期日程　経済／農／文化教育）

まずは前提として構文をとっていきます。

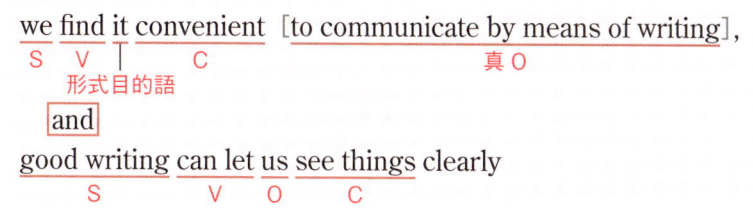

Sometimes
we find it convenient [to communicate by means of writing],
 S V | C   真O
    形式目的語
 and
good writing can let us see things clearly
    S   V   O   C
　　　　　　　　　(from the writer's own perspective).

前半は〈S＋V＋O＋C〉の文で，形式目的語 it が用いられています。この it は後続の to communicate ~（これを真目的語と言う）を指しています。「私たちは it が便利だとわかる」の it の位置に「書くことを手段としてコミュニケーションをとること」を代入すればよいので，とくに大きな問題はないでしょう。

一方，後半も〈S＋V＋O＋C〉の文ですが，直訳すると「良い文章は私たちに書き手独自の観点から物事をはっきりと見させることができる（△）」となり，これは不自然な日本語です。そこで，good writing を無生物主語として副詞化し，代わりに us を主語として訳してみることにします。

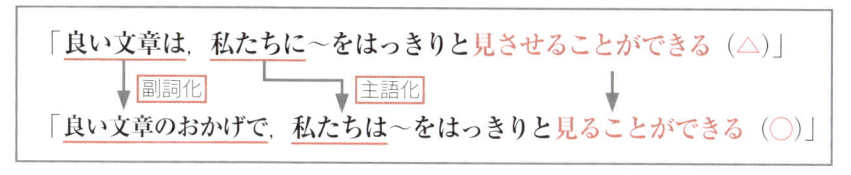

「**良い文章は，私たちに**～をはっきりと見させることができる（△）」
　　　　↓副詞化　　　↓主語化　　　　　　　　　↓
「**良い文章のおかげで，私たちは**～をはっきりと見ることができる（○）」

本来は人が行う動作にもかかわらず，**人以外がその主語になっているとき**，その主語のことを**無生物主語**と呼びます。ここでは，「人に～させる」という述部に対して主語が「良い文章」なので，これを無生物主語だと判断します。**基本的には，無生物主語は副詞化して訳し，その代わりに目的語の語句を主語化して訳すと，自然な日本語が生まれます。**

無生物主語を副詞として訳す際は，次のようなパターンがあります。

無生物主語の訳し方

❶ 「～なので」　　❷ 「～して」　　❸ 「～すると」
❹ 「～のおかげで」　❺ 「～のせいで」　❻ 「～によると」

今回は❹のパターンを利用しました。
　そして，前半と後半の文をむりやり1文にまとめるのではなく，and のところで一度区切り2文に分けて訳すと，すっきりした日本語になります。このような切り換えも重要なポイントです。

答　私たちは書くことを手段としてコミュニケーションをとることが便利だとわかることがある。そして良い文章のおかげで，私たちは書き手独自の観点から物事をはっきりと見ることができる。

直訳から自然な日本語への工夫は練習量が足りないとなかなか上達しないので，1つずつていねいにこなしていこう。

STEP 2 基本例題

⏱ 12分

次の英文を読んで，下線部を日本語にしなさい。

London is the peak, the centre, the nucleus of a great branch of western civilisation. It is the capital city of a country which has played a great part in the history of the world during the last few centuries. What exactly, as far as that can be put into words, was the impression this civilisation made on me?

Well, to be frank, on the whole I was not impressed. Let me say why, in as clear a way as I can. Perhaps the fault is in myself. If that is so, it does not alter the fact that I was not impressed.

There are some simple people who are impressed by the traffic. I was not impressed by the traffic. To me the traffic was simply a headache and nothing else, because if you have eight million people pressed into a small space and the majority of them rushing here and there and sending goods and food and other things of the kind up and down the place, then you cannot but expect a lot of traffic. If with all this activity there was little traffic, then that would be wonderful indeed. Or if a small country town had all this vast amount of traffic, then that would be still more wonderful. <u>But the fact that London, the great city, should have so much traffic is to me quite inevitable and, therefore, except to country people or those who come only to admire it, nothing to be wondered at.</u>

（2010年度　青学・文〔2/14実施〕）

解答・解説

解説　まずは第1段落をざっと確認しましょう。この手のタイプの問題では第1段落にトピックやテーマなどが提示されることが多いので，流れのス

タート地点を把握するという意味でも，しっかりつかんでおきましょう。

❶ London is {the peak, the centre, the nucleus} of a great branch of western civilisation.
　　S　V　　指示

❷ It is the capital city of a country
　 S V　　　C

　　[which has played a great part　▶ play a ～ part「～な役割を果たす」
　　　関係代名詞

　　(in the history of the world during the last few centuries)].

❸ What exactly, (as far as that can be put into words),
　　C

　was the impression [this civilisation made on me]?
　　V　　　S　　　　　　S'　　　　　V'
　　　　　　　　　関係詞節（関係代名詞の省略）

　第❶～❷文では，ロンドンという一都市について，the peak「先端」，the centre「中心」，the nucleus「核」という語句や has played a great part「重要な役割を果たしてきた」という表現で，プラスの評価をしているのがわかります。

　第❸文では，ロンドンが筆者にどのような感銘を与えたのかという問題提起をしています。this civilisation を，第❶文の western civilisation ではなく，この文章のトピック（話題の中心）である London だと解釈するのがポイントです。

> 問題提起 ← その返答内容
> 　　　　　テーマとしてその後の展開の中心となる。

　この後ろの文では，「筆者に対してロンドンがどんな印象を与えたか？」に対する返答内容が中心となって話が展開していきます。

　訳 「ロンドンは，西洋文明の偉大なる担い手の先端であり，中心であり，核である。ロンドンは，この数世紀の間に世界の歴史で重要な役割を果たしてきた国の首都である。言葉で表すことのできる限りにおいて，この文明に私が受けた

印象とはいったいどんなものだろうか？」

　続いて第2段落です。前段落の問題提起に対する返答を意識しながら読みましょう。

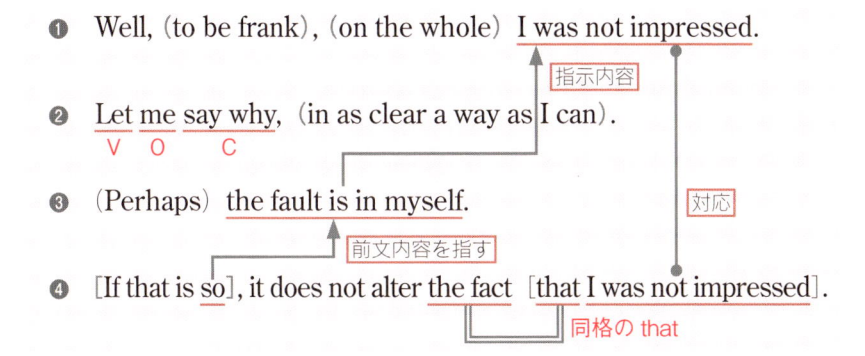

❶　Well, (to be frank), (on the whole) I was not impressed.
　　　　　　　　　　　　　　　　　　　　　　　　　　　指示内容

❷　Let me say why, (in as clear a way as I can).
　　　V　O　　C

❸　(Perhaps) the fault is in myself.　　　　　　　対応
　　　　　　　　　↑
　　　　　　　前文内容を指す

❹　[If that is so], it does not alter the fact [that I was not impressed].
　　　　　　　　　　　　　　　　　　　　　　　　　　同格の that

　第1段落での What ～ was the impression ～? という問題提起に対して，I was not impressed「印象を受けていない」と第❶文と第❹文で繰り返し述べています。
　したがって，第❷文にある Let me say why に注目し，「印象を受けていない理由」を次の段落で読み取ることを意識しましょう。

> **訳**「実は正直に言うと，全体として私は印象を受けてはいない。できるだけ明確にその理由を説明しよう。もしかしたら私のせいかもしれない。もしそうだとしても，私が印象を受けていないという事実は変わらない」

直訳ではわかりにくい日本語は，「良い加減」に意訳できるように工夫しよう。

さて，第3段落です。等位構造が複雑なので，and や or が何と何をつなげているのかをしっかり確認しながら読んでいきましょう。とりあえず，下線部の直前まで解説します。

❶ There are some simple people [who are impressed by the traffic].　対比

❷ I was not impressed by the traffic.　言い換え

❸ (To me) the traffic was simply **a headache** and noting else,　マイナス

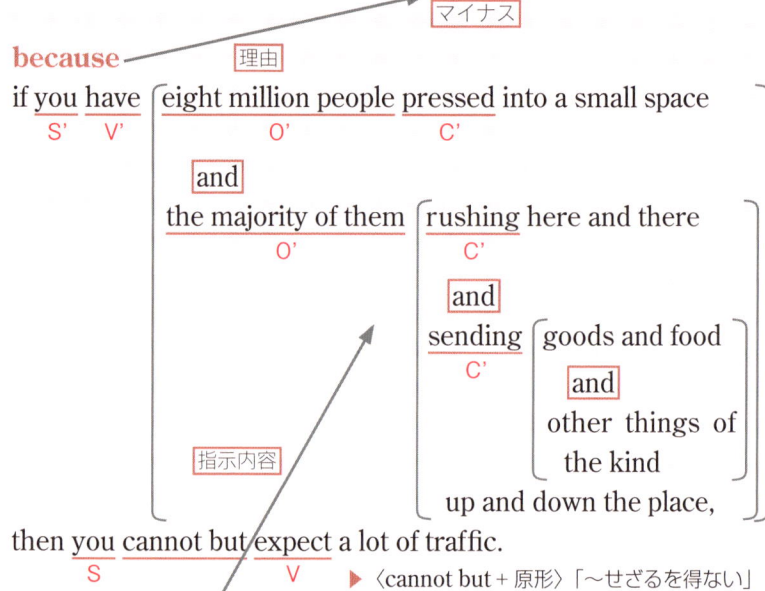

because　理由

if you have [eight million people pressed into a small space
　　　S'　　V'　　　　　O'　　　　　　　C'
　　　and
　　　the majority of them [rushing here and there
　　　　　　O'　　　　　　　C'
　　　　　　　　　　　　　and
　　　　　　　　　　　　　sending [goods and food
　　　　　　　　　　　　　　C'
　　　　　　　　　　　　　　　　　　and
　　　　　　　　　　　　　　　　　　other things of
　　　　　　　　　　　　　　　　　　the kind
　　　　　　　　　　　　　　up and down the place,
指示内容
then you cannot but expect a lot of traffic.
　　　S　　　　　　　　　V
　　　　　　　　　　　　　▶ 〈cannot but + 原形〉「〜せざるを得ない」

❹ [If (with all this activity) there was little traffic],
then that would be **wonderful** indeed.
　　　　　　　　　　　　対応

❺ Or [if a small country town had all this vast amount of traffic], then that would be still **more wonderful**.

第❶文と第❷文は対比の関係にあります。そして，第❷文と第❸文には言い換えの関係があります。but や in other words などのつなぎ言葉（＝ディ

スコース=マーカー）がなくてもこのような関係に気づけるようになると，英文を1文レベルではなく**まとまりとして読む**ことができるようになります。

この段落では，are impressed（プラス）⇔ was not impressed（マイナス）= a headache（マイナス）という語句レベルの価値判断で，このような関係を読み取りましょう。

第❸文は途中から，**because** によって前半の内容に対する理由説明をしています。しかも，if 節の中が3つの **and** によって等位構造されて複雑に絡み合っているので，構文をとるだけでも一苦労でしょう。

等位構造の把握のプロセスをここであえて再確認しましょう。

等位構造の処理＆判断法

> A and B ➡ A と B は同じ働きをする語句
> ❶ B の語句を確認する
> ❷ 同じ働きの語句（≒語形）を and の前方に探す
> ❸ A and B という関係が明確にわかるようカッコや印をつける

等位接続されているAとBは同じ働きをする語句ですが，Aから探そうと思ってもどこがそのスタート地点かがわかりません。したがってスタート地点のはっきりしている **B の語句から確認するのが基本中の基本**です。ここまでの長文読解の解説でも同様の方法で示してきましたが，等位接続されている語句を縦の関係で図示しました。そのようなイメージをもちながら等位構造を処理してください。

この段落では，1つ目の **and** の直後に the majority of them rushing ～という語句があるので，and の前方の eight million people pressed ～と結びつけます。これらは「**名詞＋分詞**」という共通の**構造**をもっていて，使役動詞 have の後ろに〈O＋C〉という関係で続いています。2つ目の **and** の直後には sending goods ～という語句あるので，and の前方の rushing here and there と結びつけます。これらには「**現在分詞**」という共通点があり，〈使役動詞 have ＋O＋C〉のCとして機能しています。3つ目の **and** の直後には other things of the kind という**複数形の名詞**があるので，and の前方の goods and food と結びつけます。

lesson 10　英文和訳問題(2)　日本語変換重視　217

「筆者が交通量に印象を受けない理由＝人が多いのだから交通量が多いのは当然」という話がわかればよいでしょう。

第❹～❺文では少し皮肉めいた話をしています。つまり，「人が多い・活動が盛ん ➡ 交通量が少ない」という図式や「田舎（つまり人が少ない状況）➡ 交通量が多い」という図式を想定し（実際に仮定法で表しています），もしもそのような必然的ではない状況があるのであれば，それは wonderful「すごい」ことである，と述べています。ここでの wonderful は筆者的には be impressed と同義です。

内容をまとめてみましょう。

● **現実の話**
　人が多い・活動が盛ん ➡ 交通量が多い
　　　── 当然のこと：筆者としては印象的ではない
● **仮定の話**
　[人が多い・活動が盛ん ➡ 交通量が少ない
　[人が少ない ➡ 交通量が多い
　　　── 当然のことではない：筆者としては印象的である

訳「なかには交通量に印象を受ける単純な人がいる。私は交通量には印象を受けない。私にとって，交通量は単なる頭痛の種であり，それ以外の何ものでもない。なぜならば，800万の人が小さな空間に押し込められ，その大多数がそこかしこをせわしなく行き来し，商品や食べ物などをその中であちこちにもっていったりすれば，交通量の多さは予期せざるを得ない（＝交通量が多くなるのは当然だ）からだ。このような活動にもかかわらず交通量が少ないのであれば，それは実にすごいことだろう。あるいは，小さな田舎町でこれだけの交通量があるのであれば，それはもっとすごいことだろう」

第❻文の But で始まる下線部では，以上のような話の流れに対して，**逆接・対比**の内容が書かれています。前の文の内容との**逆接・対比**ということを意識すると，文構造をとるだけでなく，話の展開を理解する手助けにもなります。

では，下線部の解説に行きましょう。

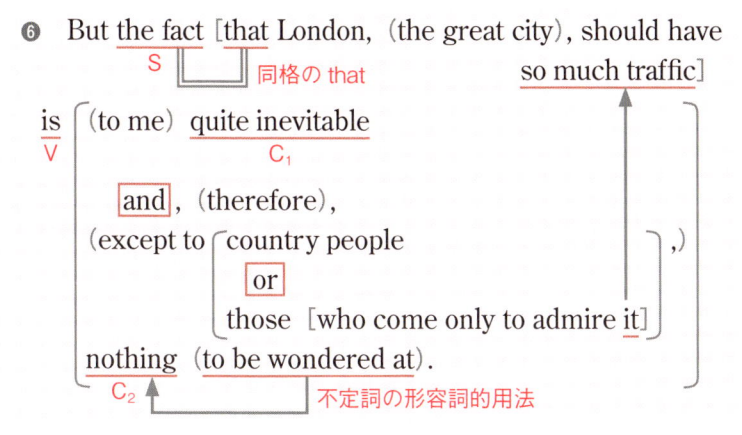

❻ But the fact [that London, (the great city), should have so much traffic] is {(to me) quite inevitable and, (therefore), (except to country people or those [who come only to admire it]) nothing (to be wondered at)}.

S = the fact / V = is / 同格の that / C₁ = quite inevitable / C₂ = nothing / 不定詞の形容詞的用法

the fact に対する that は同格の that です。同格の that は接続詞なので，直後にある London で途切れることはありません。London の直後のカンマも同格で，London と the great city をイコール関係で結びつけます。「大都市ロンドン」くらいの訳し方でよいでしょう（または，分詞構文の being が省略されたと考え「ロンドンは大都市なので」という訳し方でも OK です）。同格の that 節は so much traffic までで，〈the fact that + S + V + ～〉のかたまりが全体の主語になっています。「大都市ロンドンにはこれだけの交通量があるという事実」は，前文の仮定の話と対比の関係にあります。

　動詞 is の後ろの等位構造も複雑です。補語である quite inevitable の後ろに and があります。その直後の therefore は副詞なのでスキップし，その先の except to country people ～と同じ語形を and の前方に探すと to me まで戻らなくてはいけません（or の直後の those who ～は country people と結びつけます）。とりあえず，to admire it の先を見ると，nothing to be wondered at という名詞句があり，すごく浮いている印象を受けますが，この語句こそが補語である quite inevitable と等位接続されているのです。

　つまり，動詞 is の後ろには〈(to + 人) + 補語❶〉と〈(except to + 人 + or + 人) + 補語❷〉という等位構造が成立しているのです。これに気づくのはなかなか難しいのですが，「**等位構造は and や or の直後から確認する**」という基本さえしっかりマスターしていれば十分対応できます。

　2つ目の補語である nothing to be wondered at の解釈の仕方についてですが，まず，**to be wondered at が形容詞的用法の不定詞**であり nothing

を後置修飾していることを把握しましょう。形容詞的用法の不定詞とそれによって修飾されている名詞には，次のような関係があります。

不定詞の形容詞的用法の解釈ポイント

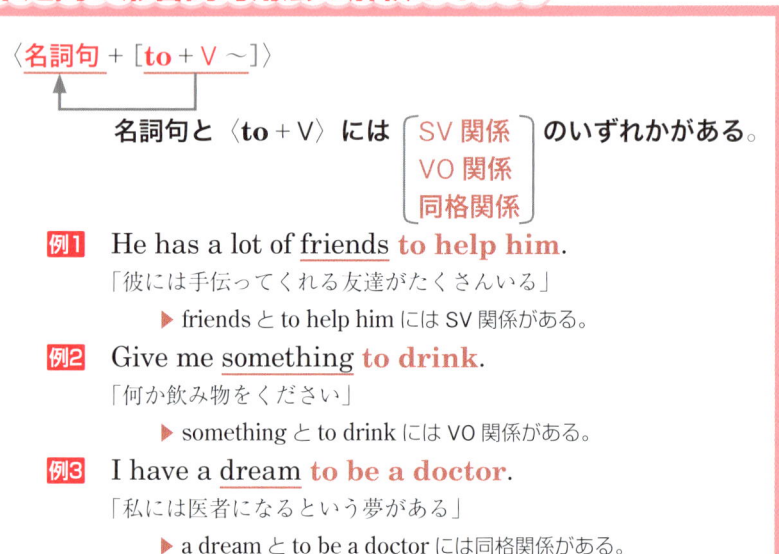

〈名詞句〉＋ [to＋V 〜]

名詞句と〈to＋V〉には [SV 関係／VO 関係／同格関係] のいずれかがある。

例1 He has a lot of friends **to help him**.
「彼には手伝ってくれる友達がたくさんいる」
▶ friends と to help him には SV 関係がある。

例2 Give me something **to drink**.
「何か飲み物をください」
▶ something と to drink には VO 関係がある。

例3 I have a dream **to be a doctor**.
「私には医者になるという夢がある」
▶ a dream と to be a doctor には同格関係がある。

本問の nothing と to be wondered at には次のような関係があります。

- nothing is wondered at ［受動態］「何も驚かれるべきものはない」
  S   V
- もとの能動態　wonder at nothing「驚くものは何もない」
  　　　　　　　V　　　 O

この関係を意識して訳すことがポイントです。
　また，and による等位構造が複雑で和訳を組み立てるのが難しく感じる場合は，and, therefore の前後で 2 つの文に分断してもよいでしょう。

答　しかし，大都市ロンドンにはこれだけの交通量があるという事実は，私にとってはまったく当然のことだ。したがって，その事実は田舎の人やそのことを称賛するためだけに来た人以外にとっては，驚くに値しないのだ。

全文訳「ロンドンは,西洋文明の偉大なる担い手の先端であり,中心であり,核である。ロンドンは,この数世紀の間に世界の歴史で重要な役割を果たしてきた国の首都である。言葉で表すことのできる限りにおいて,この文明に私が受けた印象とはいったいどんなものだろうか?

　実は正直に言うと,全体として私は印象を受けてはいない。できるだけ明確にその理由を説明しよう。もしかしたら私のせいかもしれない。もしそうだとしても,私が印象を受けていないという事実は変わらない。

　なかには交通量に印象を受ける単純な人がいる。私は交通量には印象を受けない。私にとって,交通量は単なる頭痛の種であり,それ以外の何ものでもない。なぜならば,800万の人が小さな空間に押し込められ,その大多数がそこかしこをせわしなく行き来し,商品や食べ物などをその中であちこちにもっていったりすれば,交通量の多さは予期せざるを得ない(= 交通量が多くなるのは当然だ)からだ。このような活動にもかかわらず交通量が少ないのであれば,それは実にすごいことだろう。あるいは,小さな田舎町でこれだけの交通量があるのであれば,それはもっとすごいことだろう。しかし,大都市ロンドンにはこれだけの交通量があるという事実は,私にとってはまったく当然のことだ。したがって,その事実は田舎の人やそのことを称賛するためだけに来た人以外にとっては,驚くに値しないのだ」

STEP 3 実戦問題

⏱18分

次の英文を読んで，下線部(a), (b)を日本語にしなさい。

As our culture races to embrace technology, it may seem strange to seek new medicines from the world around us. (a)Yet the history of Western civilization can be written in terms of its reliance on and utilization of natural products. Western medicine still depends on plants and animals —— our hospitals, pharmacies, and medicine chests are filled with drugs derived from nature.

While advances in chemistry in the 1930s reduced our reliance on the natural world as our sole source of medicines, an electrifying renaissance is well under way as we search the far corners of the planet for healing compounds. Within the course of the past decade, this quest has gone from being a minor exercise to a mainstream concern. (b)Mother Nature has been devising extraordinary chemicals for more than 3.5 billion years, and new technologies increasingly facilitate our ability to discover, study, and use these compounds as never before. The best evidence: during the last five years, most major drug companies have launched new programs to find, isolate, analyze, and develop these medicines. New technologies increase rather than diminish nature's value as a source of healing compounds.

〜後略〜

（2007年度　青学・文〔2/13実施〕）

解答・解説

解説 第1段落からいきなり下線部があるのでしっかり読んでいきましょう。

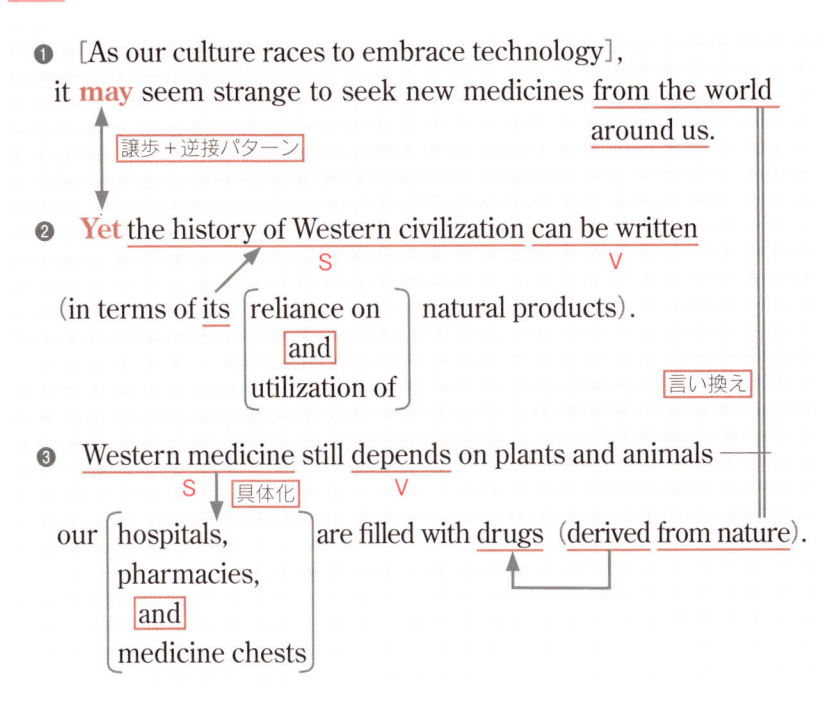

❶ [As our culture races to embrace technology],
it **may** seem strange to seek new medicines from the world around us.

譲歩＋逆接パターン

❷ **Yet** the history of Western civilization can be written (in terms of its reliance on and utilization of natural products).

言い換え

❸ Western medicine still depends on plants and animals —
具体化
our hospitals, pharmacies, and medicine chests are filled with drugs (derived from nature).

　第❶文の it may seem strange ～が**譲歩**の役割をし，その後，下線部の**逆接**の Yet（= But）でひっくり返されています。つまり，「～なのは**奇妙なことに思えるかもしれない**」という譲歩に対して，下線部では「～なのは**当然だ**」という内容が続くと予測できます。

　第❷文（下線部）の動詞 can be written は「書かれる」よりも「表される」くらいの訳し方のほうがよいでしょう。**in terms of** ～は熟語で「～**という点から**」という意味です。

　次の its reliance on and utilization of natural products の分析と解釈が，この下線部の和訳の最大のポイントです。

　lesson 6の実戦問題で，次のような解説をしました。

lesson 10　英文和訳問題(2) 日本語変換重視　223

「動詞➡名詞」の品詞変形において

> ● 動詞や形容詞は，名詞になっても，同様の語法的特徴が引き継がれる！

この性質に気づくことで，次のような解釈ができます。

> ● its reliance on ～　➡ it relies on ～　「それは～に頼る」
> ● its utilization of ～　➡ it utilizes ～　「それは～を利用する」
> 　　▶ its = Western civilization

　名詞句の中に隠れているSV関係を見抜くことがスムーズな和訳を組み立てるための突破口になります。このようにSV関係が名詞句の中に組み込まれたものを**名詞構文**といいます。このパターンに気づくには，繰り返しになりますが，「動詞や形容詞は，名詞になっても同様の語法的特徴が引き継がれる！」という性質を，「知っているレベル」から「使えるレベル」まで引き上げる必要があります。

　実際に訳す際もこのSV関係を意識すると，かたい不自然な表現から読みやすい自然な表現に変わります。

> ● **直訳**「西洋文明の自然の産物への依存と利用」
> ● **意訳**「西洋文明が自然の産物に依存し，それを利用している」

　第❸文に関しては，構文上，とくに難解なところはありませんが，「——」（ダッシュ）によって前半の内容が後半の内容に具体説明されていることに注意してください。

　Western medicine は，hospitals「病院」，pharmacies「薬局」，and medicine chests「薬箱」というように具体化されているので，「西洋の薬」ではなく「西洋医学」という訳が適切でしょう。また，depends on と are filled with が，plants and animals と nature が，それぞれ意味的に対応しています。

答　(a)　しかし，西洋文明の歴史は，西洋文明が自然の産物に依存し，利用してきたという点から書き表すことができる。西洋医学は今でも植物

や動物に依存しており，現代の病院や薬局や薬箱は自然に由来する薬であふれている。

訳 「私たちの文化が急速に科学技術を取り入れているので，新しい薬を私たちのまわりの世界（＝自然界のこと）に探し求めるのは奇妙なことに思えるかもしれない。しかし，西洋文明の歴史は，西洋文明が自然の産物に依存し，利用してきたという点から書き表すことができる。西洋医学は今でも植物や動物に依存しており，現代の病院や薬局や薬箱は自然に由来する薬であふれている」

続いて第2段落です。下線部の直前までの内容を確認しましょう。

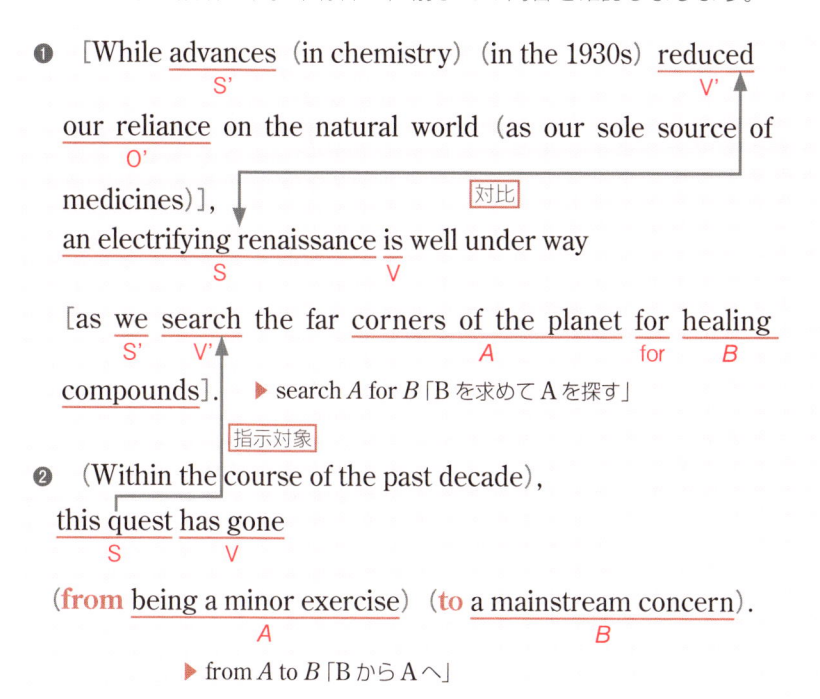

❶ [While advances (in chemistry) (in the 1930s) reduced
　　　　　S'　　　　　　　　　　　　　　　　　　　　　V'
our reliance on the natural world (as our sole source of
　　O'
medicines)],　　　　　　　　　　　　　　　対比
an electrifying renaissance is well under way
　　　　S　　　　　　　　　　V
[as we search the far corners of the planet for healing
　　S'　V'　　　　　　A　　　　　　　　　for　　B
compounds].　　▶ search A for B「Bを求めてAを探す」
　　　　　　　　　　　　　　指示対象
❷ (Within the course of the past decade),
this quest has gone
　　S　　　V
(from being a minor exercise) (to a mainstream concern).
　　　　　　A　　　　　　　　　　　　　B
　　　　　　▶ from A to B「BからAへ」

第❶文の while 節の中にも，our reliance on the natural world という名詞構文が含まれています。また，reduced と an electrifying renaissance「目が覚めるような復興」が対比の関係になっています。つまり，「薬を自然界に依存する」ということに関して「1930年代では**減った**が現在はまた**復活している**」という対比です。そのことを第❷文では a minor exercise「小規模な活動」➡ a mainstream concern「主要な関心事」と置き換えています。

lesson 10　英文和訳問題(2)　日本語変換重視　225

マイナス ➡ プラスという流れを押さえられれば OK です。

> **訳**「1930年代に化学が進歩したおかげで，薬品の唯一の源として自然界に依存することは減ったが，私たちが治療効果のある化合物を求めて地球上のすみずみまで探しているように，目が覚めるような復興が進行中だ。過去10年の間に，こうした探求は小規模な活動から主要な関心事になってきた」

次に下線部（第❸文）の処理をしましょう。

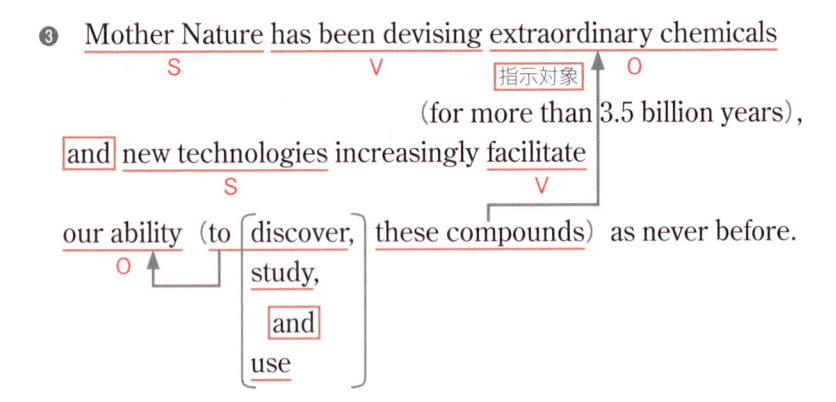

❸ Mother Nature has been devising extraordinary chemicals
      S   V   [指示対象] O

(for more than 3.5 billion years),

and new technologies increasingly facilitate
         S   V

our ability (to [discover, study, and use] these compounds) as never before.
     O

前半は，とくに大きな問題はないでしょう。**devise** は辞書的には「〜を考え出す；工夫する；発明する」ですが，ここまでの「自然界に薬を依存すること」というテーマに照らし合わせて考えれば，「〜**を生み出す**」と訳すのがよいでしょう。

and 以降の後半ですが，目的語 our ability to discover, study, and use these compounds が名詞構文になっています。

---

our ability to discover 〜 these compounds
    ▶ ability は able の名詞形。
➡ we are able to discover 〜 these compounds
（私たちはこれらの化合物を発見し〜することができる）

このように置き換えることで，訳が自然になるだけでなく意味関係がはっきりします。

また，new technologies increasingly facilitate という SV も「新しい技術

は〜をますます容易にする」ではなく，new technologies を**無生物主語**として次のように考えます。

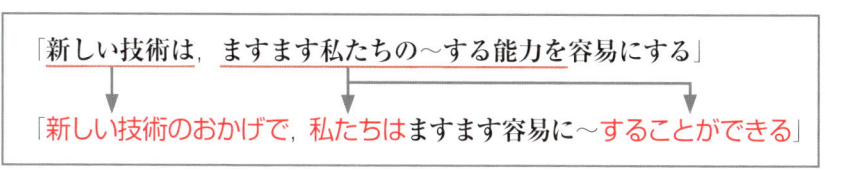

> 「新しい技術は，ますます私たちの〜する能力を容易にする」
> ↓　　　　↓　　　　　　　　　　　↓
> 「新しい技術のおかげで，私たちはますます容易に〜することができる」

この lesson の冒頭で説明した，無生物主語の訳し方をここで思い出してください。

「〜なので」という 理由 を表す表現に対して， プラス の意味を追加するのであれば「〜のおかげで」， マイナス の意味を追加するのであれば「〜**のせいで**」となります。また，「〜して」「〜すると」などの 時・条件 や「〜によると」といった 参照 の訳し方のバリエーションを臨機応変に使い分けてください。

答 (b) 母なる自然は，35億年以上の間驚くべき化学物質をずっと生み出してきた。そしてその新技術のおかげで，私たちはかつてないほど，ますますこれらの化合物を容易に発見し，研究し，利用できるようになっている。

では最後に，下線部以降の英文を見てみましょう。

これまでの内容がいまいち読み取れず，下線部の和訳がうまくいかない場合は，The best evidence という表現に注目し，下線部に対する「証拠」の内容を参考にしてもよいでしょう。

下線部の段階で十分に読み取れていれば，さっと軽く目を通し確認する程度でかまいません。

❹ The best evidence:
 (during the last five years),
 <u>most major drug companies</u> <u>have launched</u> <u>new programs</u>
      S   V   O
         to [find, isolate,
             analyze, and develop] these medicines.

lesson 10　英文和訳問題(2) 日本語変換重視　227

❺ New technologies [increase (A) / rather than / diminish (B)] nature's value as ~ .
　　S　　　　　　　　　　V　　　　　　　　　　　　　　　O

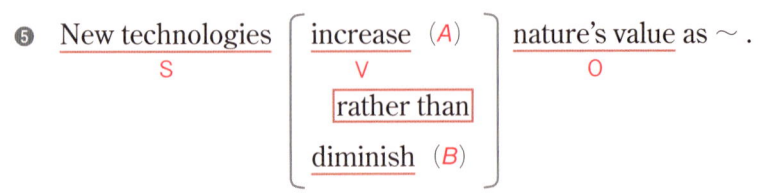

▶ A rather than B「B というよりもむしろ A」[A > B]

第❸文の new technologies を most major drug companies と置き換え，to discover, study, and use these compounds を to find, isolate, analyze, and develop these medicines と言い換えています。また，A **rather than** B で increase と diminish を対比しています。

訳 「その最たる証拠は次のようなことである。過去5年間に，主要な製薬会社のほとんどはこうした薬を見つけ出し，取り出し，分析し，開発する新しい計画を立ち上げている。新しい技術は，治療用の化合物の源としての自然の価値を下げるどころか高めているのである」

全文訳 「私たちの文化が急速に科学技術を取り入れているので，新しい薬を私たちのまわりの世界（＝自然界のこと）に探し求めるのは奇妙なことに思えるかもしれない。(a)しかし，西洋文明の歴史は，西洋文明が自然の産物に依存し，利用してきたという点から書き表すことができる。西洋医学は今でも植物や動物に依存しており，現代の病院や薬局や薬箱は自然に由来する薬であふれている。

　1930年代に化学が進歩したおかげで，薬品の唯一の源として自然界に依存することは減ったが，私たちが治療効果のある化合物を求めて地球上のすみずみまで探しているように，目が覚めるような復興が進行中だ。過去10年の間に，こうした探求は小規模な活動から主要な関心事になってきた。(b)母なる自然は，35億年以上の間驚くべき化学物質をずっと生み出してきた。そしてその新技術のおかげで，私たちはかつてないほど，ますますこれらの化合物を容易に発見し，研究し，利用できるようになっている。その最たる証拠は次のようなことである。過去5年間に，主要な製薬会社のほとんどはこうした薬を見つけ出し，取り出し，分析し，開発する新しい計画を立ち上げている。新しい技術は，治療用の化合物の源としての自然の価値を下げるどころか高めているのである」

和訳を「書く」という練習をふだんから積んでいないと，本番でうまくまとめるのはなかなか難しいでしょう。「だいたいこんな感じかな？」という解釈の仕方を頭の中で繰り返すだけでは記述式の問題には対応できないので，「なんとなくの解釈」に満足せずに**「明らかな日本語訳」**にする練習を繰り返しましょう。

　実際に書いてみることで自分の解釈の甘さが浮きぼりになることが多く，弱点克服のきっかけにもなります。

　また，新規の和訳問題を解くだけではなく，一度解き終えた長文読解を復習時に和訳するのも良い練習になります。

かなり難問ですが，文学部・教育人間科学部を受験する人はこのレベルまでがんばりましょう。

lesson 11

要約問題
～抽出する技術とまとめる技術～

STEP 1 青山学院大ネライ撃ちポイント

　和訳問題と要約問題の決定的な違いは，前者が，与えられた英文の語句・構造を把握したうえでその内容を過不足なく日本語として表現するのに対し，後者は，与えられた英文の語句・構造を把握するだけでなくそのエッセンスを限られた字数の中で的確に述べる，という点です。

　そのエッセンスのつかみ方とかみくだき方が最大のポイントになりますが，具体的には何をエッセンスとして読み取ればよいのでしょうか？

要約問題でまとめるべき要素（エッセンス）

- 必須なもの
  ❶ 話題（Topic）/ 主題（Theme）
  ❷ 主張（Affirmation）
  ❸ 理由（Reason）
- オプショナルなもの
  ❹ 具体説明（Example）
  ❺ 譲歩（Compromise）

▶字数制限次第では，❸理由はカットしても OK。

　設問で求められている該当箇所の英文をすべて書くのは当然無理です。したがって，まずどんな情報をまとめるべきかという優先順位をしっかり把握しましょう。

> **参考問題**

> 次の英文を20字前後と50字前後の日本語でまとめなさい。
>
> Although the Japanese themselves do not quite feel that they live in a rich country, Japan is looked upon as one of the wealthiest countries in the world today. For example, houses in Japan are still very expensive and the living space is relatively small. On the other hand, the average Japanese eats well and wears better clothes than most people of the world.
>
> （2006年度　青学・国際政治経済　改題）

　前半を A ブロック，後半を B ブロックとして，各文の情報・要素をまとめると，次のようになります。

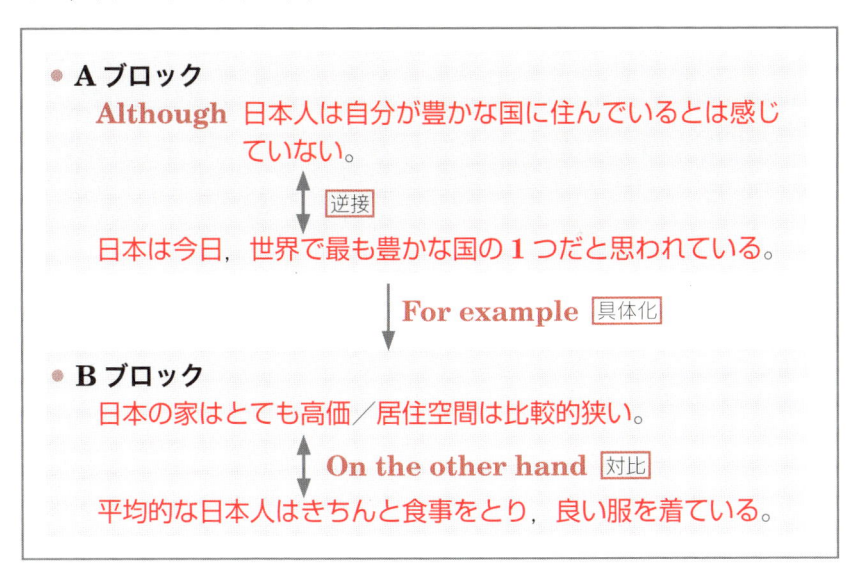

> ● **A ブロック**
> **Although** 日本人は自分が豊かな国に住んでいるとは感じていない。
>   ↕ 逆接
> 日本は今日，世界で最も豊かな国の **1** つだと思われている。
>   ↓ **For example** 具体化
> ● **B ブロック**
> 日本の家はとても高価／居住空間は比較的狭い。
>   ↕ **On the other hand** 対比
> 平均的な日本人はきちんと食事をとり，良い服を着ている。

　「A ➡ B」の流れで具体化しているのと，A の中で「譲歩↔主題」という流れになっているので，もし，最も端的に要約するのであれば，次のようになります。

lesson 11　要約問題

> 日本は今日世界で最も豊かな国の1つである。　　　　　　　（21字）

　Aブロックの〈Although + S + V ～〉は**譲歩**にあたり，Bブロックはそれ自体が**具体説明**なので，どちらもオプショナルなものです。したがって，これらは文字数に応じて足していきます。
　たとえば，次のように組み立てます。

> - 日本人は自分たちが豊かな国に住んでいるとは思っていないが，実際には日本は今日世界で最も豊かな国の1つである。
>   　　　　　　　　　　　　　　　　　　「譲歩＋意見」（54字）
> - 日本人はきちんと食事をとり，良い服を着ているなど，日本は今日世界で最も豊かな国の1つだと言える。　「具体＋意見」（48字）

　何でも組み込もうとするのではなく，中心となる情報・要素をしっかりと把握し，そこに肉づけするという意識で「理由」「具体説明」「譲歩」などを付け足します。あとは与えられた字数に調整するのですが，ある程度書き慣れていないと，50字，100字，150字といった感覚がつかみづらいものです。そういう人は，原稿用紙などマス目のある用紙に書いて練習するとよいでしょう。

　必要な情報を足し算していくという感覚ではなく，不必要な情報を引き算していくという感覚が重要です。

STEP 2 基本例題

⏱ 15分

次の英文は，脳とインターネットのしくみに見られる類似性について論じたものです。両者のどのような点が類似しているのかを，句読点を含めて130字以内の日本語でまとめなさい。

"Your brain functions a lot like the Internet," scientists said in a recent report. The researchers studied the activity in peoples' brains and how different regions connect. They concluded that the human brain can be visualized as a complex interacting network that relies on nodes* to efficiently convey information from place to place.

The study found that very few jumps are necessary to connect any two nodes. The scientists measured the degree of correlation between activities in tens of thousands of brain regions. They found that many of the nodes had only a few connections, and that a small number of nodes were connected to many others. These "super-connected" nodes act as information centers, as with the Internet, getting the word out quickly and widely.

So maybe, the thinking goes, if you can figure out how the Internet works, then you can grasp your own mind.

*node = a connecting point at which several lines come together

（2010年度　青学・国際政治経済）

解答・解説

解説　まずは第1段落から，情報の流れを確認しましょう。

❶ "Your brain functions a lot like the Internet," 〔テーマ〕
　　　　　　　scientists said in a recent report.

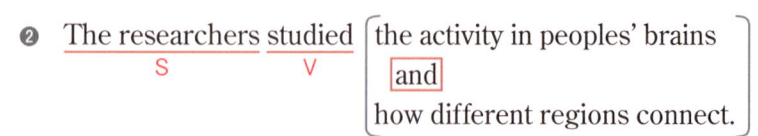

❷ The researchers studied [the activity in peoples' brains
    　　　　S　　　　 V 　　and
                            how different regions connect.]

❸ They concluded that the human brain can be visualized as
                                                          ‖ イコール関係
   a complex interacting network [that relies on nodes to

   efficiently convey information from place to place].

　第❶文で「脳は大部分においてかなりインターネットのように機能する」と**テーマ**が提示されています。そして，第❸文においては，**イコール関係**を表す前置詞 **as**「**〜として**」によって，「脳＝複雑に相互作用しているネットワーク」という，第❶文と同じ内容が述べられています。
　これによって，この段落からは，次のようなエッセンスが読み取れます。

> 脳はインターネットのように複雑に相互作用しているネットワークである。　　　　　　　　　　　　　　　　　　　　　　　　　　(34字)

　訳「『脳は大部分においてかなりインターネットのように機能する』と最近の報告で科学者たちは述べた。研究者たちは，人々の脳の活動や，それぞれの領域がどのように接続しているかを研究した。人間の脳は，あちこちに情報を効率的に伝えるために節点に依存している複雑に相互作用しているネットワークとして視覚化できると彼らは結論づけた」

続いて第 2 段落です。

❶ The study found that　研究結果❶
   　　S　　　　V
   very few jumps are necessary to connect any two nodes.
   　　S'　　　V'　　C'

❷ The scientists measured the degree of correlation
   　　　S　　　　　V　　　　　O
   (between activities in tens of thousands of brain regions).

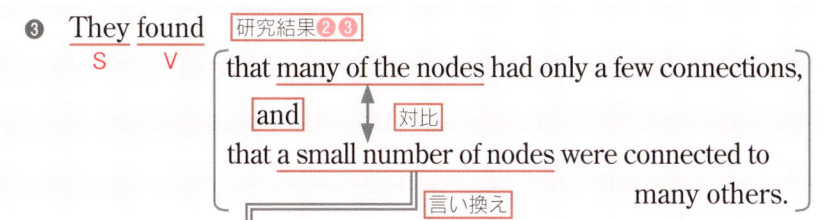

❸ They found [研究結果❷❸] that many of the nodes had only a few connections,
 S V
and [対比]
that a small number of nodes were connected to many others.
[言い換え]

❹ These "super-connected" nodes act as information centers, [イコール関係]
(as with the Internet), getting the word out quickly and widely.
                        [分詞構文]

▶ get the word out「情報を流す」

第❶文と第❸文で，研究結果としてわかったことが3つ述べられています。これらは，第1段落で述べられていた「複雑に相互作用しているネットワーク」という語句を具体説明したものです。

また，第❹文は直前のa small number of nodesを"super-connected" nodesと言い換えて，さらなる具体説明をしています。

ここで，情報の整理してみましょう。

第1段落「脳=複雑に相互作用しているネットワーク」
                    ↓[具体説明]

研究結果❶ 任意の2つの節点を接続するためにジャンプする
　　　　 必要はほとんどない。　　　　　　　　　　(32字)

研究結果❷ 節点の多くはほんの少しの接続しかもたない。
　　　　 　　　　　　　　　　　　　　　　　　　(21字)

研究結果❸ 少数の節点が多くのほかの節点と接続されている。
　　　　 =情報センターである　　　　　　　　　　(23字)

訳「その研究において，任意の2つの節点を接続するためにジャンプする必要はほとんどないとわかった。科学者たちは，何万もの脳の領域の活動がどれくらい相互関係しているのかを測った。節点の多くはほんの少しの接続しかもたないが，少数の節点が多くのほかの節点と接続されていることを彼らは発見した。この『超接続ノード』が情報センターとして機能し，インターネットと同様に，すばやく広範囲に情報を流すのである」

lesson 11　要約問題

では，最終段落に行きます。

　So maybe, the thinking goes,
[if you can figure out [how the Internet works]],
　　　　　　　　　　　　　　　　　比喩表現での置き換え
then you can grasp your own mind.

「インターネットの機能の理解➡心の理解」と「脳＝複雑に相互作用しているネットワーク」という図式をさらにまとめています。

訳 「もしかしたら，このように考えてみると，インターネットがどのように機能するかを理解できたら自身の心を把握することができるだろう」

最後に，ここまでの情報をまとめます。

主　　題	「脳の働き」
主　　張	「脳＝複雑に相互作用しているネットワーク」
具体説明	「節点が相互連結し情報のやりとりをしている」
ま と め	「インターネットの理解➡脳の理解」

もちろん**主題**と**主張**は必ず要約に組み込まなければいけません。あとは，字数制限に収まるように**具体説明**を肉づけし，最後に**まとめ**で締めるように組み立てます。

答　脳はインターネットのように複雑に相互作用しているネットワークとして機能している。脳では節点同士が情報センターとしてお互いに接続されることによって，情報のやりとりが行われている。したがって，インターネットを理解すれば脳の機能の理解につながるかもしれない。　　（126字）

全文訳 「『脳は大部分においてかなりインターネットのように機能する』と最近の報告で科学者たちは述べた。研究者たちは，人々の脳の活動や，それぞれ領域がどのように接続しているかを研究した。人間の脳は，あちこちに情報を効率的に伝えるために節点に依存している複雑に相互作用しているネットワークとして視覚化できると彼らは結論づけた。
　その研究において，任意の2つの節点を接続するためにジャンプする必要

はほとんどないとわかった。科学者たちは，何万もの脳の領域の活動がどれくらい相互関係しているのかを測った。節点の多くはほんの少しの接続しかもたないが，少数の節点が多くのほかの節点と接続されていることを彼らは発見した。この『超接続ノード』が情報センターとして機能し，インターネットと同様に，すばやく広範囲に情報を流すのである。

　もしかしたら，このように考えてみると，インターネットがどのように機能するかを理解できたら自身の心を把握することができるだろう」

情報の中心になる骨組みを見つけることから始めてみよう。

STEP 3 実戦問題

⏱ 30分

次の英文を読んで,設問に答えなさい。

In recent months, rising oil prices have focused the world's attention on the depletion of vital reserves, but the drying up of underground water resources from overpumping is a far more serious issue. Excessive pumping for irrigation to satisfy food needs today almost guarantees a decline in food production tomorrow. There are substitutes for oil; the same cannot be said for water.

The growth in population since 1950 exceeds that during the preceding 4,000,000 years. Perhaps more striking, the world economy has expanded sixfold since 1950. As the economy grows, its demands are outstripping the Earth, exceeding many of the planet's natural capacities to provide food, water, and the basic needs of daily living. Evidence of these excessive demands can be seen in collapsing fisheries, shrinking forests, expanding deserts, escalating CO_2 levels, eroding soils, elevated temperatures, disappearing species, falling water tables, melting glaciers, deteriorating grasslands, rising seas, and rivers that are running dry. Nearly all these environmental trends affect world food security.

Two of the newer trends — falling water tables and rising temperatures — are making it far more difficult for the world's farmers to feed the 76,000,000 people added to our numbers each year. Humans drink nearly four quarts of water a day in one form or another, but the food we consume on a daily basis requires 2,000 quarts of water to produce. Agriculture is the most water-intensive sector of the economy: 70% of all water pumped from underground or diverted from rivers is used for irrigation; 20% is employed by industry; and 10% goes to residences.

Water tables currently are falling in countries that contain over half the world's people. The vast majority of the nearly 3,000,000,000 individuals to be added to world population by mid-century will come in nations where water tables already are falling and wells are going dry. Historically, it was the supply of land that constrained the growth in food production. Today, though, the shortage of water is the most formidable barrier.

Rising temperatures are the second big threat to future food security. During the last few years, crop ecologists focusing on the precise relationship between temperature and crop yields have found that each 1℃ rise in temperature during the growing season reduces the yield of grain —— wheat, rice, and corn —— by 10%. Since 1970, the Earth's average temperature has risen nearly 0.7℃ (1°F). The five warmest years during 124 seasons of record-keeping occurred in the last seven calendar turns.

In four of the last five years, the world grain harvest has fallen short of consumption. As a result, world grain stocks are at their lowest level in 30 years. Another large world grain shortfall this year could drop stocks to the lowest level on record and send world food prices into uncharted territory.

Among the trio of grains that dominate world food production —— wheat, rice, and corn —— the supply of rice is likely to tighten first simply because it is the most water-dependent of the three. Finding enough water to expand rice production is not easy in a world with spreading water scarcity. If rice supplies shrink and prices rise, the higher costs are likely to affect wheat as well.

World food security is a far more complex issue today than it was a generation ago. In earlier times, if world grain supplies tightened, the U.S. simply returned some of its idled cropland to production, quickly expanding the harvest and reestablishing price stability. That commodity set-aside program was phased out in 1995, depriving the world of this ready reserve of cropland that could be brought into production quickly.

Today, food security —— once the exclusive province of agricultural ministers —— is far more involved. It is perhaps a commentary on the tenor of our times that decisions made in ministries of energy can have a greater effect on future food security than those reached in ministries of agriculture. Policies formulated by ministers of water resources also directly can affect food production and prices. Moreover, with irrigation water availability per person shrinking for the world as a whole, ministries of health and family planning also may have a greater effect on future food security.

The three principal steps needed to secure future food supplies are worldwide efforts to raise water productivity, cut carbon emissions, and stabilize population. If the global community does not act quickly to raise water productivity, falling tables soon could translate into rising food prices. Given the effect of higher temperatures on crop yields, the urgency of cutting carbon emissions sharply cannot easily be overstated.

Many Americans see terrorism as the principal threat to security but, for much of humanity, the effects of water shortages and rising temperatures on food availability are far more important issues. For the 3,000,000,000 people who live on two dollars a day or less and who spend up to 70% of their income on food, even a modest rise in prices quickly can become life-threatening. For them, it is the next meal that is the overriding concern.

⑴ 本文で述べられている水の問題とは何ですか。120字前後の日本語で説明しなさい。

⑵ 将来の食料供給を確保するために必要な3つの対策とは何です

か。50字前後の日本語で説明しなさい。

(2008年度　青学・法)

解答・解説

解説　まずは第1段落から確認しましょう。

❶ (In recent months),
　rising oil prices have focused the world's attention
　　　　　　　　　　　　　　　on the depletion of vital reserves,
　but　｜対比｜　　　　　　｜対比｜
　the drying up of underground water resources　｜テーマ｜
　from overpumping is a far more serious issue.
　　　　　　｜言い換え｜

❷ Excessive pumping for irrigation (to satisfy food needs today)
　　　almost guarantees a decline in food production tomorrow.
　　　　　　　　　　　　　　　　　　　　　｜結果｜

❸ There are substitutes for oil; the same cannot be said for water.
　　　　　　　　　　　　　　｜対比｜

　「石油の枯渇」と対比させることで,「水の枯渇」をテーマとして明確に提示しています。言いたいのはあくまでも「水の枯渇」のほうなので,そこを中心に読んでいきます。また,第❷文では「水の枯渇」→「食糧生産の減少」という因果関係を **guarantee**「～を保証する」という動詞で表しています。

> **訳**「ここ数カ月,石油価格の高騰で世界中の注目は重要な資源の枯渇に集まっているが,汲み上げすぎにより地下の水資源が枯渇してしまうことのほうがはるかに深刻な問題である。今日の食料供給を満たすために灌漑用に水を汲みすぎることは,明日の食料生産の減少をほぼ保証するものである。石油には代わりがあるが,同じことは水には言えないのだ」

では,次は第2段落です。

lesson 11　要約問題　241

❶ The growth in population since 1950 exceeds that during the preceding 4,000,000 years.
　　=the growth in population 〔関連〕

❷ (Perhaps more striking), the world economy has expanded sixfold since 1950.

❸ [As the economy grows], its demands are outstripping the Earth, exceeding many of the planet's natural capacities (to provide food, ~ daily living). 〔具体説明〕〔具体例〕

❹ Evidence of these excessive demands can be seen in
　❶ collapsing fisheries,　❷ shrinking forests,
　❸ expanding deserts,　❹ escalating CO_2 levels,
　❺ eroding soils,　❻ elevated temperatures,
　❼ disappearing species,　❽ falling water tables,
　❾ melting glaciers,　❿ deteriorating grasslands,
　⓫ rising seas,　⓬ rivers that are running dry.

❺ Nearly all these environmental trends affect world food security.

第❶～❸文では「急激な人口増加」「急激な経済成長」=**需要アップ**によって「地球の供給力が追いつかない」=**供給量ダウン**，という関係が述べられています。第❹文は，それを示す具体的証拠が12個も例示されています。もちろん，すべてを細かく読み込む必要はなく，マイナスイメージの具体例としてさっと処理していきましょう。

訳「1950年以降の人口増加は，それ以前の400万年の間での人口増加を上回っている。さらに驚くべきことに，世界経済は1950年以降6倍に拡大している。経済が成長するにつれ，その需要は地球の能力をしのぎ，食料，水，毎日の生活の必需品を供給するためのこの惑星の許容能力の多くを越えつつある。こういう過剰な需要を示す証拠は，漁業の崩壊，森の減少，砂漠の拡大，二酸化炭素の激増，土壌浸食，気温上昇，種の絶滅，地下水面の低下，氷河の融解，草原の衰退，海面上昇，枯渇しつつある河川に見られる。これらの環境の変化のほとんどが，世界の食料確保に影響を与えている」

第3段落に行きましょう。

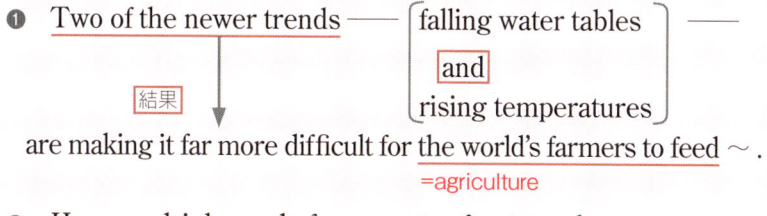

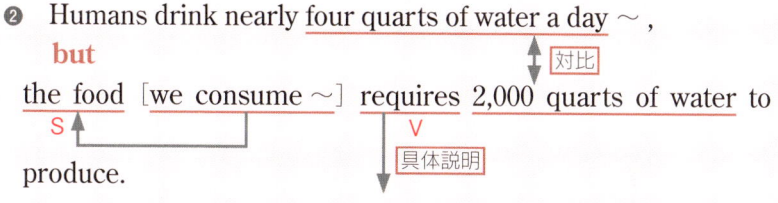

❶ Two of the newer trends ── [falling water tables and rising temperatures] are making it far more difficult for the world's farmers to feed ～．
　　　　　　　　　　　結果　　　　　　　　　　　　　　　　　　　　　　　　　　　　　　　　　　　　　=agriculture

❷ Humans drink nearly four quarts of water a day ～, but the food [we consume ～] requires 2,000 quarts of water to produce.
　　　　　　　　　　　　　　　　　　　　　　　対比　　　　　S　　　　　　　　　　　　　　V　　　具体説明

❸ Agriculture is the most water-intensive sector of the economy:
　　　　　　　　　　　　　　　　　　　　　　　　　　　　　　　　　言い換え
　[70% of all water pumped from ～ is used for irrigation;
　 20% is employed by industry;
　 and 10% goes to residences.]

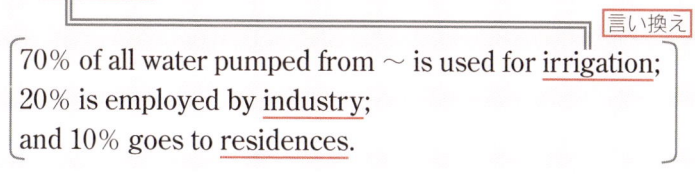

　第2段落に列挙されていた具体例のうち，❻と❽が再度取り上げられ，それらが「農業生産が難しくなっている」原因だと示されています。また第❷文では，「飲み水に必要な量」と対比させる形で「農業生産に必要な水の量」に言及し，第❸文ではそれを具体的な割合で示し，かみくだいて説明しています。全体的には「**水の供給量ダウン ➡ 農業生産に悪影響**」という流れで，第1段落の内容とほぼ同じです。

> **訳**「最近の変化のうちの2つ，つまり地下水面の低下と気温上昇によって，毎年増える7600万の人口を世界の農家が養うことがかなり困難になっている。人間はさまざまな形で，日に4クオート（1クオート≒1リットル）近い水を飲むのだが，私たちが日常的に消費する食料を生産するのに2,000クオートの水が必要である。農業は経済活動の中で最も多くの水を使う産業部門なのである。地下や川から汲み上げられた水は，70％が灌漑用に，20％が工業用に，10％が住宅用に使われている」

lesson 11　要約問題　243

次は第4段落です。

❶ Water tables currently are falling in countries [that ～].

❷ The vast majority of the nearly 3,000,000,000 individuals
(to be added ～ by mid-century)
will come in nations [where water tables already are falling ～].
（S / V / 強調構文は次文）

❸ Historically, **it was** the supply of land **that** constrained the growth in food production. 　強調構文　　対比

❹ Today, **though**, the shortage of water is the most formidable barrier.

　前段落で述べられていた，falling water tables「水面低下」に関する話をかみくだいている段落です。
　まず，第❶～❷文では「人口過多・増加」と「水面低下」が現在（そして今後も）同じ地域で起きていることを述べています。
　第❸～❹文では「土地の供給」と「水不足」を対比させ，後者が今日の問題点である，と述べています。
　この段落も「水の枯渇＝問題」というテーマを繰り返すのみで，話は進展していません。

　訳「現在，世界人口の半数以上が住む国々で地下水面が低下している。今世紀半ばまでに，世界人口に加わることになる30億近い人々の大多数が，地下水面がすでに低下し，井戸が枯渇しつつある国々に生まれてくるだろう。歴史的に見て，食料生産の増加を抑制するのは土地の供給だった。しかし，今日，水不足が最もやっかいな障壁となっている」

第5段落に行きましょう。

❶ Rising temperatures are the second big threat to future food security.

❷ During ~ , crop ecologists (focusing on ~) have found that each 1℃ rise in temperature (during the growing season) reduces the yield of grain —— 具体例 —— by 10%.

❸ Since 1970, the Earth's average temperature has risen nearly 0.7℃ (1°F).

❹ The five warmest years (during 124 seasons of record-keeping) occurred in the last seven calendar turns.

第3段落での rising temperatures「気温上昇」に関する話をかみくだいて説明しています。

具体的な統計を提示することで（第❸文），「気温上昇による食料生産難」をわかりやすく説明しています。第❸文で述べられている「近年の気温上昇」がどの程度のものかというのが，第❹文で説明されています。

訳「気温上昇は将来の食料確保にとって2番目に大きな脅威である。ここ数年の間で，気温と穀物収穫量との正確な関係に注目している作物生態学者たちは，成長時期に気温が1度上がるごとに，小麦，米，トウモロコシといった穀物の収穫量は10％ずつ減少することを発見した。1970年以来，地球の平均気温は0.7度（華氏1度）近く上昇している。記録に残っているこの124年で最も温暖だった上位5年は，ここ7年の間にあった」

続いて第6段落です。

❶ (In four of the last five years),
the world grain harvest has fallen short of consumption.
　　　　　　　　[結果]

❷ **As a result**, world grain stocks are at their lowest level in 30 years.
　　　　　　　　　　　　　　　　[対応]

❸ Another large world grain shortfall this year
　　　could ⎡ **drop** stocks to the lowest level on record
　　　仮定法過去 ⎢　　　and
　　　　　　　 ⎣ **send** world food prices into uncharted territory.

　ここ数年の「食糧生産量の低下」が述べられています。fall short of や lowest level などに注目すれば把握しやすいです。第❸文では，仮定法を用いて「食糧生産量の低下」による「食品価格の高騰」を懸念しています。

> **訳**「ここ5年のうち4年は，世界の穀物収穫量が消費量に届かなかった。その結果，世界の穀物貯蔵量はここ30年で最も低いレベルになっている。今年また再び世界の穀物が大量に不足すれば，貯蔵量は記録上最低となり，世界の食品価格を未知の領域へと押し上げてしまう可能性がある」

第7段落を見てみましょう。

❶ (Among the trio of grains [that dominate world food production])
　　　　　　　　　　[具体例]
── wheat, rice, and corn ──
the supply of rice is likely to tighten first
　　　　　　　　　[理由]
[simply **because** it is the most water-dependent of the three].
　　　　　　　　　　　　　[言い換え]

❷ Finding enough water to expand rice production is not easy in a world (with spreading water scarcity).

❸ [If rice supplies shrink and prices rise],
the higher costs are likely to affect wheat as well.

　前段落の「食糧生産量の低下」が最も顕著に現れるのが「米の供給が減少する」ことだ，という内容が述べられています。「水の枯渇 ➡ 食糧生産量の減少（とくに米の生産量）」という流れです。これまで書かれてきた内容とほぼ同じことが繰り返されています。

> 訳 「世界の食料生産の中心的な3つの穀物である，小麦・米・トウモロコシのうち，米の供給が最初にきびしくなる可能性が高い。単純に米は3つの中で最も水に依存するからである。水不足の広がる世界では，米の生産を拡大させるのに十分な水を見つけるのは容易ではない。米の供給が減少し価格が上がれば，その上がった価格が小麦にも影響を与える可能性が高い」

第8段落です。

❶ World food security is a far **more** complex issue today
　　　　　　　　　　　　　　　　現在と過去の比較
　　　　　　than it was a generation ago.
具体説明

❷ (In earlier times),
[if world grain supplies tightened],
　　結果
the U.S. simply returned some of its idled cropland to production,
　　　　　　　　quickly ⎡ expanding the harvest
　　　　　　指示　　　　　and
　　　　　　　　　　　　 ⎣ reestablishing price stability.

❸ That commodity set-aside program was phased out in 1995,
depriving the world of this ready reserve of cropland ～ .
　➡ 結果 「（食糧生産用の）農耕地が減少」

　「現在の食料確保」と「過去における食料確保」を比較し，現在のほうが複雑であるという第❶文に対し，第❷文では「過去における食料確保」を具体説明しています。つまり，現在と比べて複雑ではなかった「過去の食糧確保」

の方法・政策を説明しているのです。その政策が段階的に廃止された結果,「食糧生産用の農耕地が減少した」と第❸文で述べています。

現在と過去の比較であり,過去のほうに比重を置いた段落です。「現在の水の枯渇問題」「現在の食糧生産減少」というメイントピックに対しては明らかに情報的価値が低いので,要約のエッセンスとしてこの段落を利用する必要はないでしょう。

> 訳「世界における食料確保は,1世代前よりも今日のほうがずっと複雑な問題になっている。以前は,世界の穀物供給がきびしい場合,合衆国が休耕地のいくつかを生産に充てるだけで,すぐに収穫高は増え価格が再び安定した。そういった農産物の休耕地プログラムは1995年に段階的に廃止され,即座に生産用に使える農耕地を準備しておくことができなくなった」

第9段落です。

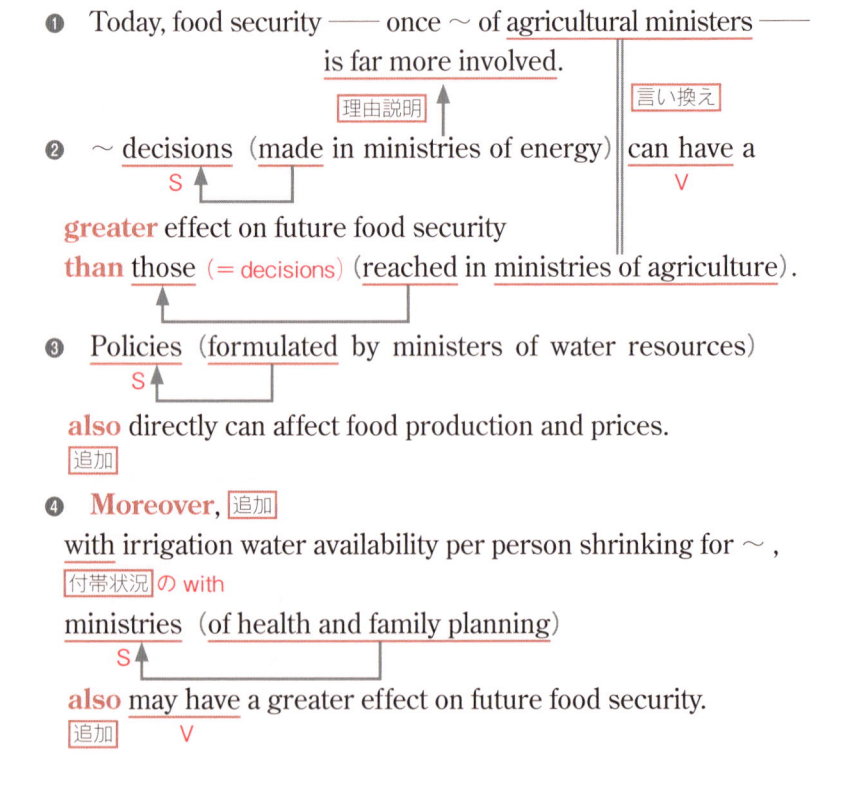

❶ Today, food security —— once ~ of agricultural ministers —— is far more involved.

❷ ~ decisions (made in ministries of energy) can have a greater effect on future food security than those (= decisions)(reached in ministries of agriculture).

❸ Policies (formulated by ministers of water resources) also directly can affect food production and prices.

❹ Moreover, with irrigation water availability per person shrinking for ~ , ministries (of health and family planning) also may have a greater effect on future food security.

前段落での「現在の食料確保」と「過去における食料確保」の比較に関して，今度は「現在の食料確保が複雑」な理由が述べられています。ポイントは，**also** や **moreover** などの追加のマークを用いることで，「さまざまな省庁・大臣がかかわっている」という趣旨の内容が書かれています。

　「以前：農業担当大臣のみ」⇔「現在：農業担当大臣，エネルギー省，水資源担当大臣，健康・家族計画担当の大臣」という構図が読み取れれば十分です。

> **訳**「かつて農業担当大臣の独占的領域だった食料の確保は，今日ずっと複雑な問題となっている。エネルギー省でなされる決定は農務省で合意した決定よりも将来の食料確保に影響力をもつ可能性があるということは，現代の方向性を説明するものかもしれない。水資源担当大臣によって考案された政策もまた，食料生産と価格に直接影響を与える可能性がある。さらに，1人あたりの灌漑用の水は世界全体で減少してきているので，健康・家族計画担当の大臣も将来の食料確保により大きな影響力をもつかもしれない」

では，第10段落に行きましょう。

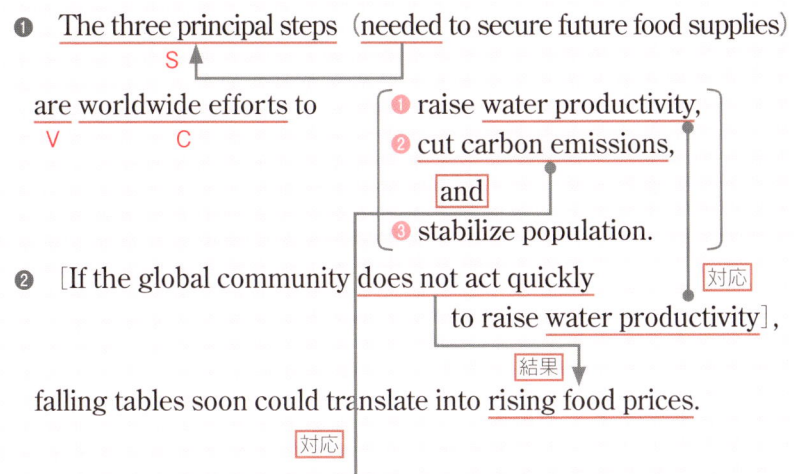

❶ The three principal steps (needed to secure future food supplies) are worldwide efforts to
　❶ raise water productivity,
　❷ cut carbon emissions, and
　❸ stabilize population.

❷ [If the global community does not act quickly to raise water productivity], falling tables soon could translate into rising food prices.

❸ (Given the effect of higher temperatures on crop yields), the urgency of cutting carbon emissions sharply **cannot** easily be **over**stated.

　▶ given 〜「〜を考えると」
　cf. cannot 〜 too ... は「いくら…でも〜しすぎることはない」

lesson 11　要約問題　249

これまで述べてきた「食糧確保の問題」に対する対策が3つ挙げられています。設問(2)に対する解答はこの個所をまとめます。The three principal stepsとはっきり書かれているので，該当箇所を探すのは比較的容易でしょう。あとはいかに50字前後でまとめるかです。

> **将来の食料確保のための3つの主要な対策**
> ❶ 水の生産性を向上させること
> ❷ 炭素排出量を削減すること
> ❸ 人口を安定させること

　第❷～❸文では，これらの対策のうち，❶と❷の重要性が再度述べられています。

答 (2) 水の生産性を向上させること，炭素排出量を削減すること，人口を安定させること，という3つの対策。　　　　　　　　　　(47字)

訳「将来の食料供給を確保するために必要な3つの主要な対策は，水の生産性を向上させ，炭素排出量を削減し，人口を安定させるために世界的な努力をすることである。世界中で水の生産性を向上させるためにすばやく行動しなければ，地下水面の低下はやがて食料価格の高騰につながるだろう。穀物収穫量に対する気温上昇の影響を考えれば，炭素排出量を大幅に削減することの緊急性はいくら強調してもしすぎることはない」

最終段落です。

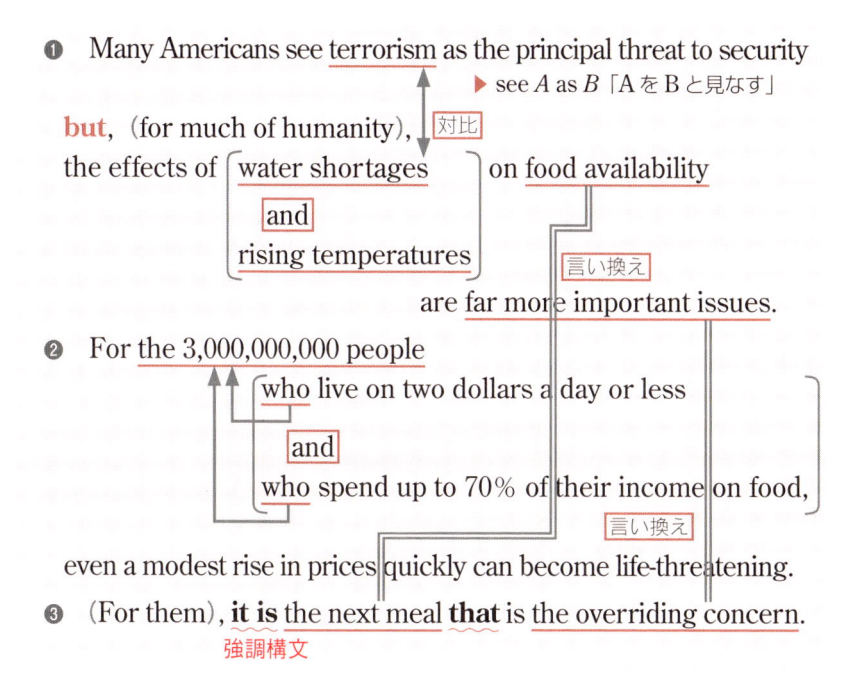

❶ Many Americans see terrorism as the principal threat to security
▶ see A as B「A を B と見なす」
but, (for much of humanity), 対比
the effects of water shortages on food availability
and
rising temperatures
言い換え
are far more important issues.

❷ For the 3,000,000,000 people
who live on two dollars a day or less
and
who spend up to 70% of their income on food,
言い換え
even a modest rise in prices quickly can become life-threatening.

❸ (For them), **it is** the next meal **that** is the overriding concern.
強調構文

第❶文では,「テロの脅威」と対比させる形で「水不足」「気温上昇」の重要性を述べています。実際に, far more important issues という表現を第❸文で the overriding concern と言い換えて,「水不足」「気温上昇」により引き起こされる「食糧不足」が多くの人にとって問題だと言っています。

> **訳**「テロを安全に対する主要な脅威と見なすアメリカ人も多いが,多くの人類にとって,食料入手に対する水不足と気温上昇の影響のほうがはるかに重要な問題である。1日2ドル以下で暮らし,収入の70%までを食料に費やす30億の人にとっては,少しの価格上昇でさえすぐに生活を脅かすかもしれない。彼らにとっては,次の食事こそが主要な関心事なのである」

さて,設問(1)の「水の問題」について考えてみましょう。ポイントは,❶水の問題とは具体的にどんな問題か,❷何が原因で引き起こされるのか,❸水の問題によってさらにどんな問題が生じるのか,という3つの点をまとめることです。

lesson 11 要約問題 251

- ❶ 水の問題とは
  - 第 1 段落 ➡ 地下の水資源が枯渇してきている，という問題
- ❷ 何が原因か
  - 第 1 段落 ➡ 灌漑用に水を汲みすぎている
  - 第 2 段落 ➡ 急激な人口増加と経済成長
  - 第 3 段落 ➡ 地下水位の低下，気温上昇
- ❸ どんな問題が生じるのか
  - 第 3 段落 ➡ 農業生産に悪影響を与える
  - 第 6 段落 ➡ 食糧生産量の低下による食品価格の高騰の可能性

答 (1) 急激な人口増加と経済成長のせいで，より多くの食糧確保のために灌漑用の水を汲みすぎて地下水位が低下し，また気温の上昇のために水資源が枯渇してきているという問題。水が枯渇すると農業生産に悪影響を与え，食糧生産量の低下による食品価格の高騰の可能性がある。

(124字)

この長文問題では，実際には内容一致問題も出題されていました。ここまでの内容を確認するためにも，余裕がある人はぜひ解いてみてください。

補足問題

次の(a)〜(i)の中から，本文の内容と合致するものを 3 つ選びなさい。

(a) There are substitutes for water.
(b) As the economy grows, its demands exceed many of the planet's natural capacities.
(c) Agriculture is the second most water-intensive sector of the economy.
(d) Water tables are currently falling in all countries.
(e) Rising temperatures are the first big threat to future food supplies.
(f) In four of the last five years, the world grain harvest has not met the demand of consumption needs.

(g) World food supply has become a simpler matter than it was a generation ago.
(h) Policies formulated by ministers of water resources can affect food production and prices.
(i) The urgency of lowering carbon emissions can easily be overstated.

答 (b), (f), (h)

以下は各選択肢の日本語訳です。（ ）内は該当段落を示しています。

訳
(a) 水には代わりとなるものがある。 （第1段落）
(b) 経済が成長するにつれて，その需要は地球の許容能力の多くをしのぐ。 （第2段落）
(c) 農業は経済活動の中で2番目に多くの水を使う産業部門である。 （第3段落）
(d) 現在，すべての国で地下水面が低下している。 （第4段落）
(e) 気温上昇は将来の食料確保にとって最も大きな脅威である。（第5段落）
(f) ここ5年のうち4年は，世界の穀物収穫量が消費需要量を満たさなかった。 （第6段落）
(g) 世界における食料確保は，1世代前よりも単純な問題となってきている。 （第8段落）
(h) 水資源担当大臣によって考案された政策は，食料生産と価格に影響を与える可能性がある。 （第9段落）
(i) 炭素排出量を低下させることの緊急性を簡単に強調しすぎることができる。 （第10段落）

全文訳「ここ数カ月，石油価格の高騰で世界中の注目は重要な資源の枯渇に集まっているが，汲み上げすぎにより地下の水資源が枯渇してしまうことのほうがはるかに深刻な問題である。今日の食料供給を満たすために灌漑用に水を汲みすぎることは，明日の食料生産の減少をほぼ保証するものである。石油には代わりがあるが，同じことは水には言えないのだ。

　1950年以降の人口増加は，それ以前の400万年の間での人口増加を上回っ

ている。さらに驚くべきことに，世界経済は1950年以降6倍に拡大している。経済が成長するにつれ，その需要は地球の能力をしのぎ，食料，水，毎日の生活の必需品を供給するためのこの惑星の許容能力の多くを越えつつある。こういう過剰な需要を示す証拠は，漁業の崩壊，森の減少，砂漠の拡大，二酸化炭素の激増，土壌浸食，気温上昇，種の絶滅，地下水面の低下，氷河の融解，草原の衰退，海面上昇，枯渇しつつある河川に見られる。これらの環境の変化のほとんどが，世界の食料確保に影響を与えている。

　最近の変化のうちの2つ，つまり地下水面の低下と気温上昇によって，毎年増える7600万の人口を世界の農家が養うことがかなり困難になっている。人間はさまざまな形で，日に4クオート（1クオート≒1リットル）近い水を飲むのだが，私たちが日常的に消費する食料を生産するのに2,000クオートの水が必要である。農業は経済活動の中で最も多くの水を使う産業部門なのである。地下や川から汲み上げられた水は，70％が灌漑用に，20％が工業用に，10％が住宅用に使われている。

　現在，世界人口の半数以上が住む国々で地下水面が低下している。今世紀半ばまでに，世界人口に加わることになる30億近い人々の大多数が，地下水面がすでに低下し，井戸が枯渇しつつある国々に生まれてくるだろう。歴史的に見て，食料生産の増加を抑制するのは土地の供給だった。しかし，今日，水不足が最もやっかいな障壁となっている。

　気温上昇は将来の食料確保にとって2番目に大きな脅威である。ここ数年の間で，気温と穀物収穫量との正確な関係に注目している作物生態学者たちは，成長時期に気温が1度上がるごとに，小麦，米，トウモロコシといった穀物の収穫量は10％ずつ減少することを発見した。1970年以来，地球の平均気温は0.7度（華氏1度）近く上昇している。記録に残っているこの124年で最も温暖だった上位5年は，ここ7年の間にあった。

　ここ5年のうち4年は，世界の穀物収穫量が消費量に届かなかった。その結果，世界の穀物貯蔵量はここ30年で最も低いレベルになっている。今年また再び世界の穀物が大量に不足すれば，貯蔵量は記録上最低となり，世界の食品価格を未知の領域へと押し上げてしまう可能性がある。

　世界の食料生産の中心的な3つの穀物である，小麦・米・トウモロコシのうち，米の供給が最初にきびしくなる可能性が高い。単純に米は3つの中で最も水に依存するからである。水不足の広がる世界では，米の生産を拡大させるのに十分な水を見つけるのは容易ではない。米の供給が減少し価

格が上がれば，その上がった価格が小麦にも影響を与える可能性が高い。

世界における食料確保は，1世代前よりも今日のほうがずっと複雑な問題になっている。以前は，世界の穀物供給がきびしい場合，合衆国が休耕地のいくつかを生産に充てるだけで，すぐに収穫高は増え価格が再び安定した。そういった農産物の休耕地プログラムは1995年に段階的に廃止され，即座に生産用に使える農耕地を準備しておくことができなくなった。

かつて農業担当大臣の独占的領域だった食料の確保は，今日ずっと複雑な問題となっている。エネルギー省でなされる決定は農務省で合意した決定よりも将来の食料確保に影響力をもつ可能性があるということは，現代の方向性を説明するものかもしれない。水資源担当大臣によって考案された政策もまた，食料生産と価格に直接影響を与える可能性がある。さらに，1人あたりの灌漑用の水は世界全体で減少してきているので，健康・家族計画担当の大臣も将来の食料確保により大きな影響力をもつかもしれない。

将来の食料供給を確保するために必要な3つの主要な対策は，水の生産性を向上させ，炭素排出量を削減し，人口を安定させるために世界的な努力をすることである。世界中で水の生産性を向上させるためにすばやく行動しなければ，地下水面の低下はやがて食料価格の高騰につながるだろう。穀物収穫量に対する気温上昇の影響を考えれば，炭素排出量を大幅に削減することの緊急性はいくら強調してもしすぎることはない。

テロを安全に対する主要な脅威と見なすアメリカ人も多いが，多くの人類にとって，食料入手に対する水不足と気温上昇の影響のほうがはるかに重要な問題である。1日2ドル以下で暮らし，収入の70％までを食料に費やす30億の人にとっては，少しの価格上昇でさえすぐに生活を脅かすかもしれない。彼らにとっては，次の食事こそが主要な関心事なのである」

Chapter 5
会話問題編

～会話特有表現と文法・対応関係を利用した解法～

会話だからといって，フィーリングに頼っていたら，出題者の思うツボ。しっかり解答根拠を見極めていこう。

lesson 12

会話問題⑴
～会話表現と文法的視点～

STEP 1 青山学院大ネライ撃ちポイント

「会話なんだから，流れさえつかめば何とかなりそうだ」「長文読解問題よりも話題が身近で読みやすそうだ」などと短絡的な考えで取り組み，結局フィーリングに頼るしかなくなってしまう受験生をよく見かけます。

しかし実際には，会話問題は次の3点を中心に解答作りをするのがポイントです。

会話問題の3つのポイント

❶ 文法・語法知識を利用する

❷ 会話特有表現を場面に即して当てはめる

❸ 前後の発話との対応関係に注目する

❶と❸に関しては，基本的にはlesson 4～6で解説した解法と同じです。結局，長文読解問題でも会話問題でも，「英文を読む」「空所を補充する」という点は変わらないのですから，出題者が尋ねてくるポイントもほとんど同じです。客観的な判断で解けるように作られているのです。

❷に関しては，ある程度の知識が必要です。書き言葉と話し言葉では，使う表現に違いがあるので，会話でしか使わない特有表現を知らないと解けない問題があるのは事実です。ですから，これに関しては，いわゆる大学受験レベルの会話特有表現を覚えるしか対処のしようがありません。

lesson12では，❶と❷の出題パターンに対応できるよう解説していきます。まず，文法・語法で解くというのは具体的にどのようなことか，把握しましょう。

> **参考問題1**
>
> 次の会話文の空所に最も適切なものを，①〜④から選びなさい。
>
> *Jack* : Let's go to that Italian restaurant I was telling you about.
> *Kayo* : (　　)
> *Jack* : We could, but it might be hard to find parking.
> *Kayo* : In that case, let's just get a taxi.
>
> ① Excellent! We're finally going!
> ② Fantastic! How are we getting there?
> ③ Great idea! But our car is in the garage now.
> ④ Sounds great! Shall we take my car?
>
> (2008年度　センター試験)

　Jack が「君に話していたあのイタリアンレストランに行こう」と Kayo を誘っています。この段階で選択肢を見てしまうと，どれも Excellent!, Fantastic!, Great idea!, Sounds great! と，いわゆる「OK」を表し，その後に続く文も意味不明ではないので流れ的には問題ありません。

　この会話問題のポイントは，その後の Jack のセリフ，We could, but it might be hard to find parking. です。とくに We could には省略部分があるので，それを補う必要があります。助動詞で文が区切れる場合には，以下のような省略に関する文法規則を適用します。

助動詞で文が区切れる場合

〈S + **助動詞**〉
　　　└─ 前出の〈動詞 + α〉が省略されている

例 "Should I bring these documents to the next meeting?"
"If you can."
「これらの書類は，次の会議にもってきたほうがよいでしょうか」
「できればそうしてください」

各選択肢の〈動詞 + α〉部分を could の後ろに補い，そこで意味を成立させる必要があります。

> ① are finally going を補うと
>   ➡ We could **be finally going**, but ～．
> ② are getting there を補うと
>   ➡ We could **be getting there**, but ～．
> ③ is in the garage now を補うと
>   ➡ We could **be in the garage now**, but ～．
> ④ take my car を補うと
>   ➡ We could **take your car**, but ～．

but 以下に「駐車場を見つけるのは難しいかもしれない」という内容が続くことを考えると，④が正解になります。

訳

ジャック：君に話していたあのイタリアンレストランに行こう。
カヨ　　：いいわね。私の車で行きましょうか？
ジャック：できればそうしたいんだけど，駐車場を見つけるのは難しいかもしれない。
カヨ　　：それならタクシーで行きましょうよ。

次に会話特有表現に関する問題を見てみましょう。

参考問題2

> 次の会話文の空所に最も適切なものを，①～④から選びなさい。
>
> *Dr. Jones* : Maggie, at the beginning of the year you had all A's. You were (　　). But now your grades in this class are terrible. I'll have to drop you from the class if things don't improve.
> *Maggie* : Oh, Dr. Jones, please don't do that! I know I haven't been studying very hard, but I'll change!

① running late
② taking it lightly
③ on a roll
④ getting the lead out

(2007年度　青学・経営　一部改題)

　「マギー，今年のはじめ，あなたはすべての成績がAでした」という発話に続き，そのままプラスイメージの語句を探します。直後のBut以下が「今のあなたのこのクラスでの成績はひどいものです」というマイナスの内容になっていることからも，この空所にはプラスの内容が入ることがわかります。
　正解は③ **on a roll** です。直訳すると「転がることのうえに」となり，そのままでは意味不明です。実は，**on a roll** は会話中では「うまくいっている」という意味を表します。このような会話特有表現を知っていてはじめて解ける問題と言えるでしょう。

訳

ジョーンズ教授：マギー，今年のはじめ，あなたはすべての成績がAでした。うまくいっていたのです。でも，今のあなたのこのクラスでの成績はひどいものです。もし状況が改善されないのであれば，あなたを落第させなければならないでしょう。

マギー　　　　：えーっ，ジョーンズ教授，お願いですから，そんなことはしないでください。あまり一生懸命勉強しなかったことはわかってますが，これから変わります。

　これは知識問題の一種なので，もちろん基本的な会話特有表現を覚えなければいけません。青山学院大では少しマニアックなものが出題されることもあるので，過去問や模試で出題されたものを自分なりにまとめて覚えるとよいでしょう。
　この lesson では，このような文法・語法知識と会話特有表現を中心に解説します。

STEP 2 基本例題

🕐 6分 合格点5／6問中

次の会話文を読んで，(1)～(6)に最も適切なものを(a)～(h)からそれぞれ1つ選びなさい。

Tommy：Could I use that beaker?
Lauren：(1). Let me pour the liquid into this test tube first. (2).
Tommy：Thanks. (3) put on your lab coat like me.
Lauren：Good thinking. I don't want to get my shirt stained.
Tommy：(4) this experiment is going to take a long time.
Lauren：(5). You can spend lots of time with me!
Tommy：I suppose you're right. All right. (6) now.
Lauren：You got it! Prof. Simms will be here any minute.
Tommy：Yeah. Look at everyone. It looks like no one has even started.

(a) Here you go   (b) I'm afraid   (c) Hang on
(d) You'd better (e) Look at it this way
(f) Let's get serious (g) I see   (h) In that case

（2008年度　青学・理工）

解答・解説

解説　Tommy は最初に，「あのビーカーを使ってもいい？」と許可を求めています。通常，許可を求める文に対しては「OK」か「NG」で答えますが，空所(1)を見てすぐに判断せずに，その先を見ます。

許可を求める文に対しての返答
➡ その後に続く内容で，**OK**か**NG**かの方向性を定める。

今回のケースでは「まずその液体をこの試験管に注がせて」という内容が続いているので，NG の方向だとわかります。許可を求める文に対して NG を表している選択肢は，(c) **Hang on**「ちょっと待って」です。
　hang on は書き言葉としては「～にしがみつく；～を手放さない」ですが，会話表現としては「**ちょっと待つ，（電話を）切らないで待つ**」という意味です。書き言葉と話し言葉で意味が変わるのが難しい点です。
　その後に Tommy が「ありがとう」と言っているので，その直前の空所（2）には，ビーカーを渡す際の発話が入るはずです。正解は(a) **Here you go**「**どうぞ**」です。物を渡す際の発話には，**Here you are.** などもあります。
　空所（3）は put on your lab coat like me と続いて 1 つの文になります。つまり文の一部になるような選択肢が入るということです。その後に Lauren が Good thinking!「それはいい考えね」と返答しているので，何らかの提案をしたと考えられます。(d) **You'd better**「**～したほうがよい**」が正解です。
　空所（4）も this experiment is going to take a long time と続いて 1 つの文になります。候補としては，(b) I'm afraid と(h) In that case がありますが，take a long time がマイナスイメージの内容なので，(b) **I'm afraid**「**残念ながら～だと思う**」が入ります。**I'm afraid** は「恐れる」という印象が強いですが，**I'm afraid that** ～で「**（マイナスの内容を）思う**」という意味で用いられます。

発話における「思う」の表現

- ⟨**I hope that** + S + V⟩ ➡ プラスイメージ ⎫
- ⟨**I think that** + S + V⟩ ➡ 中立的　　　　　⎬「～を思う」
- ⟨**I'm afraid that** + S + V⟩ ➡ マイナスイメージ ⎭

　続く Lauren の発話の空所（5）ですが，後ろには「あなたは私と長い時間を過ごせる！」とあり，さらに Tommy は「君の言うとおりだと思う」と言っています。これらはプラスイメージの内容なので，前の take a long time というマイナスイメージとの対比だとわかります。

I'm afraid this experiment is going to take a long time. マイナス

対比

（ 5 ）． You can spend lots of time with me!

I suppose you're right. プラス

したがって，マイナスをプラスに転換する意味合いをもつ発話を探します。(e) **Look at it this way**「こう考えてみたら」が正解です。この this way は後続の内容を指しています。

Tommy の All right. (6) now. に対して，Lauren が You got it!「そのとおり！」と述べているということは，その後に続く「シムズ教授がもうすぐここに来てしまうわ」と関連した内容になるはずです。

All right. (6) now.

意味的に関連している

You got it! Prof. Simms will be here any minute.
「そのとおり」

したがって，(f) **Let's get serious**「まじめにやろう」が正解です。

答　1-(c)　**Hang on**　　2-(a)　**Here you go**　　3-(d)　**You'd better**
　　4-(b)　**I'm afraid**　5-(e)　**Look at it this way**
　　6-(f)　**Let's get serious**

全文訳

トミー　：あのビーカーを使ってもいい？
ローレン：ちょっと待って。まずその液体をこの試験管に注がせて。さ，どうぞ。
トミー　：ありがとう。君は僕みたいに実験用の白衣を着たほうがいいよ。
ローレン：それはいい考えね。シャツを汚したくないからね。
トミー　：この実験は長引きそうだね……。
ローレン：こう考えてみたら。あなたは私と長い時間を過ごせるんだってね！
トミー　：君の言うとおりだと思う。わかったよ。そろそろまじめにやろう。
ローレン：そのとおり！　シムズ教授がもうすぐここに来てしまうわ。
トミー　：そうだね。皆を見てみな。誰も始めてもいないようだ。

STEP 3 実戦問題

⏱12分 合格点4／5問中

Read the following conversation that has words deleted in certain places. Choose the phrase marked (a), (b), (c), or (d) that you think best fills the numbered parentheses from its corresponding number below.

Kevin : Hello Professor Fraser, thanks for seeing me at such short notice. (❶)

Professor Fraser : That's okay. To tell you the truth I was expecting a visit from you. (❷)

Kevin : Yeah —— I bet you were. I really want to apologize for yesterday. (❸)

Professor Fraser : Well it's not only me you should (1). Have you spoken to Iain and Pete yet? They really had to improvise when you didn't turn up for your group presentation. Why were you absent? (❹)

Kevin : Actually I've been (2) them but I haven't managed to find time just yet. I'm sorry but I was really sick. Probably a virus or something —— I was nauseous and exhausted, even the doctor said I was looking horribly run down. How did Pete and Iain get on without me? (❺)

Professor Fraser : Well, as I said, they had to try to remember your contribution (3). But of course they didn't have your notes so there was a limit to what they could do. Basically it meant that their presentation was about 10 minutes too short. (❻)

Kevin : Oh —— that's a real shame. And are you going

lesson 12 会話問題(1) 265

		to mark them down for that? (❼)
Professor Fraser	:	Kevin, I am sure you will understand (4) to discuss other students' marks with you. (❽)
Kevin	:	Ah, yeah, of course. But can I ask you about my own mark? (❾)
Professor Fraser	:	Well I think it stands to reason that because you were absent I cannot give you a grade for the presentation task. (❿)
Kevin	:	Yeah, I understand that, but if I supply a medical note for my absence I thought I could at least avoid failing the final assessment. (⓫)
Professor Fraser	:	Indeed that is correct. But you should remember that a medical note by no means guarantees a pass. Your medical condition will be (5) consideration, but any final decision is made at the teacher's own discretion. (⓬)

1. (a) apologizing for   (b) be apologizing to
   (c) say sorry   (d) tell you're sorry
2. (a) almost to phone   (b) already phoning
   (c) meaning to call   (d) too frightening to call
3. (a) as best they can   (b) as best they could
   (c) as best as they did (d) as best as they should
4. (a) how impossible   (b) how impractical
   (c) my obligation   (d) my reluctance
5. (a) accounted for   (b) discounted from
   (c) excused for   (d) taken into

(2010年度　青学・法)

解答・解説

解説 学生 Kevin と Fraser 教授の会話です。Kevin が教授に会いに来たという状況が最初の発話（❶）でわかります。

続いて次の会話です（❷～❸）。Kevin が Fraser 教授に謝罪しています。

> *Prof. Fraser*：That's okay.
> 　　　　　　　(To tell you the truth) I was expecting a visit from you.
> 　　　　　　　「実を言うと」
> *Kevin*　　：Yeah —— I bet you were.
> 　　　　　　　　　　　　　　（＝ you were expecting a visit from me）
> 　　　　　　　I really want to apologize for yesterday.

I bet you were の後ろの省略に注意です。直前の Fraser 教授の発話の I was expecting ～部分が省略されています。**I bet ～ .** は「きっと～だ」という意味です。

訳

フレイザー教授：大丈夫ですよ。実を言うと，君が訪ねてくるだろうと思っていました。

ケビン　　　　：ええ，きっとそうでしょうね。昨日のことは本当に申し訳ありません。

続いて Fraser 教授の発話です（❹）。

> *Prof. Fraser*：Well **it's** not only me (**that**) you should (　1　).
> 　　　　　　　　　　　　　　　　　　　追加↑　強調構文の that の省略
> 　　　　　　　Have you spoken to Iain and Pete yet?
> 　　　　　　　They really had to improvise [when you didn't turn up for your group presentation].　▶ improvise「即興でやる」
> 　　　　　　　Why were you absent?

強調構文〈It is ＋ 強調語句 ＋ that ＋ S ＋ V ～〉の that が省略されています。強調語句を that 節中に戻して考えるともとの文構造がわかるので，動詞の語法を考えやすくなります。

lesson 12　会話問題(1)　267

```
            もとの位置に戻す
It is + [●] + that you should （ 1 ） not only me
                 ─────      ─────
                   S          V
```

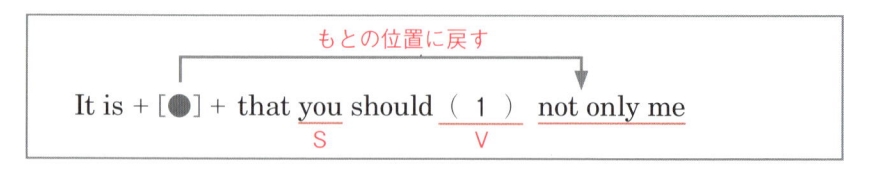

選択肢中に用いられている apologize と sorry には，以下のような語法があります。

- 〈**apologize to** + 人 + **for** + 物事〉 ➡ 「人に物事のことで謝罪する」
- 〈**sorry about** + 物事〉 ➡ 「物事のことですまなく思う」

直前に apologize for とあるのは明らかに引っかけです。ここでは人に対しての謝罪なので，（ 1 ）は(b) **be apologizing to** が正解です。

「Kevin がグループプレゼンテーションに現れなかったので，Iain と Pete が即興でやらざるを得なかった」という状況が把握できます。続いてそのことに関して，Fraser 教授が Why were you absent? と，欠席した理由を聞いています。

訳
> フレイザー教授：君が謝るべき相手は私だけではないです。もうイアンとピートには話をしましたか？　2 人は君がグループプレゼンテーションに現れなかったので，ほんとうに即興でやらざるを得なかった。なぜ欠席したのですか？

Kevin が欠席した理由を答えています（❺）。

```
Kevin : Actually I've been （ 2 ） them
                    ↕ 逆接
      but I haven't managed to find time just yet.
                        ▶ manage to ～「どうにか～する」
      I'm sorry but I was really sick.   ▶ Why ～? に対する返答。
```

but の後ろの I haven't managed to find time just yet.「どうにもまだ時間が

ないです」という発話から,「電話をしていない」と判断できます。それとの逆接なので,空所(2)は, (c) **meaning to call**「電話をするつもり」を選びます。〈**mean to** + V 〜〉は「〜**するつもり**」という意味です。空所の直前が現在完了形なので,不定詞になっている(a) almost to phone は不可です。(b) already phoning では「電話をした」ことになり,(d) too frightening to call では「させる系動詞」frighten が現在分詞なので(「怖がらせる」という意味になる)不可です。

　Kevin は「病気・ウィルスで欠席した」という理由を述べた後に,How did Pete and Iain get on without me?「自分がいなくて Pete と Iain はどうやったのか?」と質問しています。

訳

ケビン ：実は 2 人に電話をするつもりだったのですが,どうにもまだ時間が見つからないのです。申し訳ないと思いますが,ほんとうに病気だったのです。おそらくウィルスか何かだったのでしょう。吐き気がしてヘトヘトでした。ひどく弱っているようだと医者も言っていました。僕がいなくて,イアンとピートはどうやったのですか?

続いて,Fraser 教授がその質問に答えています(❻)。

Prof. Fraser : Well, as I said,
　　　　　　they had to try to remember your contribution (3).
　　　　　　　　　　　　　　　　　　　　　　　　　　　　　プラスイメージ
　　　　　　　　　　　対比
　　　　　　But of course they didn't have your notes
　　　　　　so there was a limit to [what they could do].
　　　　　　　　　　言い換え　　　マイナスイメージ

　　　　　　Basically it meant that
　　　　　　their presentation was about 10 minutes too short.

(3)はプラスイメージの方向で考えます。選択肢はどれも「できるだけ〜」という意味になりそうですが,文法・語法的に考えると,(a)は can が現在形なので不可,(c)は最上級 best を as 〜 as ではさんでいるので不可,(d)は should の使い方が不可になります。〈**as best** + S + **can**[**may**]〉は「**できるだけ〜**」

という意味を表し，ここでは**時制の一致**によって **can** が **could** になるので，(b) **as best they could** が正解です。

Pete と Iain のプレゼンは，「なんとかがんばったけれど制限時間からは10分短すぎた」，つまりうまくいかなかった，ということです。

訳
フレイザー教授：ええ，今言ったように，彼らは君の提言をできる限り思い出そうとしなければいけませんでした。しかし，もちろん彼らには君のメモがなかったから，彼らができることには限界がありました。要するに，彼らのプレゼンテーションは10分ほど短すぎた，ということです。

続いて，Kevin と Fraser 教授の会話です（❼～❾）。

Kevin：Oh —— that's a real shame. ▶ mark down「成績を下げる」
　　　　And are you going to mark them down for that?
　　　　　　　　　　　　　　　　　Pete と Iain の成績のこと
Prof. Fraser：Kevin, I am sure you will understand
　　　　　　　（ 4 ）to discuss other students' marks with you.
　　　　　　　　　　　　対比
Kevin：Ah, yeah, of course.
　　　　But can I ask you about my own mark?
　　　　　　　　　　　　　　　自分（Kevin）の成績のこと

まず Kevin が Pete と Iain の成績について尋ねています。そのことについて Fraser 教授が答えた後に，今度は自分（Kevin）の成績について，But can I ask you about my own marks? と尋ねていることから，Fraser 教授は最初 Pete と Iain の成績についての質問は断ったと推測されます。

したがって，〈(4) ～ with you〉は understand の目的語になり，名詞のかたまりを作り，かつ「断っている」内容にします。(a)と(b)は〈how + 形容詞 + to + V〉になり，名詞になりません。(c)は **obligation**「義務」とあるので，「断っている」意味になりません。(d) **reluctance** は「気が進まないこと；不本意」という意味です。形容詞 **reluctant** のほうが頻出するでしょうが，次のように考えて，形容詞から名詞への変形に対応しましょう。

⟨S + ***be* reluctant to** + V ～⟩ ➡ 「S は～するのに気が進まない」

⟨***one*'s + reluctance to** + V ～⟩
▶ 名詞化したことにより S が所有格になる。

したがって，(d) **my reluctance** が正解です。

訳
ケビン　　　　：ああ，それはほんとうに残念です。そのことで彼らの成績を下げてしまうのですか？
フレイザー教授：ケビン，私がほかの学生の成績について君と話すつもりはないということを，君にはきっと理解してもらえると思います。
ケビン　　　　：ええ，もちろん。でも，自分の成績について聞いてもいいですか？

Kevin の成績について，2 人のやりとりが続きます（❿～⓫）。

Prof. Fraser：Well I think it stands to reason that
　　　　　　　　　　　　　　　　　▶ it stands to reason that ～「～なのは明白だ」
　　　　　　　[because you were absent]
　　　　　　　I cannot give you a grade for the presentation task.

Kevin：Yeah, I understand that,
　　　　but [if I supply a medical note for my absence]
　　　　I thought I could at least avoid failing the final assessment.

対比

「欠席したのだから成績はあげられない」という Fraser 教授の意見に対し，Kevin は「診断書を提出すれば大丈夫ではないか？」と反論しています（かなり往生際が悪い生徒ですね。必死なんでしょうが）。

訳
フレイザー教授：君は欠席したのだから，私が君にプレゼンテーションの課題に成績をあげられないのは当然だと思います。
ケビン　　　　：はい，それはわかります。でも，もし僕が欠席の理由となる診

断書を提出したら、少なくとも最終評価で不合格になることは避けられると思うのですが。

この点に関して、Fraser 教授の見解が続きます（**❷**）。

Prof. Fraser：Indeed that is correct.
　　　　　　　But you should remember that
　　　　　　　a medical note **by no means** guarantees a pass.
　　　　　　　[対応] S　　　　　　　　　　　　V　　　　　O
　　　　　　　Your medical condition will be （ 5 ） consideration,
　　　　　　　but　　　　　　　　[逆接]
　　　　　　　any final decision is made at the teacher's own discretion.

by no means は「決して〜ない」という意味なので「診断書は決して合格を保証するものではない」ということです。最後の発話 any final decision is made at the teacher's own discretion「いかなる最終決定も教師の裁量でなされる」ということとほぼ同意です。「診断書は考慮に（ 5 ）だろう」という内容を but によって逆接の関係で結びつけています。〈譲歩＋ but（逆接）＋主張〉という流れが読み取れるとよいでしょう。

では、空所（ 5 ）を含む文の構造を確認しましょう。

Your medical condition	＋	will be （　　）	＋	consideration
S		V（受動態）		名詞

このような受動態になるということは、もとは次のような能動態になっていたはずです。

V ＋	your medical condition	＋	前置詞	＋	consideration
	A				B

したがって、このような語法で用いられる動詞を探します。
(a) **account for**「〜の説明をする」、(b) **discount from**「〜の値段を割引

く；〜を割引いて考える」は構造上不可です。(c) **excuse A for B**「Bに関してAを許す」は意味的に不自然です。(d) **take A into consideration**「Aを考慮に入れる」から受動態を作ると，*A be* taken into consideration となるので，(d) **taken into** が正解です。

訳

フレイザー教授：たしかにそれは君の言うとおりでしょう。しかし，診断書が決して合格を保証するものではないということを忘れないように。君の健康状態は考慮に入れられるだろうが，いかなる最終決定も教師の裁量でなされるのですからね。

答

1 - (b) **be apologizing to** 　　2 - (c) **meaning to call**
3 - (b) **as best they could** 　　4 - (d) **my reluctance**
5 - (d) **taken into**

全文訳

ケビン　　　　：こんにちは，フレイザー教授。急でしたのに会っていただきありがとうございます。
フレイザー教授：大丈夫ですよ。実を言うと，君が訪ねてくるだろうと思っていました。
ケビン　　　　：ええ，きっとそうでしょうね。昨日のことは本当に申し訳ありません。
フレイザー教授：君が謝るべき相手は私だけではないです。もうイアンとピートには話をしましたか？ 2人は君がグループプレゼンテーションに現れなかったので，ほんとうに即興でやらざるを得なかった。なぜ欠席したのですか？
ケビン　　　　：実は2人に電話をするつもりだったのですが，どうにもまだ時間が見つからないのです。申し訳ないと思いますが，ほんとうに病気だったのです。おそらくウィルスか何かだったのでしょう。吐き気がしてヘトヘトでした。ひどく弱っているようだと医者も言っていました。僕がいなくて，イアンとピートはどうやったのですか？
フレイザー教授：ええ，今言ったように，彼らは君の提言をできる限り思い出そうとしなければいけませんでした。しかし，もちろん彼ら

	には君のメモがなかったから，彼らができることには限界がありました。要するに，彼らのプレゼンテーションは10分ほど短すぎた，ということです。
ケビン	：ああ，それはほんとうに残念です。そのことで彼らの成績を下げてしまうのですか？
フレイザー教授	：ケビン，私がほかの学生の成績について君と話すつもりはないということは，君にはきっと理解してもらえると思います。
ケビン	：ええ，もちろん。でも，自分の成績について聞いてもいいですか？
フレイザー教授	：君は欠席したのだから，私が君にプレゼンテーションの課題に成績をあげられないのは当然だと思います。
ケビン	：はい，それはわかります。でも，もし僕が欠席の理由となる診断書を提出したら，少なくとも最終評価で不合格になることは避けられると思うのですが。
フレイザー教授	：たしかに君の言うとおりでしょう。しかし，診断書が決して合格を保証するものではないということを忘れないように。君の健康状態は考慮に入れられるだろうが，いかなる最終決定も教師の裁量でなされるのですからね。

　今回の会話問題は，会話の話題や流れをある程度把握する必要がありましたが，シンプルな話の展開で，その点ではさほど高いハードルではなかったと思います。しかし，文法・語法知識と会話特有表現の知識を利用するという点ではかえって，知っていれば解けるし知らなければ解けない，というきびしい問題とも言えるでしょう。

　この手のタイプの会話問題には，lesson 4〜6で解説した文法・語法知識に対する意識を高め，ある一定数の会話特有表現を覚えるしかありません。ただし，このような地道な努力が実を結ぶような，ある意味ストレートで公平な問題というのは，勉強した分だけ点をとりやすいので得点しやすい（＝計算に入れやすい）問題なのです。

次の lesson では，このような知識だけでなく，会話の流れや前後関係などに注目することで解ける会話問題を解説します。知識と技術の二本柱を形成していきましょう。

会話問題は他大学でも頻出なので，しっかり対策をとっておこう。

lesson 13

会話問題(2)
～話題の把握と広い視野～

STEP 1 青山学院大ネライ撃ちポイント

　前回の lesson 12で紹介した「会話問題の3つのポイント」(p.258)のうち，「❸前後の発話との対応関係に注目する」という点について解説していきましょう。

　まず次の 参考問題 を解いてから具体的な話をします。

参考問題

次の会話文の空所に最も適切なものを，①〜④から選びなさい。

Harry : Would you mind taking a look at this?
Nick ： This is a great plan, Harry! (　　)
Harry : Yeah, but there's one thing I'm concerned about. Our boss might not like the extra costs.
Nick ： Well, he may not be happy with the extra costs, but this plan has so many advantages. I'm certain he'll say yes.

① I can't agree with that. There are too many disadvantages.
② I couldn't agree more. I'm sure it'll work.
③ That depends. I have no idea what to do.
④ Your idea doesn't make sense to me.

(2009年度　センター試験)

　Harry「これ，ちょっと見てもらえますか？」，Nick「これは良い計画だ，Harry!」に続く空所です。その後の Harry の発話と Nick の発話は次のようなプラス・マイナスの対比関係になっています。

Harry :「1つ気になっていることがあるんです。上司はさらなるコストがかかることを好ましく思わないかもしれない」

↕ 対比

Nick :「この計画には利点がたくさんある。彼はきっといいって言うよ」

　Nick は計画に対してプラスの立場なので，この最後の Nick の発話に対応させて，空所にもプラスイメージの発話を入れます。一見したところ，どれも否定文でマイナスイメージの表現に思えますが，②I couldn't agree more. は**仮定法**が用いられています。

　▶「現在」の状況で助動詞の過去形が用いられるのは，基本的に仮定法過去かていねい表現がメインです。

　つまり，「これ以上賛成しようにもできない ➡ 賛成の度合いをもうこれ以上高められないくらい賛成だ」となり，実際には「大賛成だ」というプラスイメージの意味です。実際に，その後にも I'm sure it'll work.「きっとうまくいくはずだ」とプラスの内容が続きます。正解は②です。

　ほかの選択肢は，①「それには同意できない。あまりにも不都合な点が多すぎる」，③「場合によるね。僕にはどうすべきかわからない」，④「君の考えは僕にはわからないね」です。

　仮定法に関する知識も多少必要ですが，それ以上に最後の発話と対応させてプラスの方向性を意識づけることが重要な問題です。

　また，会話問題を解く際に，あらかじめ選択肢に注目し，それらをまずはタイプ別に分類しておけば，たとえ選択肢がたくさんあってもスムーズに解くことができ，ミスも減る方法も紹介します。

　この lesson では，「**対応関係**」と「**選択肢の下ごしらえ**」，この2つを武器として使えるようになることを第1の目標とします。

STEP 2 基本例題

⏱ 8分 合格点6／8問中

次の会話文の空所（ 1 ）～（ 8 ）に最も適切なものを(a)～(h)から選びなさい。同じものを2回以上用いないこと。

Mr. Buck : I just had the shock of my life. ❶
Emiko : （ 1 ）❷
Mr. Buck : You remember my telling you that a new fellow is coming here from the head office? ❸
Emiko : Oh, Mr. Harrision? ❹
Mr. Buck : Yes, the head office says that apartment rentals are so high that it's better to buy an apartment instead. ❺
Emiko : I agree. （ 2 ）❻
Mr. Buck : I know. （ 3 ）I gave him all our requirements. ❼
Emiko : Requirements? ❽
Mr. Buck : （ 4 ）❾
Emiko : How about central heating? ❿
Mr. Buck : Yes, central heating and air-conditioning. ⓫
Emiko : （ 5 ）⓬
Mr. Buck : I forgot about that. ⓭
Emiko : That's very important, you know. It's expensive, too. ⓮
Mr. Buck : （ 6 ）⓯
Emiko : A friend of mine is paying twenty thousand yen a month. ⓰
Mr. Buck : That's not too bad. I used to pay eighty dollars in Chicago. （ 7 ）They want ten million yen! ⓱
Emiko : （ 8 ）⓲
Mr. Buck : It must be. ⓳

(a) Two bedrooms, a living room, a dining room, a kitchen and so on.

(b) What happened, Mr. Buck?
(c) Did you think about garage space?
(d) The land underneath the apartment is what pushes up the price, Mr. Buck.
(e) If the company owned two apartments, we could do away with hotel hunting.
(f) What gets me is the price on an apartment which is so small.
(g) So I had a talk with a big real estate company's agent.
(h) About how much?

(2010年度　青学・経営)

解答・解説

解説　このような 1 文単位の選択肢を空所補充するタイプの問題では，あらかじめ各選択肢を次のように分類しておくと楽です。

会話問題での一文単位選択肢の下ごしらえ

❶ 質問文と返答文に分ける

❷ 過去時制と現在時制に分ける

❸ （可能なものは）プラスとマイナスに分ける

❹ 代用表現や省略表現をチェックする

　会話文を見てから選択肢を眺めて，また会話文に戻って……，と繰り返すと会話の流れがつかみづらいうえに時間もかかってしまいます。さらに一度間違えた選択肢を選んでしまうと，最後のほうになって適当な選択肢が見つからず，また戻っては試行錯誤を繰り返すという悪循環に陥る可能性が高くなります。まず，選択肢のチェックから始めてください。今回のケースでは，次のように整理します。

> ❶ 質問文 ➡ (b), (c), (h)　返答文 ➡ (a)
> ▶必ずしもすべての選択肢を二分する必要はありません。
> ❷ 過去時制 ➡ (b), (c), (g)　現在時制 ➡ (d), (f)（仮定法過去 ➡ (e)）
> ❸ プラスイメージ ➡ (e)　マイナスイメージ ➡ (f)
> ❹ 代用表現・省略 ➡ とくに目立つものはない

　実際に本番で細かくメモをとるのは時間的に無理だと思うので，「質問」➡「Q」，「返答」➡「A」，「過去時制」➡「カ」，「現在時制」➡「ゲ」，「プラス」➡「＋」，「マイナス」➡「−」などと簡単に記号化して書き込んでいくとよいでしょう。

　以上のような下ごしらえをして，会話文に入りましょう（❶〜❸）。

Mr. Buck　：I just had the shock of my life.
Emiko　　：(　1　)〈質問〉
　　　　　　　↑ 返答文
Mr. Buck　：You remember my telling you
　　　　　　　[that a new fellow is coming here from the head office]?〈返答〉

　Mr. Buck が「ショッキングなことがあったのです」と発言し，その後にそのエピソードについて具体的に話し始めます。ということは，具体的エピソードを導いた Emiko の発話は質問文のはずです。質問文の選択肢は(b), (c), (h)なので，その中から最適なものを探せば，簡単に(b) **What happened, Mr. Buck?**「何があったのですか，バックさん」だとわかります。過去時制というのもヒントになっています。

　訳
　バック氏　：ショッキングなことがあったのです。
　エミコ　　：何があったのですか，バックさん？
　バック氏　：本社から新しい人間がやってくる予定だと話したことを覚えていますか？

　続いて，a new fellow「新しい同僚」について会話が展開します（❹〜❻）。

Emiko　　：Oh, Mr. Harrision?
Mr. Buck　：Yes, the head office says [that apartment rentals are **so** high **that** it's better to buy an apartment instead].
　　　　　　　　　　　　　　　　　　対応
Emiko　　：I agree. (　2　)

　Mr. Buck の「アパートの賃貸は高いから，代わりにアパートを買ったほうがよい」という発話に対し，Emiko は I agree. と言って同意しているので，同じような方向の内容が続くはずです。it's better がプラスイメージだと気づけば，(e) **If the company owned two apartments, we could do away with hotel hunting**.「もし会社がアパートを2部屋所有すれば，私たちはホテル探しをしないですみますね」が正解です。

訳

エミコ　　：ええ，ハリションさんですね。
バック氏　：そうです。本社は，アパートの賃貸は高いから，代わりにアパートを買ったほうがよいと言っています。
エミコ　　：そうですね。もし会社がアパートを2部屋所有すれば，私たちはホテル探しをしないですみますね。

続いて「アパートを購入する話題」に移ります（❼〜❾）。

Mr. Buck：I know.
　　　　　　　(　3　) I gave him all our requirements.
　　　　　　　　　　　　過去時制　　　　　▶ requirement「条件」
Emiko　　：Requirements?〈質問〉
　　　　　　　　　　返答文
Mr. Buck：(　4　)〈返答〉

　I know で一度話が途切れるので，(3)のように話の再スタート地点の空所補充は難しいのですが，ここでは次の発話 I gave him に注目します。gave が過去時制であること，him が少なくとも Mr. Harrision ではなく別の誰かであること，この2点に注目すると，正解は(g) **So I had a talk with a big real estate company's agent**.「だから大きい不動産会社の

代理人と話をしました」です。a ～ agent が次の発言で him に代名詞化されています。ほかの過去時制の選択肢(b)(c)は質問文なので，不適格です。

そして，その代理人に requirements「条件」を提示したという Mr. Buck の発言に対して，その requirements を Emiko が聞き返しているので，空所（　4　）には返答文が入ります。正解は，(a) **Two bedrooms, a living room, a dining room, a kitchen and so on**.「寝室 2 つ，居間，食堂，台所など」です。

訳

バック氏　：そうです。だから大きい不動産会社の代理人と話をしました。彼には私たちの条件をすべて伝えました。
エミコ　　：条件？
バック氏　：寝室 2 つ，居間，食堂，台所などです。

さらに「アパートの条件」の話は続きます（❿〜⓭）。

Emiko　　：How about central heating? 〈質問〉
Mr. Buck：Yes, central heating and air-conditioning. 〈返答〉

　　　　　　　　　　　　　対応

Emiko　　：（　5　）〈質問〉
Mr. Buck：I forgot about that. 〈返答〉

central heating and air-conditioning「集中冷暖房」に関する質問には，Mr. Buck は Yes と答えているので，これは代理人に伝えたのでしょう。しかし，次に I forgot about that. と答えているということは，central heating and air-conditioning 以外に関する質問文が空所（　5　）には入るはずだと判断できます。したがって正解は，(c) **Did you think about garage space?**「駐車スペースについては考えましたか？」です。

訳

エミコ　　：集中暖房システムはどうしましたか？
バック氏　：はい，集中冷暖房システムは伝えました。
エミコ　　：駐車スペースについては考えましたか？
バック氏　：それは忘れていました。

続いて「駐車スペース」についての話題になります（⓮～⓰）。

Emiko : That's very important, you know. It's expensive, too.
Mr. Buck : (6)〈質問〉
Emiko : A friend of mine is paying twenty thousand yen a month.〈返答〉

駐車スペースに対し very important, さらには expensive だと Emiko は述べています。続いて，Mr. Buck の質問に対して Emiko が具体的な金額を返答しているので，正解は(h) **About how much?**「いくらくらいですか？」です。

訳
エミコ　　：やはり，それはとても大切ですよ。また値段も高いですし。
バック氏　：いくらくらいですか？
エミコ　　：私の友人は月に2万円払っています。

その金額に対しての話題が最後です（⓱～⓳）。

Mr. Buck : That's not too bad. I used to pay eighty dollars in Chicago. (7) They want ten million yen!　　具体的な金額
Emiko : (8)
Mr. Buck : It must be.　　▶後ろには省略がある。

金額に関する話題が続いています。残った選択肢(d)と(f)はどちらも金額に関する話題なので少し難しそうに思えます。

(d) The land underneath the apartment is what pushes up the price, Mr. Buck.
(f) What gets me is the price on an apartment which is so small.

(d)は Mr. Buck に呼びかけているので，あきらかに Emiko の発話です。そう考えると，(f)「私が怒っているのはあんなにも狭いアパートの値段です」と

いうMr. Buckの発言が空所（ 7 ）に入り，その値段がten million yenとくれば，流れもピッタリです。

Emikoの(d)の発言を受けて，最後にMr. BuckがIt must be.と発言しています。これは，is what pushes up the priceの前にmust beと置き，「～に違いない」という意味になると考えます。It must be（that）～と考えて，前文の内容をそのまま受けているという解釈も可能ですが，いずれにせよ同じ文意になります。

> **訳**
> バック氏　：それはそんなにひどくはないですよ。私は以前シカゴで80ドル払っていました。私が怒っているのは，あんなにも狭いアパートの値段です。1000万円を要求されたのです。
> エミコ　　：アパートの地価が値段を押し上げているのです，バックさん。
> バック氏　：きっとそうに違いないですね。

> **答**　1 －(b)　2 －(e)　3 －(g)　4 －(a)
> 　　　　5 －(c)　6 －(h)　7 －(f)　8 －(d)

> **全文訳**
> バック氏　：ショッキングなことがあったのです。
> エミコ　　：何があったのですか，バックさん？
> バック氏　：本社から新しい人間がやってくる予定だと話したことを覚えていますか？
> エミコ　　：ええ，ハリションさんですね。
> バック氏　：そうです。本社は，アパートの賃貸は高いから，代わりにアパートを買ったほうがよいと言っています。
> エミコ　　：そうですね。もし会社がアパートを2部屋所有すれば，私たちはホテル探しをしないですみますね。
> バック氏　：そうです。だから大きい不動産会社の代理人と話をしました。彼には私たちの条件をすべて伝えました。
> エミコ　　：条件？
> バック氏　：寝室2つ，居間，食堂，台所などです。
> エミコ　　：集中暖房システムはどうしましたか？
> バック氏　：はい，集中冷暖房システムは伝えました。

エミコ	：駐車スペースについては考えましたか？
バック氏	：それは忘れていました。
エミコ	：やはり，それはとても大切ですよ。また値段も高いですし。
バック氏	：いくらくらいですか？
エミコ	：私の友人は月に2万円払っています。
バック氏	：それはそんなにひどくはないですよ。私は以前シカゴで80ドル払っていました。私が怒っているのは，あんなにも狭いアパートの値段です。1000万円を要求されたのです。
エミコ	：アパートの地価が値段を押し上げているのです，バックさん。
バック氏	：きっとそうに違いないですね。

　このようにあらかじめ各選択肢を分類し，会話問題といえど前後との対応関係を押さえていけば，確実に解答を出すことができます。
　会話は発話のキャッチボールなので，そこに論理性があるのは当然です。その論理性に注目すれば，「なんとなく」という解き方にはなるはずがありません。客観的な判断力で正しく解いていくことができるのです。

会話問題でも客観的な思考が求められていることがわかったかな？

STEP 3 実戦問題

次の会話文の(1)～(10)に最も適切なものを(a)～(k)から1つずつ選びなさい。ただし，同じものを2度以上使わないこと。

Three employees and the zookeeper meet to discuss recent changes in the workplace.

Zookeeper : I've called this meeting to talk about a very important development at the Ferris County Zoo. Due to budget cuts, (1). This means we will all have to work more during regular working hours. (❶)

Jack : No overtime? I can't believe management is doing this! I can barely finish my duties now. (❷)

Amanda : I count on overtime to feed my kids. How are we supposed to (2)? (❸)

Bill : If we work too fast, (3). Remember Charlie lost an arm to the gorillas last year when he rushed to finish feeding on Christmas Eve! (❹)

Zookeeper : Trust me, I did everything I could to fight this. Look, until we have another option, I propose some new feeding (4). Jack, if you concentrate on the primates, then Bill can take the elephants from you and Amanda can do the ostriches. (❺)

Amanda : (5)! (❻)

Zookeeper : You have no choice. They're right next to the giraffes, and you feed them in the morning, right? (❼)

Amanda : At nine forty-five. How will I get back to my station before noon? (❽)

Zookeeper : We (6) from the Maple Woods Country Club. They will make getting around the property much easier. (❾)

Bill : Who's going to tend to the polar bears? (❿)

Zookeeper : We are going to designate one staff member for each area. All cold-weather animals, (7), will be cared for by you. (⓫)
Bill : That's fine with me. But (8). It was blowing gray ice this morning. (⓬)
Zookeeper : I'll call the technician after this meeting. (⓭)
Jack : If Amanda is taking the ostriches, (9)? The reptile cave is in her new section. (⓮)
Amanda : (10). I refuse to watch harmless bunny rabbits suffer! (⓯)
Zookeeper : You won't have to. If Bill can give you the mountain goats, then he will have enough time to do the cave.
Bill : No problem.
Zookeeper : Okay. That's all I had to say. Thank you for your cooperation.

(a) then who will feed the snakes and lizards
(b) there are certain to be more mistakes and more accidents
(c) someone needs to clean the snow machine
(d) including seals and penguins
(e) have acquired some used golf carts
(f) behind the gate and on the left
(g) we will have to eliminate overtime pay
(h) make up for this loss of income
(i) Snakes eat live animals
(j) I don't trust those giant birds
(k) schedules to get our jobs done more efficiently

(2010年度　青学・経済)

解答・解説

解説　まずは，各選択肢の下ごしらえから始めましょう。今回は，SV 構造

や品詞で分けると効果的です。

❶ SV 構造 ➡(b), (c), (g), (i), (j)　　動　　詞➡(e), (h)
　　副詞句➡(d), (f)　　　　　　　　名 詞 句➡(k)
❷ 質問文➡(a)
❸ マイナスイメージ➡(b) (more mistakes and more accident), (j) (I don't trust)
❹ 代用表現➡(h) (this loss of income)
　　　　　　(j) (those giant birds)

最初に会話の登場人物とトピックが示されています。

- 登場人物 ➡ *Three employees and the zookeeper*
- トピック ➡ *recent changes in the workplace*
　　　　　　「職場での最近の変化」

まずは，園長と従業員の 1 人 Jack の会話です（❶〜❷）。

Zookeeper : I've called this meeting to talk about a very important development at the Ferris County Zoo. (Due to budget cuts), (1).

　　　　　　　　　　副詞句　　　　　　　SV 構造が入るはず
　　　聞き返し
　　　　　　This means we will all have to work more (during regular working hours).
　　　　　　　　　　　　　言い換え

Jack : No overtime? I can't believe management is doing this! I can barely finish my duties now.

Due to budget cuts「予算削減のために」という副詞句の後ろなので，SV 構造が入ります。候補は(b), (c), (g), (i), (j)です。続いて，This means という言い換えのマークによって「正規の勤務時間にもっと働かなければいけないだろう」とあります。さらに Jack が「残業なしだって？」と聞き返しているので，正解は(g) **we will have to eliminate overtime pay**「残業手当を削減しなければいけない」です。

> 訳
> 園長　：フェリス郡立動物園でのとても重要な改革について話すために，この会議を開きました。予算削減のために，<u>私たちは残業手当を削減しなければいけません。</u>つまり，正規の勤務時間にもっと働かなければいけないということです。
> ジャック：残業なしだって。経営側がこんなことをするなんて信じられない。今でもなんとかギリギリ仕事をこなしているのに。

この「残業手当削減」に対して，ほかの2人の従業員 Amanda と Bill が意見を述べています（❸〜❹）。

Amanda：I count on overtime to feed my kids.
　　　　　How are we supposed to （　2　）?
　　　　　　　　　　　　　　　　　　　動詞の原形が入るはず

Bill　：[If we work too fast], （　3　）.
　　　　　副詞節　　　　　　　　SV 構造が入るはず
　　　　　　　　　　　　　　　　　↓
　　　　　　　　　　　　　　　　具体説明

　　　　　Remember Charlie lost an arm to the gorillas last year when he rushed to finish feeding on Christmas Eve!

　Amanda の発話の空所（2）は不定詞の一部なので，動詞の原形が入ることがわかります。候補は(e), (h)です。「残業手当削減」に対する発言なので，正解は(h) **make up for this loss of income**「この収入減の埋め合わせをする」です。

　（3）は if 節の後ろなので主節，つまり SV 構造が入ります。候補は(b), (c), (i), (j)です。直後に「Charlie が昨年ゴリラに腕をやられた」とマイナスイメージの具体説明をしているので，正解は(b) **there are certain to be more mistakes and more accidents**「きっとミスと事故が増えます」となります。

> 訳
> アマンダ：子どもたちに食べさせるために，残業手当を当てにしているのよ。<u>この収入減の埋め合わせをするにはどうしたらいいの？</u>

ビル　　：あまり急いで働いたら, きっとミスと事故が増えます。チャーリーが昨年クリスマスイブに急いで餌をやり終えようとしてゴリラに腕をやられたことを思い出してください。

続いて園長と Amanda の会話です（❺〜❻）。

Zookeeper : Trust me, I did everything I could to fight this.
Look, [until we have another option],
I propose some new feeding (　4　).
　　　　　　　　　　　　　　　↑
　　　　　　　　　　　修飾　　名詞が入るはず

Jack, [if you concentrate on the primates],
then ⎡ Bill can take the elephants from you
　　　　and
　　　　Amanda can do the ostriches. ⎦
　　　　　　　　　　　　　　返答
Amanda : (　5　)!
　　　　SV 構造が入るはず

　園長の発話では, 現在分詞 feeding が後ろの空所(　4　)を修飾しています。ここには名詞句が入るので, 正解は(k) **schedules to get our jobs done more efficiently**「もっと効率的に仕事をするための計画」です。園長は新しい餌やり計画で,「Jack ➡ サル, Bill ➡ ゾウ, Amanda ➡ ダチョウ」という担当を提案しています。この案に対しての Amanda の発話が空所(　5　)です。SV 構造が入るので, この時点での候補は(c), (i), (j)です。ここまで絞れていれば, ostriches が具体的にダチョウという意味だとわからなくても, 消去法でも解答を導けるでしょう。正解は(j) **I don't trust those giant birds**「あんなに巨大な鳥なんて信じられない」です。

訳

園長　　：信じてほしい, 私はこのことに対処するためにできることをすべてしたのです。別の方法を思いつくまでは, もっと効率的に仕事をするための新しい給餌計画を提案します。ジャック, 君がサルに専念すれば, ビルが君からゾウを引き受け, そしてアマンダがダチョウの世話をすることができます。

アマンダ：あんなに巨大な鳥なんて信じられない。

園長と Amanda の会話はまだ続きます（❼〜❾）。

Zookeeper : You have no choice. They're right next to the giraffes, and you feed them in the morning, right?
Amanda : At nine forty-five.
How will I get back to my station before noon?　返答
Zookeeper : We （ 6 ） from the Maple Woods Country Club.
　　　　　　　動詞が入るはず
They will make getting around the property much easier.
　▶ They の指示対象が空所（ 6 ）に入るはず。

　Amanda の「どうやって持ち場に戻るというの？」という質問に園長が返答しています。主語 We があるので空所（ 6 ）には動詞が入るはずです。また，直後の They の指示対象もこの空所（ 6 ）にあるはずなので，正解は(e) **have acquired some used golf carts**「中古のゴルフカートを手に入れた」です。

訳
園長　　：そうするよりしかたがないのです。ダチョウはキリンのすぐ隣です。朝，餌をやってくれますね？
アマンダ：9時45分か。正午前にどうやって持ち場に戻るというのですか？
園長　　：メイプルウッズ・カントリークラブから中古のゴルフカートを手に入れました。それらを使えば敷地を移動するのがもっと楽になります。

続いて Bill と園長の会話です（❿〜⓫）。

Bill : Who's going to tend to the polar bears?
Zookeeper : We are going to designate one staff member for each area.
All cold-weather animals, (7), will be cared for by you.
　　　　　　　　S　　　　　挿入句が入るはず　V

lesson 13　会話問題(2)　291

話題は「ホッキョクグマの世話」です。園長の発話において，**All cold-weather animals** と **will be cared** の間に空所（ 7 ）がありますが，これは挿入句です。

SとVの間に挿入される要素〈S, 挿入句, V ～〉

❶ 副詞要素　　　　　　❷ Sとの同格関係の名詞句
❸ Sに対する修飾語句　❹ 非制限用法の関係詞節

残った選択肢の中で候補となるのは副詞句である(d)と(f)です。(f)は「ゲートの後ろと左側に」とここでの話題に無関係ですが，(d) **including seals and penguins**「アザラシやペンギンなど」は，主語の「寒冷地の動物すべて」を具体化しているので，これが正解となります。

訳
ビル　：誰がホッキョクグマの世話をするのでしょうか？
園長　：それぞれの区画に1人スタッフを指名します。アザラシやペンギンなど，寒冷地の動物はすべて君に世話してもらいます。

Bill と園長の会話は続きます（⓬～⓭）。

Bill　　　　：That's fine with me. But (8).
　　　　　　　It was blowing gray ice this morning.
　　　　　　　▶ It の指示対象が空所(8)に入るはず。
　　　　　　　　　　　　　　　　　　　　　　返答

Zookeeper：I'll call the technician after this meeting.

園長の「技術者に連絡する」という発言から，話題は動物以外に移ったことがわかります。また，It の指示対象が空所（ 8 ）には入るはずです。ここに入るのはもちろん SV 構造のものなので，候補は(c)と(i)です。「灰色の氷を吐き出す」ものを考えれば，正解は(c) **someone needs to clean the snow machine**「誰かが製雪機を掃除する必要があります」だとわかります。

訳

ビル　　：わかりました。しかし，誰かが製雪機を掃除する必要があります。今朝，灰色の氷を吐き出していました。
園長　　：この会議の後に技術者に連絡します。

Jack と Amanda の発話が続きます（⓮〜⓯）。

Jack　　：If Amanda is taking the ostriches, (9)?
　　　　　　　　　　　　　　　　　　　　　疑問文が入るはず
　　　　　The reptile cave is in her new section.
Amanda：(10). I refuse to watch harmless bunny rabbits
　　　　　SV 構造が入るはず
　　　　　suffer!

if 節の後ろに疑問文が続いています。疑問文タイプの選択肢は(a) **then who will feed the snakes and lizards**「誰がヘビやトカゲに餌をあげるのだろうか」だけなので，これが正解です。

Amanda の発話の空所（ 10 ）はそれ自体独立しているので，SV 構造が入ります（呼びかけや感情を表す間投詞が入る可能性もありますが，選択肢中にそういったものがないので無視します）。残った選択肢で候補となるのは，(i) **Snakes eat live animals**「ヘビは生きた動物を食べるのよ」のみです。

訳

ジャック：もしアマンダがダチョウを引き受けるのならば，誰がヘビやトカゲに餌をあげるのですか？　ハ虫類の洞穴は彼女の新しい担当にありますが。
アマンダ：ヘビは生きた動物を食べるのよ。いたいけなウサギが苦しむのを絶対に見たくはないわ！

答

1 – (g)　　2 – (h)　　3 – (b)　　4 – (k)　　5 – (j)
6 – (e)　　7 – (d)　　8 – (c)　　9 – (a)　　10 – (i)

全文訳

3人の従業員と動物園の園長が，職場での最近の変化について話し合っている。

園長	：フェリス郡立動物園でのとても重要な改革について話すために，この会議を開きました。予算削減のために，私たちは残業手当を削減しなければいけません。つまり，正規の勤務時間にもっと働かなければいけないということです。
ジャック	：残業なしだって。経営側がこんなことをするなんて信じられない。今でもなんとかギリギリ仕事をこなしているのに。
アマンダ	：子どもたちに食べさせるために，残業手当を当てにしているのよ。この収入減の埋め合わせをするにはどうしたらいいの？
ビル	：あまり急いで働いたら，きっとミスと事故が増えます。チャーリーが昨年クリスマスイブに急いで餌をやり終えようとしてゴリラに腕をやられたことを思い出してください。
園長	：信じてほしい，私はこのことに対処するためにできることをすべてしたのです。別の方法を思いつくまでは，もっと効率的に仕事をするための新しい給餌計画を提案します。ジャック，君がサルに専念すれば，ビルが君からゾウを引き受け，そしてアマンダがダチョウの世話をすることができます。
アマンダ	：あんなに巨大な鳥なんて信じられない。
園長	：そうするよりしかたがないのです。ダチョウはキリンのすぐ隣です。朝，餌をやってくれますね？
アマンダ	：9時45分か。正午前にどうやって持ち場に戻るというのですか？
園長	：メイプルウッズ・カントリークラブから中古のゴルフカートを手に入れました。それらを使えば敷地を移動するのがもっと楽になります。
ビル	：誰がホッキョクグマの世話をするのでしょうか？
園長	：それぞれの区域に1人スタッフを指名します。アザラシやペンギンなど，寒冷地の動物はすべて君に世話してもらいます。
ビル	：わかりました。しかし，誰かが製雪機を掃除する必要があります。今朝，灰色の氷を吐き出していました。
園長	：この会議の後に技術者に連絡します。
ジャック	：もしアマンダがダチョウを引き受けるのならば，誰がヘビやトカゲに餌をあげるのですか？ ハ虫類の洞穴は彼女の新しい担当にありますが。
アマンダ	：ヘビは生きた動物を食べるのよ。いたいけなウサギが苦しむのを絶

	対に見たくはないわ！
園長	：見る必要はありません。もしビルが君にシロイワヤギを任せられれば，彼は洞穴を担当する時間を十分にもてます。
ビル	：問題ないです。
園長	：OK。言うべきことはこれですべてです。ご協力ありがとうございます。

対応関係は見極められましたか？ 選択肢の下ごしらえは適切にできましたか？ これらを武器にさらに飛躍しよう！

Chapter 6
英作文編

～英語の組み立て方と英語を手段とした思考のアウトプットの方法～

> 英作文は，苦手とする受験生が最も多い分野ですが，自分の文法・語法の知識と語彙力の精度を見直すよいきっかけになるでしょう。正しい英文の組み立て方を1つずつ覚えていこう。

lesson 14

条件英作文・和文英訳問題
～置き換え ➡ 組み立て～

STEP 1 青山学院大ネライ撃ちポイント

英作文を書くとき，何を心がけるべきでしょうか？

与えられた日本文の1語1語を英語に変換してしまい，結果的に英語としてまったく成り立っていないものができあがってしまった……というケースがよく見られます。「日本語 ➡ 英語の置き換え」ではなく「英文を正しく組み立てる」という前提をまずは認識しましょう。

具体的に「英語を正しく組み立てる」には，次のようなステップを踏む必要があります。

英作文のポイント

与えられた日本語を正しく分析する

❶ SV構造を把握する

❷ 修飾関係を把握する

❸ 動詞の語形（時制・態）を決定する

英語を組み立てるには，与えられた日本語を一度バラしてその構造を分析し，それに応じた英文を正しく組み立てるという意識が重要です。

とくに，日本語との仕組みが大きく異なる「SV構造」「修飾関係」「動詞の語形（とくに時制と態）」には注意を払う必要があります。

実際に 参考問題 でそれらを確認しましょう。

> **参考問題**
>
> 次の日本語を英語にしなさい。
>
> 「外国を旅していると，想像もしていなかった体験をすることが時々ある」　　　　　　　　　　（2010年度　日本女子大・文）

まずは与えられた日本語を正しく分析することから始めます。

> 「外国を旅していると」
> - 主語 ➡ 一般の人（we, you）
> - 時制 ➡ ここでの「している」は一般論なので，現在形で表す。
>
> 「想像もしていなかった　体験をすることが時々ある」
>
> 　　　　　　└── 修飾 ──┘

　一般論を述べるときには，「**主語**」は **we** か **you** です。基本的には we を用い，忠告文などの場合は you にするとよいでしょう。また，時制ですが，「〜している」とあるとすぐに現在進行形を用いたがる人が多いのですが，英語では次のような3パターンがあります。

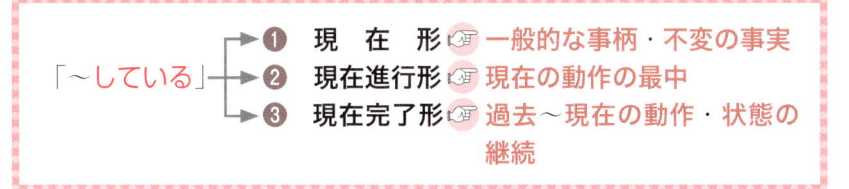

> ```
> 「〜している」→ ❶ 現　在　形 ☞ 一般的な事柄・不変の事実
>              → ❷ 現在進行形 ☞ 現在の動作の最中
>              → ❸ 現在完了形 ☞ 過去〜現在の動作・状態の
>                                継続
> ```

　与えられた日本語の状況に応じてしっかり使い分けましょう。ここでは一般的な事柄に関する話なので，現在形で表します。

　後半部分は，「想像もしていなかった」という語句が「体験」を修飾しています。関係詞を利用しましょう。関係詞節中の主語も we です。

　「体験をする」という表現ですが，ふつうは experience という動詞をすぐに思い浮かべるでしょう。しかし，そのままでは「想像もしていなかった」という修飾語句をつけるのは難しいです。そこで **have experience**〈V + O〉とすることで，experience に修飾語句をつけることが可能になります。

　▶ do experience とは通常言いません。

答 **When we travel abroad, we sometimes have experiences which we may not have imagined.**

もし，have experience という表現が出てこない場合は，関係代名詞 what を利用してもよいでしょう。

When we travel abroad, we sometimes experience what we may not have imagined.

ちなみに，when 節を分詞構文にして，Travelling abroad でも OK です。

なんとなくの知識や表面上の日本文に目を奪われると，足もとをすくわれてしまうから気をつけよう。

STEP 2 基本例題

> ⏱ 10分
>
> 次の日本語を表現するような英文を，与えられた書き出しを使って完成しなさい。
>
> (1) とても急いでいたので，傘をどこかに置き忘れてしまった。
> 　　　　　　　　　　　　　　　　　　　　　　　（I was in ...）
> (2) 彼女の手紙を読めば読むほど，彼女の真意がわからなくなった。
> 　　　　　　　　　　　　　　　　　　　　　　　（The more ...）
> (3) 彼女が留学できるかどうかは，費用がいくらかかるかによります。
> 　　　　　　　　　　　　　　　　　　　　　　（Whether or not ...）
> 　　　　　　　　　　　　　　　　　　　　　（2008年度　青学・理工）

解答・解説

(1) **解説**　まずは与えられた日本語を分析しましょう。

> 「とても急いでいたので，傘をどこかに置き忘れてしまった」
> ● 主　語 ➡ 「私」
> ● 時　制 ➡ 「急いでいた」（過去），「置き忘れてしまった」（過去）

「とても～だったので」という表現から〈Because + S + V ～〉としたくなりますが，書き出しが I was in ... となっているので because を使って組み立てるのは無理なようです。そこで次の構文を利用しようと考えます。

> ● 〈**so** + 形容詞・副詞 + **that** + S + V ～〉
> 　➡「とても 形容詞・副詞 なので～だ」
> ● 〈**such** + 名詞 + **that** + S + V ～〉
> 　➡「とても 名詞 なので～だ」

「急いでいた」という表現を〈so［such］～ that〉で挟み込めば，理由 ➡ 結果 という流れを作れます。ただし，間に挟み込むことができるのは，

lesson 14　条件英作文・和文英訳問題　301

形容詞・副詞か名詞なので，hurryという動詞を用いるわけにはいきません。
そこで，次のように置き換える必要があります。

> hurry（V）➡ *be* in a hurry〈*be* + 前置詞 + 名詞〉

このように考えることで，such ～ thatでa hurryを挟み込み，I was in such a hurry that ...となります。
後半部分では，「置き忘れる」という表現に注意です。これを「置くのを忘れる」と解釈し，forgot putting ～などとすると，もちろん文意が変わってしまいます。ここは単純に動詞 **leave** を用いれば十分です。「どこかに」は不特定の場所なので，**somewhere** で表します。

答 **I was in such a hurry that I left my umbrella somewhere.**

(2) 解説　まずは与えられた日本語を分析しましょう。

> 「彼女の手紙を読めば読むほど，彼女の真意がわからなくなった」
> 　　　　　　　　　　　　　　　=「彼女の言いたいこと」
> ● 主　　語 ➡「私」
> ● 時　　制 ➡「読む」（過去），「わからなくなった」（過去）

この「～すればするほど…だ」という表現を見て，すぐに次のような構文を思いつく人は多いでしょう。

> 〈**The** + 比較級 + S + V ～ , **the** + 比較級 + S + V ...〉
> ➡「**～すればするほどますます…だ**」

ただし，この構文を扱う際はかならず「もとの文構造」を意識してください。

> ⟨**the** + 比較級 + S + V［〜］⟩
>
> ▶ ⟨the + 比較級⟩ は，後続の SV から抜き出されている！
> 　比較級になる品詞は形容詞か副詞。
>
> **例** The older we get, the weaker our memories become.
> 「私たちは年を取るほど記憶力が弱くなる」
> **もとの文構造**
> ➡ ⟨we get old⟩ + ⟨our memories become weak⟩

　通常，比較級に語形変化する品詞は 形容詞 や 副詞 ですが，これらは文中のどこかに用いられていたもので，いきなり文頭にあるものではありません。この「抜き出し」という意識をしっかりもっていないと，この構文は使いこなせません。
　今回のケースでは「彼女の手紙を読めば読むほど」のもとの文構造を意識すると，次のようになります。

「彼女の手紙を読む」 ➡ I read her letter.

　これでは比較級にできる 形容詞 または 副詞 がありません。ここでの「読めば読むほど」とは「たくさん読めば読むほど」という意味を含んでいるので，次のようにします。

I read her letter. ➡ I read her letter much.

　この much を the more に変え，文頭に抜き出します。そうすれば，The more I read her letter という前半部分が完成します。
　後半部分も同様に考えます。

「彼女の真意がわからなくなった」 ➡ I didn't know what she meant.
＝「彼女の言いたいこと」

　このままでは，比較級にできる 形容詞 または 副詞 がありません。しかも，前半部分と違って，much などをつけることもできないようです。そこで，

今回は「〜すればするほど…でない」と反比例を表していることに注目し，次のような形式を利用します。

> ⟨**The more** + S + V 〜, **the less** + S + V …⟩
> ➡「〜すればするほどますます…でない」

後半部分の頭に the less をつけることで，これが否定の役割をします。これで否定語句 little「ほとんど〜ない」を比較級に語形変形したことにより，後続の SV から not をとることができます。

> I didn't know what she meant. ➡ I **little** knew what she meant.
> 　　　　　　　　　　　　　　　　　　　　↓
> 　　　　　　　　　　　　　　　**the less** I knew what she meant.

⟨the + 比較級 + S + V⟩ という構文を訳すのはそれほど難しくありませんが，英作文として利用する際にはこのような意識づけと工夫が必要です。今回のように「The more …という書き出しで」の指定がなければ，⟨**As** + S + V 〜, S + V …⟩「〜するにつれて…する」を用いたほうが無難かもしれません。

答 **The more I read her letter, the less I knew what she meant [wanted to say].**

(3) **解説** まずは与えられた日本語を分析しましょう。

> 「彼女が留学できるかどうかは，費用がいくらかかるかによります」
> 　　　　　　　　　　　　　　　　　　　　　　　　＝「次第です」
> ● 主　語 ➡「彼女が留学できるかどうか」
> ● 時　制 ➡「いくらかかるか」（未来），「〜によります」（現在）

主語は「彼女が留学できるかどうか」です。書き出しが Whether or not …とあるので，⟨Whether + S + V 〜⟩ を用いるのはすぐにわかります。ただし，**whether** 節は名詞節の場合と副詞節の場合があるので，一応確認しましょう。

〈**whether** + S + V 〜〉
- 「S が V **するかどうか**」　（名詞節）
- 「S が V **しようとしまいと**」（副詞節）
  ▶ or not は SV 〜の直後でも，whether の直後でも，どちらでも置ける。〈whether + S + V 〜 or not〉でも〈whether or not + S + V 〜〉でも OK。

　これで，Whether or not she can study abroad という主語の部分が完成します。
　次に動詞部分ですが，「〜によります」という表現のままでは扱いづらいので「〜次第だ」に変えます。こうすることで，**depend on** が使えます。

depend on 〜
➡「**〜に頼る，〜次第だ**」

　「〜に頼る」だけでなく「**〜次第だ**」という意味も押さえておきましょう。
　目的語部分「費用がいくらかかるか」ですが，間接疑問文で〈how much + S + V 〜〉と組み立てる際には，もとの文構造をしっかり把握したうえで，〈S + V 〜〉にどんな語句を並べるのかを考えます。

〈**It costs**（+ 人 ）+ 金額 + **to** + V 〜 .〉
➡「（ 人 が）〜するのに 金額 がかかる」

〈**It costs** + 金額 + **to** + V 〜 .〉
　　　　　　　how much で疑問詞化する。

〈 **How much** it costs to + V 〜 ?〉

　この文構造を意識していないと，how much の後が続かなくなってしまいます。今回のケースでは，「（人が）」「〜するのに」の部分は必要ありません。depend on の代わりに **rely on** でももちろん OK です。

答 **Whether or not she can study abroad depends**[または **relies**] **on how much it will cost**.

lesson 14　条件英作文・和文英訳問題

STEP 3 実戦問題

　私大全体と比較しても，青山学院大の文学部・教育人間科学部はかなり分量の多い英作文を出題します。しかし，与えられた日本語が長くても，英作文に対する対処法は一貫しています。「**与えられた日本語の分析**」「**表現の工夫**」です。分量に圧倒されることなく，**基本例題**レベルでもできたことをここでも同じように行い，英文を組み立てるだけです。

🕐 **13分**

次の(1)，(2)を英語に訳しなさい。

(1) 仕事をすばやく済ますためには，携帯電話は欠かせないように思われる。しかし，一日中メールのやりとりをしているのはかえって時間の無駄かもしれない。

(2) 単語は知識の象徴であり，正確な思考への鍵である。知的な人々の中に語彙が豊かな人が多いのは不思議ではない。

(2010年度　青学・文／教育人間科学〔2/13〕)

解答・解説

(1)　**解説**　まずは与えられた日本語を分析しましょう。
　第1文からです。

「**仕事をすばやく済ますためには**」
- 主　　語 ➡ 一般の人（we, you）
- 時　　制 ➡ 「済ます」（現在）

「**携帯電話は欠かせないように思われる**」
- 主　　語 ➡ 「携帯電話」（mobile phones）
　　　　　　▶一般性が高いので，無冠詞・複数形で表す。
- 時　　制 ➡ 「欠かせない」（現在），「思われる」（現在）

　「**～するためには**」で目的を表します。「**目的**」を表す表現では，次のようなものが一般的です。

「目的(〜するために)」を表す表現

❶ 準動詞を利用したタイプ ➡「〜するために」
- ⟨**in order to** + V 〜⟩
- ⟨**so as to** + V 〜⟩
- **with a view to** Ving 〜

❷ 副詞節を利用したタイプ ➡「S が〜するために」
- ⟨**so that** + S + **will**[**can**] + V 〜⟩
- ⟨**in order that** + S + **will**[**can**] + V 〜⟩

次のように,❶準動詞を利用したタイプと❷副詞節を利用したタイプにはそれぞれメリットとデメリットがあるので,その状況に応じて都合がよいほうを使います。

	メリット	デメリット
準動詞タイプ	・⟨to + V⟩やVingなど動詞の語形変形が易しい。 ・文頭・文中・文末どこにでも置きやすい。	・Sを切り換えづらい。 ▶主節のSと意味上のSV関係が生まれてしまう。 ▶意味上のSなどを用いる必要が生まれる。
副詞節タイプ	・Sを切り換えられる。 ▶主節のSと別のSを用いることができる。	・文頭には置けない。 ・動詞の時制を再度組み入れる必要がある。 ▶時制の一致などにも注意。

今回のケースでは,前半部分の主語は「一般の人」,後半部分の主語は「携帯電話」で,一致していません。もし,ここで in order to や so as to を用いてしまうと,その意味上の主語が主節の「携帯電話」になってしまいます。ですから,ここでは副詞節タイプを用い,⟨携帯電話 + V 〜 + **so that we will**[**can**] + V...⟩ という方向性で組み立てます。

「〜のように思われる」は ⟨**seem to** + V 〜⟩, ⟨**be thought to** + V 〜⟩, ⟨**It seems that** + S + V 〜⟩ で表せるので,第1文は,Mobile phones seem[are thought] to be essential so that we can[will] finish jobs[tasks] quickly. となります。

次に第2文です。

> 「しかし，一日中メールのやりとりをしているのは
> 　　　　　　　＝「メールを交換する」(exchange)
> かえって時間の無駄かもしれない」
> - 主　　語 ➡「一日中メールのやりとりをすること」
> - 時　　制 ➡「やりとりをしている」 ☞「やりとりをする」(現在)
> 　　　　　　「無駄かもしれない」(現在)

「〜することは…だ」というパターンが見えた時点で，形式主語構文〈It *be* ... to＋V 〜[that＋S＋V 〜]〉が思い浮かんだでしょうか。形式主語構文で〈to＋V〉を用いるか that 節を用いるかの判断は，前ページの「準動詞と副詞節のメリット・デメリット」を参照してください。ここでは，〈to＋V〉で十分でしょう。

また，「メールのやりとりをしている」とありますが，ここでは**一般的な事柄を述べているので，進行形ではなく現在形**を用います。「やりとりする」は「交換する」「送ったり受け取ったりする」などと工夫しましょう。

あとは，細かい語句の表し方に注意しましょう。

> - 「メール」　　　➡ text messages, e-mails
> - 「時間の無駄」　➡ a waste of time
> - 「かえって」　　➡ however
>   ▶「しかし」という意味合いに含まれている。

複数形の -s や冠詞 a, an など，細かい点に気をつけましょう。

答　1 **Mobile phones seem to be essential so that we can finish jobs quickly. However, it may be a waste of time to exchange text messages all day.**

　　2 **Mobile phones are thought to be essential so that we will finish tasks quickly. However, it may be a waste of time to send and receive e-mails all day.**

▶下線部はそれぞれ，どちらを使っても OK です。

(2) 解説　まずは与えられた日本語を分析しましょう。

---

❶ 「単語は知識の象徴であり，正確な思考への鍵である」
　　　　　　　　　　　　　　　＝正しく考えること
- 主　語 ➡ 「単語」（words）
　　　　▶一般性が高いので，無冠詞・複数形で表す。
- 時　制 ➡ 「象徴であり」（現在），「鍵である」（現在）

❷ 「『知的な』人々の中に『語彙が豊かな』人が多いのは不思議で
　　　　修飾↑　　　　　　　修飾↑　　　　　＝「〜なのは…だ」
はない」
- 主　語 ➡ 形式主語を用いて，〈It be ... that + S + V 〜〉
- 時　制 ➡ 「不思議ではない」（現在）
- 修　飾 ➡ 「知的な」は形容詞で，「語彙が豊かな」は関係詞
　　　　　　節で表す

第 1 文は構造的には難しくないでしょう。「知識の象徴」と「正確な思考への鍵」を and で等位接続すれば完成です。「正確な思考」は硬くて表現しにくいので「正しく考えること」と置き換え，**thinking correctly** とします。

第 2 文は，全体としては「〜なのは…だ」とあるので，形式主語構文〈**It be ... that** + S + V 〜〉とまとめればよいでしょう。「不思議ではない」は **no wonder**，もしくは **natural**「当然だ」で表します。that 節中の SV はかなり工夫が必要です。

---

❶ そのままで ➡ 「〜な人々の中に，…な人が多い」
　　☞ People who ... are many in[among] 〜 people.　（×）
❷ 工夫 1 ➡ 「〜な人々の中には，多くの…な人がいる」
　　☞ There are many people who ... among 〜 people.　（○）
❸ 工夫 2 ➡ 「〜な人々の多くは…な人だ」
　　☞ Many of 〜 people[those] are people[those] who ....
　　　　　　　　　　　　　　　　　　　　　　　　（○）

---

lesson 14　条件英作文・和文英訳問題　309

日本語では「〜な人が多い」「〜な人が少ない」などと述部に「多い・少ない」などの数量表現を置くことができますが，英語ではあまりそういう表し方はしません。英語の場合は，主語に数量表現を組み込むケースがほとんどです。

英語での数量表現の表し方

$$\left[\begin{array}{l}\langle\textbf{Many}[\textbf{Much}]\\ \langle\textbf{A few}[\textbf{little}]\\ \langle\textbf{Few}[\textbf{Little}]\end{array}\right] + S + V \sim .\rangle \Rightarrow 「\sim V する S は \left[\begin{array}{l}多い」\\ 少ない」\\ ほとんどいない」\end{array}\right]$$

　本問では「語彙の豊かな人が多い」を「語彙の豊かな多くの人」，つまりmany people who have rich[a lot of] vocabulary という表現に言い換えることで突破口が見えてきます。あとは，それを There be 構文の主語として扱い，「知的な」は many people を many intelligent people として表すとよいでしょう。

　また，「知的な人々の多くは語彙が豊かな人だ」と置き換え，many intelligent people として，〈S＋V＋C〉で表しても OK です。

　いずれにせよ，**数量表現の扱い方**が今回の問題のポイントです。ちなみに，数量表現を主語に組み込むという方法は，「〜な人が増えている；減っている」という増加減少表現にも応用できます。

増加減少の表し方

❶ 〈**The number of** ＋ S ＋ **who** 〜 ＋ **is increasing**[**decreasing**]〉
　➡「〜な S の数が増えている［減っている］」
❷ 〈**More**[**Less**] **and more**[**less**] ＋ S ＋ V 〜〉
　➡「〜する S が増えている［減っている］」

　基本的には，❶の形式を教わることが多いと思いますが，❷のように主語に more and more や less and less をつけるだけでも，簡単に増加減少を表

すことができます。

答 1 **Words are symbols of knowledge and the key to <u>correct thinking</u>. It is <u>no wonder</u> that there are many intelligent people who have a <u>rich</u> vocabulary.**

2 **Words are symbols of knowledge and the key to <u>thinking correctly</u>. It is <u>natural</u> that many intelligent people are, at the same times, those who have a <u>large</u> vocabulary.**

▶下線部はそれぞれ，どちらを使っても OK です。

数量表現を用いる以外では，**often などの頻度を表す副詞**を利用することも可能です。

3 **Words are symbols of knowledge and the key to thinking correctly. It is natural that intelligent people <u>often</u> have a large vocabulary.**

ここまでで，英作文は単なる「英語への変換」ではなく「日本語の分析➡英語の組み立て」なのだという意識が身についてきたでしょうか？ 英作文の問題は，解答を見れば簡単そうに思えるものでも，そこまでに至るプロセスが重要です。英作文が苦手な人は，解答から逆算してでもよいので，「**与えられた日本語をどのように分析すべきか**」という点に注目して練習してください。それがある程度できるようになってきたら，自力で日本語の分析ができるように練習してください。

あとは，本番での限られた時間の中で，❶**いかにシンプルでスマートな文を組み立てるか**，❷**ケアレスミスをどれだけなくせるか**，が勝負です。

lesson 15 自由英作文問題

STEP 1 青山学院大ネラい撃ちポイント

ひと言で自由英作文といっても出題パターンはさまざまで，青山学院大の場合は以下の3つのパターンに分けられます。

自由英作文の出題パターン

❶ 自己体験や仮定的内容についてのエッセーを書くもの
　➡ 国際政治経済学部・文学部・教育人間科学部で出題

❷ あるテーマに即した意見を書くもの
　➡ 文学部・教育人間科学部で出題

❸ 英文読解させたうえで意見や提案などを書くもの
　➡ 法学部で出題

❶は，「文法・語法的に正しい英文」を書くことが求められているだけなので対処しやすいです。また，❷も「基本的な論理性」と「文法・語法的に正しい英文」が求められているので，❶の延長線上として対処しやすいです。一方，❸はさらに「英文読解能力」も求められているので，もう一段高いハードルになるでしょう。

ただし，慶大（経済）や難関国公立大のように高度な分析能力や精緻な論理性が求められているわけではないので，どのパターンの出題形式でも「文法的に正しい英文」を書くことが最優先です。仮に自分の最も言いたい意見・提案があったとしても，それを的確に表す英文が作れないのであれば，英文で的確に表せる自信のある内容に変えてしまうのも1つの手です。

なので，lesson14の「条件英作文」よりも柔軟に対応できる分楽かもしれません。もちろん，「自由英作文」だからといって何を書いても自由というわけではありません。甘く考えて何も対策していないと痛い目にあいます。

STEP 2 基本例題

　自由英作文の解答は，もちろん1つのみということではありません。なので，自分で書いた英文が正しいか，なかなか判断できませんが，書いた後には必ず客観的に見て（辞書などを参照し）文法的に正しいかどうかを確認してください。とくに，動詞の語法と語形・時制，冠詞の有無，スペルミスを念入りにチェックしましょう。

　限られた時間の中でどれだけ文法・語法的なミスの少ない英文が書けるかどうかがカギです。

⏱15分

(1) Write an essay of not more than 60 words in English in which you answer the following question: If you could live in any country in the world you have never lived in before, which country would you like to live in and why would you like to live there?　なお，句読点は語数に含まれません。

（2008年度　青学・国際政治経済）

(2)　次の設問について，50語程度の英文を書きなさい。
　　Many abandoned cats and dogs are killed every week in Tokyo because their owners have rejected them. How would you solve this problem?

（2009年度　青学・文／教育人間科学〔2/14〕）

解答・解説

(1)　**解説**　まず，英文で書かれた課題文の内容を把握しましょう。

> 「もし，今まで住んだことのない国に住むとしたらどの国に住みたいですか？　そしてそこに住みたいのはなぜでしょうか？」
> 　▶ not more than 60 words「60語を超えない」➡ 60語以内

lesson 15　自由英作文問題

当然ですが,「日本に住むのが一番だ」「宇宙に行ってみたい」などという内容は,たとえそれが本心でもアウトです。受験生の本心や意表を突いた考えではなく,あくまでも「正しい英文」が求められているのです。

　基本的にどの国を選んでもまったく問題ありません。旅行の計画を立てるわけではなく,「あの国がいいかなあ？ いやこの国は楽しそうだ」などと迷っている暇はないので,スパッと決めてください。また,その国について英語で書くのですから,ウクライナ (Ukraine),エクアドル (Ecuador),コートジボアール (Cote d'Ivoire) などを選ぶなどという無茶な冒険はやめたほうがよいでしょう。無難に The U.S.A / France / Italy / England / Germany / Spain / Brazil / Thailand / South Korea など書きやすいものから選ぶとよいでしょう。

　書き出しは次のような形式を用います。

> I would like to live in ～．　　　　　　　　　　　　　　（7～8語）
> ▶語数稼ぎのために,If I could live in any country in the world I have never lived in before ... などと問題文の if 節を繰り返す必要はありません。

　そして,忘れてはいけないのが「その国に行きたい理由」です。イメージで国を選んでしまい,その理由が見つからないのでは,解答を最後まで書くことはできません。文化・歴史・スポーツ・食べ物など身近なトピックを入れていきましょう。全部で60語以内という語数制限を考えると,2～3つほど理由を盛り込めるとちょうどよいでしょう。

　また,理由を書くときに,いきなり〈Because + S + V ～〉としてはいけません。

「理由」を表す英文の書き出しについての注意点

- 〈S + V ～．**Because** + S + V ....〉は不可。
  - ▶〈Because + S + V ...〉は副詞節なので,単独では用いることはできない。
- 〈S + V ～．**This is because** + S + V〉
  あるいは 〈S + V ～．S + V ....〉
  - ▶ This is という主節を入れる。または〈S + V〉をそのままつなげる。

2つめ以降の理由については，and でつないで，そのまま〈S + V ...〉と書き出します。つまり，全体としては以下のような構成になります。

> I would like to live in 〜 .
> 〈(This is because +) S + V ... (理由❶). And + S + V ... (理由❷).〉

または，先に There are two[three] reasons. と提示し，その後に，〈First, S + V 〜 . Second, S + V ....〉としても OK です。

「〜が好きだから」とか「〜を学びたいので」とか「〜を見たい」「〜を食べたいので」など，自分の趣味趣向に照らし合わせて考えると思い浮かべやすいでしょう。もちろん「英文を書く」ことが目的なので，たとえスポーツに興味があまりなくても「本場のサッカーを現地で観戦してみたい」と書くなど，作り話でも当然かまいません。

答 1 **I would like to live in Italy. Italy has a long tradition and many historical sites. I want to study them because I'm interested in world history, especially in Italian and Roman history. And there are many different kinds of food in Italy. As they are not only delicious but healthy, I might live longer by having them regularly.** (59語)

2 **I would like to live in Brazil. I like to play football so much that I have belonged to a football club for six years. Most of the football players whose performance I like to watch are from Brazil. Brazil has an ideal environment for raising great football players, and I would also like to become a first-class football player.** (60語)

3 **I would like to live in the U.S.A., especially in Hawaii. I don't like the rapid pace of life in Japan and the cold weather in winter. I'm an easygoing person and like a slow life. Hawaii is an ideal place for me. Besides, I like to listen to Hawaiian music, which I find very refreshing.** (56語)

訳
1 「私はイタリアに住みたいと思います。イタリアには長い伝統と多くの歴史的

名所があります。私は世界史，とくにイタリアとローマの歴史に興味があるので，それらを学びたいと思います。そして，イタリアには多くの種類の食べ物があります。それらはおいしいだけでなく健康にも良いので，日常的に食べることで長生きできるかもしれません」

2 「私はブラジルに住みたいと思います。私はサッカーをするのがとても好きで，サッカークラブに 6 年間在籍しています。私が観ていて好きなプレーをするサッカー選手の多くはブラジル出身です。ブラジルには偉大なサッカー選手が育つ理想的な環境があるので，私も一流のサッカー選手になりたいと思います」

3 「私はアメリカ合衆国，とくにハワイに住みたいと思います。私は日本のせわしない生活のペースや冬の寒さが好きではありません。私はのんびりした人間でゆったりとした生活が好きです。ハワイは私にとって理想的な場所です。さらに私はとてもさわやかな気分にさせてくれるハワイの音楽が好きです」

(2) 解説 まず課題文の英文の内容を把握しましょう。

> 「飼い主に遺棄されたために東京では多くの捨て猫や捨て犬が毎週処分されている。この問題をどのように解決するか？」
> ▶50語程度➡45〜55語くらい。

　意見・提案を述べるタイプの自由英作文なので，最初に簡潔に意見・提案を書いてしまったほうがよいでしょう。その後に具体例や理由などを付け足していけば，語数調整もしやすいでしょう。

意見・提案タイプの自由英作文の基本構成

❶ 意見・提案を簡潔に述べる
❷ 具体例・理由を付け足す
　▶場合によっては「譲歩➡逆接➡主張」も 1 つの手段。

　本問のように生死を扱うテーマの場合は「**譲歩➡逆接➡主張**」という流れは作りづらいですが，2009年度の文学部・教育人間科学部（2/13実施）「サイクリストのヘルメット着用は義務づけられるべきか否か」や，2005年度の

文学部（2/14実施）「日本の小学校の週休2日制度の利点と不利点は何か」などは，「**譲歩➡逆接➡主張**」や「**対比**」などをうまく利用することができます。

また，解決策を求められているので，「処分されるのはかわいそうだ」「ペットを捨てる人たちはモラルがない」など感情論に走ると焦点がずれてしまう可能性があるので，「**～すべき**」「**～が必要だ**」などの形式で書いたほうがよいでしょう。

主語に関しては，世の中一般に対する提案なので，自分も含めるという意味で **we** を用いるか，「ペットを飼う人」という主語を立ててその後は **they** で受けるという方法があります。もちろん**時制は現在形**です。

答　1　**I think selling and buying pets in a shop should be banned. I don't mean that those who buy cats and dogs at a pet shop are problematic, but it is a problem that anyone can buy pets easily. We should be more responsible for pets.**　　　　（46語）

　2　**I think everyone who has pets should be forced to resister them with the local government or at a health care center. And pet owners might as well have their pets undergo an operation for sterilization because most abandoned pets are often those that owners cannot afford to raise.**　　（49語）

訳
1 「私は店でペットを売り買いすることを禁止すべきだと思います。ペットショップで猫や犬を買う人が問題だと言うつもりはなく，だれでも簡単にペットを買えることが問題なのです。私たちはペットにもっと責任をもつべきです」

2 「私は，ペットを飼う人は皆，地元の役所や保健所に登録すべきだと思います。また，捨てられてしまうペットの多くは飼い主が育てる余裕がなくなってしまう場合が多いので，飼い主はペットに不妊手術を受けさせたほうがよいと思います」

STEP 3 実戦問題

Read the following passage and answer the questions below.

'Manga' refers to a form of visual storytelling through pictures that originated in Japan, and anime, short for 'animation' is the animated form of manga, seen on TV and in cinemas. The easiest way to translate the word 'manga' to English would be to say that they are Japanese comic books. This definition, however, while technically true, is extremely misleading due to the way that the comic book is understood in Western culture. In the West, comic books are monthly booklets that tell a story, most of which are about heroes with ridiculous superpowers fighting stereotypical criminals who just want to take over the world. American comic books are also similar in that they each tend to target the same group: male children.

Manga is different in both respects. Manga fully penetrates the Japanese market, with manga for every target group, from little children to bored housewives to businessmen. The actual content is very different from American comics, even on the level of children's manga —— manga will often show a realistic portrayal of life, where death, anxiety, and the consequences of one's actions are a constant part of the story. These harsh facts of reality are often absent in American comic books where the main character seems to be able to do anything and forget the consequences. When manga and anime are translated into English they are often dumbed down.

One of the major differences is the level of depth to the characters in manga. In manga, one of the most important aspects is something often forgotten in American comic books —— character development. Most manga worlds are populated with believable characters with their own loves, hates and passions.

Most enemy characters aren't evil —— their agendas are just antagonistic to the main characters' own plans.

Perhaps the greatest difference between manga and American comic books is how the stories tend to end. Unlike American comics, where the hero always comes back to fight another enemy, most manga have a definitive ending, whether it be a "Hero wins, everybody's happy" type of ending, or an ending more akin to one of Shakespeare's tragedies. Manga ends with finality, rather than endless sequels.

Think of a Japanese manga that you are familiar with. Does your chosen example match, or does it not match, the above description of a typical Japanese manga? Write about your chosen manga in terms of the ideas presented in the article above.

Please write around 100 words using your own English to describe your thoughts and opinions. Try to think of ideas and evidence to support your opinions.

Write your answer in English on the separate answer sheet.

(2009年度　青学・法)

解答・解説

解説　まずは第1段落です。

❶ 'Manga' refers to a form of visual storytelling through pictures [that originated in Japan], and anime, short for 'animation' is the animated form of manga, seen on TV and in cinemas.

（漫画の定義 / アニメの定義）

❷ The easiest way (to translate the word 'manga' to English) would be to say [that they are Japanese comic books].

指示内容

❸ This definition, (however), (while technically true), is extremely misleading due to the way [that the comic book is understood in Western culture].

関係詞

具体説明

❹ (In the West), comic books are monthly booklets that tell a story, most of which are about heroes with ridiculous superpowers fighting stereotypical criminals who just want to take over the world.

❺ American comic books are **also** similar in that they each tend to target the same group: male children.

追加のマーク

訳 「『漫画』とは，日本で生まれた，絵を通した視覚的な物語の一形式であり，『アニメーション』を短くした『アニメ』とは，テレビや映画で見られる，漫画をアニメーション化したものである。『漫画』という言葉を英語に訳す最も簡単な方法は，日本版コミックということだろう。しかし，この定義は理屈のうえでは正しいが，欧米の文化におけるコミックの理解のされ方のせいで，非常に誤解を与えやすいものである。欧米では，コミックとは，あるストーリーを物語る月刊誌で，その大部分は途方もないとんでもない超能力をもつ主人公がまさに世界征服をねらう典型的な悪人と戦うものである。アメリカのコミックもまた，対象とするグループが少年であるという点で似ている」

続いて第2段落です。

❶ Manga is different in both respects.

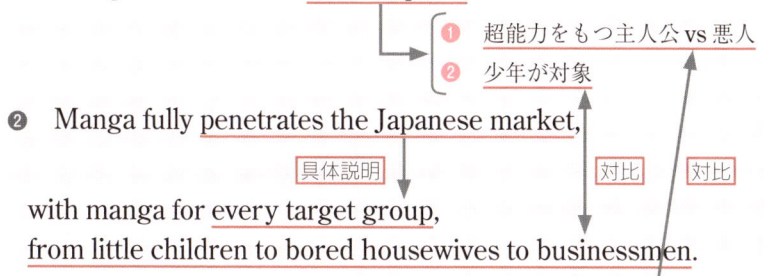

- ❶ 超能力をもつ主人公 vs 悪人
- ❷ 少年が対象

❷ Manga fully penetrates the Japanese market,
具体説明　　　　　対比　　対比
with manga for every target group,
from little children to bored housewives to businessmen.

❸ The actual content is very different from American comics,
具体説明　　　even on the level of children's manga
— manga will often show a realistic portrayal of life,
指示対象
where death, anxiety, and the consequences of one's actions are a constant part of the story.

❹ These harsh facts of reality are often absent in American comic books
[where the main character ~ to { do anything and forget the consequences. }]

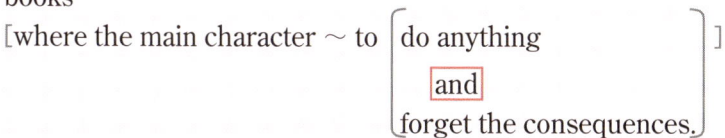

❺ [When manga and anime are translated into English] they are often dumbed down.

訳 「漫画はどちらの点からも異なっている。漫画は日本の市場全体に浸透していて、小さな子どもから、退屈している主婦、会社員まで、あらゆる層を対象としている。実際の内容は子ども向け漫画のレベルのものでさえ、アメリカンコミックとはかなり違っている。漫画は生活を現実的に描写することが多く、死や不安、ある人物の行動の結果がつねに物語の中にある。これらのきびしい現実は、主人公が何でもできて、その行動の結果を忘れることができるようなアメリカンコミックにはまずない。漫画とアニメが英語に訳されると、間抜けな感じになってしまうことがよくある」

第3段落です。

❶　One of the major differences is the level of depth to the characters in manga.

具体説明

❷　(In manga), one of the most important aspects is something often forgotten in American comic books — character development.

❸　Most manga worlds are populated with believable characters with their own loves, hates and passions.

❹　Most enemy characters aren't evil —— 具体説明
　　—— their agendas are just antagonistic to the main characters' own plans.

訳　「大きな違いの1つは，漫画の登場人物の深みのレベルである。漫画では，最も重要な側面の1つは，アメリカンコミックでしばしば忘れられているもの——つまり，登場人物の成長である。ほとんどの漫画は，愛情，憎悪，情熱をもった現実味のある登場人物が多い。敵対する登場人物もたいてい悪いわけではない——彼らの目的がただ主人公の計画に敵対しているだけなのである」

最終段落です。

❶　Perhaps the greatest difference between manga and American comic books is how the stories tend to end.

具体説明

❷　Unlike American comics,
　　[where the hero always comes back to fight another enemy],

対比

　　most manga have a definitive ending,
　　[whether it be ⎡ a "Hero wins, everybody's happy" type of ending,
　　　　　　　　　　or　言い換え
　　　　　　　　　⎣ an ending more akin to one of Shakespeare's tragedies.

❸　Manga ends with finality, rather than endless sequels.

訳「おそらく漫画とアメリカンコミックの最も大きな違いは，物語がどのように終わる傾向にあるかである。主人公がまた別の敵と戦うためにつねに帰ってくるアメリカンコミックとは違い，ほとんどの漫画は『ヒーローが勝ち，みんなが幸せになる』型にせよ，シェイクスピアの悲劇のようなエンディングであるにせよ，明確な終わり方をする。漫画は果てしなく続くというより，最終的な決着を伴い，終わりを迎える」

課題文の内容を整理しましょう。

---

❶ Think of a Japanese manga that you are familiar with.
「あなたのよく知っている日本の漫画について考えなさい」
　➡ **具体例を1つ挙げる**

❷ Does your chosen example match, or does it not match, the above description of a typical Japanese manga?
「あなたの選んだ例は，典型的な日本の漫画についての上記の内容に合いますか，それとも合いませんか？」
　➡ **合うか合わないかをはっきり示す**

❸ Write about your chosen manga in terms of the ideas presented in the article above.
「上の文章で提示された考えから，選んだ漫画について書きなさい」
　➡ **❷で示した「合う」「合わない」に沿って具体的に説明する**

❹ Please write around 100 words using your own English to describe your thoughts and opinions.
「自分の英語を使って，考えや意見をおよそ100語で述べなさい」
　➡ **本文をそのままコピー＆ペーストするのは禁止。ただし，キーワードになる語句を組み込んだ英文を組み立てるのはOK**

❺ Try to think of ideas and evidence to support your opinions.
「あなたの意見を支持する考えや証拠を考えるようにしなさい」
　➡ **「なぜ合うか合わないか」を明確に示す**

---

❶について。どんな漫画を挙げてもかまいません。その際に，❷にある「典型的な日本の漫画」に「ぴったり合うもの」または「まったく合わないもの」

を考えると，その後の具体説明❸が書きやすくなるでしょう。
　「典型的な日本の漫画」の説明は，以下のようにまとめることができます。

- 第2段落 ➡ every target group, from little children to bored housewives to businessmen
  - 「小さな子どもから，退屈している主婦，会社員まで，あらゆる層を対象」
- 第2段落 ➡ a realistic portrayal of life
  - 「生活を現実的に描写」
- 第3段落 ➡ believable characters with their own loves, hates and passions
  - 「愛情，憎悪，情熱をもった現実味のある登場人物」
- 第3段落 ➡ Most enemy characters aren't evil
  - 「敵対する登場人物もたいてい悪いわけではない」
- 第4段落 ➡ have a definitive ending
  - 「明確な終わり方をする」

　こういった特徴を盛り込みやすい漫画，またはこれらと正反対な特徴をもつ漫画を選ぶと書きやすいでしょう。
　❹について。100語という分量を考えると，どうにか語数稼ぎをしようとして本文の一部をそのまま使いまわし，たとえば今回の課題文であれば，Manga という部分をそのまま「作品名」に置き換えるだけで乗り切ろうとする人もいますが，それでは当然ダメです。using your own English「自分の英語で」という条件をクリアしていないからです。
　本文の語句をまったく使ってはいけないというわけではありませんが，本文のまる写しにならないよう，表現の仕方には気をつけましょう。もちろん，every target group / realistic, believable characters / definitive ending など，キーワードになる語句自体を組み込むのは問題ありません。
　❺について。ほぼ❸と同じなので，まとめて説明してしまうのがよいでしょう。

答 1 "Doraemon" is a Japanese manga series created by Fujiko F. Fujio, where an earless robotic cat named Doraemon, who travels back to the present day from the 22nd century, helps a schoolboy, Nobita, by using many gadgets, medicines, and tools from the future. This is said to be a typical Japanese manga. Most of the episodes do not include battles between characters, but instead have comedies with lessons regarding values such as morality, courage, and respect for friends. Each episode has a definitive ending, most of which are happy. Even adults may sometimes be inspired by this manga. 　　　　　　　　　　　　　　　　　　　　　　(98語)

2 "One Piece" is a Japanese manga series. This is a story about Monkey D. Luffy, who gains the ability to expand his body like rubber. One Piece may be said to be a typical Japanese manga in that it is intended for a large target group and has spectacular and moving plots, but it is also similar to American comics in some ways. For example, most characters (including not only heroes but their enemies) have a special ability, and most episodes, usually easy to understand, include battles between good guys and bad guys.
　　　　　　　　　　　　　　　　　　　　　　(93語)

訳

1 「『ドラえもん』は藤子Ｆ不二雄氏によって書かれた日本の連載漫画で，22世紀からタイムスリップしてきたドラえもんという名の耳のない猫型ロボットが，未来からもってきた機械や薬や道具で小学生ののび太を助ける話です。これは典型的な日本の漫画だと言われています。エピソードの多くには登場人物どうしの戦いはなく，その代わりに道徳・勇気・友達への尊敬などの価値観に関する教訓が描かれています。各エピソードには明確な終わりがあり，その多くがハッピーエンドです。大人でさえもこの漫画によって勇気づけられることがあります」

2 「『ワンピース』は日本の連載漫画です。これはゴムのように体を伸ばすことのできる能力をもったモンキー・Ｄ・ルフィーについての物語です。『ワンピー

ス』は幅広い層を対象とし，壮大で感動的なプロットがあるという点で，私は典型的な日本の漫画だと思います。たとえば，ほとんどの登場人物は（ヒーローだけでなく相手の敵たちも）特別な能力をもっていて，ほとんどのエピソードはたいてい理解しやすく，善玉と悪玉の戦いが描かれています」

　ただ単に自分の意見だけを述べるのではなく，課題文の内容を踏まえたうえで文章を組み立てなければいけないので，読解力も必要になります。課題文を読解したうえでの自由英作文は，青山学院大（法）だけでなく，慶大（看護医療），茨城大（前期），宇都宮大（前期），埼玉大（前期），千葉大（前期），東大（後期），東京学芸大（前期），横浜国立大（後期）などでも出題されているので，場数をこなす必要があると感じている人はそれらにも目を通しておくとよいでしょう。
　また，ある程度の分量の英文を書くことに慣れていない人は，立命館大で50～60語，中大（商），名古屋市立大（前期）で100語，明治学院大で150語の自由英作文（課題文なし）が出題されているので，練習に使ってみるとよいでしょう。

ここまでお疲れさまでした。皆さんの合格を祈っています。

おわりに

　本書『世界一わかりやすい　青山学院大の英語　合格講座』の執筆中，あの大震災が起きました。そして，日本中が慌て落ち着きを取り戻せない中で，予備校では春期講習，そして新学期を迎え，授業を繰り返しつつ，日常を少しずつ取り戻していきました。

　1995年の阪神大震災のとき，私は受験生でした。東京に居たので幸い被災したわけではありませんが，当時も日本中が慌てる中，震災関連の連日の報道で心が痛みました。しかし，受験間際の受験生にとっては，世の中の混乱も当然心配でしたが，自分にも受験という壁が差し迫り，正直それどころではないというのが本音でした。今振り返ると，そういう意味で，震災後もふだんのように予備校で授業を受け参考書で勉強する場があったというのは，日常を取り戻すための第一歩だったのだと思います。

　今年，新学期が始まったときにとくに感じたのは，受験勉強をするという行為自体が受験生にとっての日常であり，それを取り戻すことが震災からの復興の一歩になるのではないかということです。実際に教室で目の前にしている生徒の大部分は被災したわけではありませんが，サテラインの授業や参考書などを通じて全国各地で授業を受けている生徒の中には被災された方もいると思います。その生徒たちがあの大震災から一歩踏み出すことが大学受験だとしたら，そのお手伝いをして日常を取り戻すきっかけを作ってあげることこそが，我々教員の使命だと感じています。そのような思いでこの参考書を書きあげました。

　もちろん，被災した人だけでなく全受験生にとって，大学合格というのは

人生の中でさらなる一歩を踏み出すきっかけとなり，そしてやり遂げたという経験が自信へと繋がるのです。

　タイトルでは「青山学院大学」を謳っていますが，その他の大学を受ける読者の方も本書を通して大学合格への大きな一歩を踏み出していただければ幸いです。実際に青山学院大学の出題形式は多岐にわたるので，他大学を受験する場合でも大いに役に立つでしょう。

　最後になりましたが，この企画を立ち上げてくださった中経出版の山川徹氏，日野原晋氏，また最後まで精密な校正を手伝っていただいた編集グループオッズオンの山内裕子氏にはいくら感謝してもしきれないほどです。ありがとうございました。
　また，休日や深夜に執筆していたときにもバックアップしてくれた家族にも感謝です。

　　　　　　　　　　　　　　　　　　　平成23年冬
　　　　　　　　　　　　　　　　　代々木ゼミナール講師　　田中　健介

問題出典一覧

青山学院大の過去問

* 「掲載ページ」は，出題学部の情報が示されているページを表す。
* 複数学部共通の出題は，各学部に割り当てた。
* 旧「教育学部」の過去問は「教育人間科学部」に含めた。
* 出題年度の情報は省略。
* 改題の情報は省略。

出題学部	掲載ページ
文	24, 25, 33, 34, 46, 54, 55, 64, 69, 72, 153, 194, 201, 213, 222, 306, 313
教育人間科学	24, 33, 34, 46, 64, 72, 153, 201, 306, 313
経済	34, 46, 47, 54, 55, 72, 73, 82, 83, 84, 92, 93, 94, 103, 110, 111, 112, 171, 287
法	22, 24, 25, 34, 46, 54, 55, 62, 64, 72, 84, 92, 111, 141, 241, 266, 319
経営	45, 64, 65, 85, 102, 104, 123, 261, 279
国際政治経済	132, 144, 179, 231, 233, 313
総合文化政策	28, 122
社会情報	28, 124
理工	93, 262, 301

他大学・他試験の過去問　　　　　　　　　　　　　　（五十音順）

* 「掲載ページ」は，出題大学の情報が示されているページを表す。
* 出題学部，出題方式の情報は省略。
* オリジナル問題は省略。
* 改題の情報は省略。

出題大学	掲載ページ
学習院大	104, 125
関西大	58
北里大	46
杏林大	44
駒澤大	190
佐賀大	211
成城大	24
摂南大	25
センター試験	47, 63, 103, 259, 276
東海大	85
南山大	24
日本女子大	299
立命館大	46

〈MEMO〉

〈MEMO〉

〈MEMO〉

〈MEMO〉

〈MEMO〉

〔著者紹介〕

田中　健介（たなか　けんすけ）

　1975年東京生まれ。高校・大学・大学院を通じてすべて「英語コース」「英語科」と名の付く課程に在籍。文学修士号取得（専攻は英語統語論）。学生時代から塾・予備校講師を始め、2005年より代々木ゼミナール講師となる。大学受験コースから現役コースまで幅広く担当。著書に『イメトレ　まる覚え英熟語600』『毎日1分　TOEIC TEST 600点クリア』『毎日1分　TOEIC TEST 730点クリア』『毎日1分　TOEIC TEST 860点クリア』（以上、KADOKAWA）がある。

世界一わかりやすい　青山学院大の英語　合格講座（検印省略）

2011年12月13日　第1刷発行
2023年12月5日　第5刷発行

著　者　田中　健介（たなか　けんすけ）
発行者　山下　直久

発　行　株式会社KADOKAWA
　　　　〒102-8177　東京都千代田区富士見2-13-3
　　　　電話 0570-002-301（ナビダイヤル）

●お問い合わせ
https://www.kadokawa.co.jp/（「お問い合わせ」へお進みください）
※内容によっては、お答えできない場合があります。
※サポートは日本国内のみとさせていただきます。
※Japanese text only

定価はカバーに表示してあります。

DTP／オッズオン　印刷・製本／加藤文明社

©2011 Kensuke Tanaka, Printed in Japan.
ISBN978-4-04-602951-5　C7082

本書の無断複製（コピー、スキャン、デジタル化等）並びに無断複製物の譲渡及び配信は、著作権法上での例外を除き禁じられています。また、本書を代行業者などの第三者に依頼して複製する行為は、たとえ個人や家庭内での利用であっても一切認められておりません。